A STUDY ON IDEOLOGICAL
AND POLITICAL EDUCATORS' VOCATIONAL PERSONALITY
TAKING UNIVERSITY COUNSELORS AS AN EXAMPLE

思想政治教育者的职业人格研究

——以高校辅导员为例

余芝云 ——— 著

社会科学文献出版社
SOCIAL SCIENCES ACADEMIC PRESS (CHINA)

本书由福建省社会科学研究基地福建农林大学
马克思主义中国化研究中心资助出版

序

百年大计，教育为本；教育大计，教师为本。教师的人格力量和人格魅力是成功教育的重要条件，于思想政治教育而言尤为如此。思想政治工作本质上是做人的工作，需要思想政治教育者用其人格去感染学生、赢得学生。思想政治教育者的职业人格不仅是其自身职业发展的内生动力，学生人格完善的重要推力，更是我国思想政治教育实现高质量发展的重要抓力。关注与开展思想政治教育者的职业人格研究，既是推动思想政治教育心理学研究的学术需要，也是促进我国思想政治教育高质量发展的现实需要。

余芝云是通过教育部的高校思想政治工作骨干专项计划考取了博士研究生，跟随我攻读发展与教育心理学。读博期间，她就一直对思想政治教育者的发展与教育心理主题有着浓厚的研究兴趣。因研究群体的特殊性，不论是对其进行量表开发还是行为实验都很有挑战。在长达六年半的时间里，研究过程可谓一波三折，也曾一度中止甚至易题，但最后她还是坚持了这个研究主题，并尽其可能地完成、完善，最终以著作的形式系统地呈现在我们面前。我想这份坚持的背后既有她对思想政治教育的执着热爱，也有她对思想政治教育者职业人格问题的深入思考。作为导师，我是很替她感到高兴的。

在思想政治教育工作队伍中，高校辅导员是一支极具代表性的骨干力量。高校辅导员作为大学生日常思想政治教育和管理工作的直接组织者、实施者和指导者，是高校教师队伍和管理队伍的重要组成部分，具有教师和干部双重身份的典型特征。本书即以辅导员这一骨干力量作为思想政治教育者的典型样本，对其职业人格的结构、影响因素、作用效应及其对认知加工过程的影响进行了系统探究。首次从个体人格与认知心理层面较为独到地阐释了何为高校思想政治教育者"堂堂正正的人格"，及何以用其"感染学生、赢得学生"。本书所得研究结论不仅为思想政治教育者职业人格的完善提供了信息加工过程的理论指导，也在一定程度上拓展了思想政治教育的研究领域和研究范式。

2021年7月，中共中央、国务院印发的《关于新时代加强和改进思想政治工作的意见》强调，思想政治工作是一切工作的生命线，事关党的前途命运，事关国家长治久安，事关民族凝聚力和向心力。思想政治教育研究也可谓是一项兹事体大的系统工程，不论是教育者、教育对象还是教育过程都还有诸多主题亟待从心理学的视域进行深入探究。相信余芝云博士能始终心怀"国之大者"，坚守对思想政治教育的热爱，秉持严谨求实的研究风格，锐意进取、奋楫笃行，不断取得新的成绩和更大突破！

中国心理学会常务理事

福建师范大学心理学院教授

2023年7月于福州

目　录

第一章　导　论 ……………………………………………………… 1

第二章　辅导员职业人格的结构与测量 ……………………… 38

　第一节　辅导员职业人格结构的质性探究 ……………… 39

　第二节　辅导员职业人格问卷编制与信效度检验 ……… 56

第三章　辅导员职业人格的特点与影响因素 ……………… 72

　第一节　辅导员职业人格的特点 ………………………… 72

　第二节　辅导员职业人格的影响因素 …………………… 79

第四章　辅导员职业人格与关怀行为的关系研究 ………… 108

　第一节　辅导员职业人格与关怀行为倾向的关系 ……… 109

　第二节　辅导员职业人格与网络关怀行为的关系研究 … 119

　第三节　辅导员职业人格与内隐关怀倾向的关系研究 … 133

第五章　辅导员职业人格对关怀信息认知加工偏向的影响 …… 146

　第一节　辅导员职业人格对关怀信息注意偏向的影响 … 147

　第二节　辅导员职业人格对关怀信息记忆偏向的影响 … 158

　第三节　辅导员职业人格对关怀信息解释偏向的影响 … 170

第六章　辅导员职业人格与失范行为的关系研究………………… 180

第一节　辅导员职业人格与失范行为倾向的关系研究………… 181

第二节　辅导员职业人格与网络失范行为的关系研究………… 191

第三节　辅导员职业人格与内隐失范倾向的关系研究………… 206

第七章　辅导员职业人格对职业道德规范认知加工偏向的影响………… 219

第一节　辅导员职业人格对职业道德规范信息注意偏向的影响……… 220

第二节　辅导员职业人格对职业道德规范信息记忆偏向的影响……… 230

第三节　辅导员职业人格对职业道德规范信息解释偏向的影响……… 240

结　　论…………………………………………………………… 250

参考文献…………………………………………………………… 253

附　　录…………………………………………………………… 287

附录一　测量工具………………………………………………… 287

附录二　实验材料………………………………………………… 289

第一章

导　论

一　研究背景

中国特色社会主义进入新时代，在新时代新征程上，着力推动高质量发展是我们新的历史使命。高质量发展也成为我国思想政治教育的新发展目标。"有高质量的教师，才会有高质量的教育"①，于思想政治教育而言尤为如此。思想政治教育肩负着培养时代新人这一历史使命，是中国特色社会主义各历史时期各项事业发展的生命线，② 具有很强的导向性、实践性、传承性，尤其需要高质量思想政治教育工作者的言传身教。对此，习近平总书记强调"老师的人格力量和人格魅力是成功教育的重要条件"③，思想政治教育工作者要用"高尚的人格感染学生、赢得学生"④。辅导员作为我国高校学生工作的一线人员和思想政治教育工作的骨干力量，其人格不仅是辅导员自身职业发展的内生动力，还是学生人格完善的重要推力，更是我国思想政治教育实现高质量发展的重要抓力。

① 中共中央党史和文献研究院，中央学习贯彻习近平新时代中国特色社会主义思想主题教育领导小组办公室：《习近平新时代中国特色社会主义思想专题摘编》，中央文献出版社、党建读物出版社，2023，第 180 页。

② 沈壮海、刘灿：《论新时代思想政治教育的高质量发展》，《思想理论教育》2021 年第 3 期。

③ 习近平：《做党和人民满意的好老师——同北京师范大学师生代表座谈时的讲话》，人民出版社，2014，第 5 页。

④ 习近平：《论党的青年工作》，中央文献出版社，2022，第 190 页。

虽然现有辅导员整体素质符合社会期望，① 但是辅导员群体的职业流动性依旧很大，个别职业失范现象仍有见报道，辅导员队伍的整体示范性与稳定性仍有待提升，这些现实问题的解决都离不开对辅导员主体心理发生发展规律的把握。但是囿于思想政治教育心理学在研究对象、研究视角、研究范式上的偏颇，现有研究呈现出重客体轻主体，重宏观轻微观，重思辨轻实证的研究现状，这也直接限制了我们对辅导员心理行为发生发展规律的科学认识与把握。当前情况不仅极大削弱了辅导员群体相关研究的实践指导价值，而且对思想政治教育心理学的学科建设与理论发展也是一种羁绊。因此，从心理学视角开展辅导员职业人格的相关研究，是推动思想政治教育心理学研究的学术需要，更是推进思想政治教育高质量发展的现实需要。

（一）推动思想政治教育心理学研究的学术需要

思想政治教育心理学诞生于 20 世纪 80 年代，是一门与时俱进、广受关注但又有待发展的学科。基于曹文秀对 1999～2019 年近 20 年思想政治教育心理学研究关键词共现网络图谱（详见图 1-1）可知②：首先，就研究对象而言，教育客体"大学生"始终是思想政治教育心理学主要的研究群体，对教育主体如"辅导员"的心理研究则略显薄弱，但辅导员的心理素质是其开展思想政治教育的先决条件，制约着思想政治教育的效果。其次，就研究视角而言，积极心理学是主要的研究视角与场域。大学生心理健康教育是重要的研究主题。这既与"大学生"是思想政治教育的主要群体紧密关联，也与"心理育人是思想政治工作十大育人体系之一"③ 密不可分。虽然思想政治教育心理学在学生教育上展开了丰富有益的探索，但高质量的思想政治教育离不开教育者健全的心理素质。最后，就研究落脚

---

① 2021 年 12 月教育部对思政工作总结的新闻发布会上公布了基于学生视角的调研结果"约95% 的学生对辅导员等思政工作队伍表示满意"。
② 曹文秀：《近二十年思想政治教育心理学研究的回顾与展望——基于 CNKI 文献的可视化分析》，《教育探索》2021 年第 1 期。
③ 中共教育部党组关于印发《高校思想政治工作质量提升工程实施纲要》的通知（教党〔2017〕62 号），2017 年 12 月 4 日。

点而言，现有的思想政治教育心理学研究主要沿袭了思想政治学科的研究范式，以"对策""应用""运用"等宏观性、政策性探讨居多。作为一门交叉学科，思想政治教育心理学根植于思想政治教育，但与个体的微观心理也密切相关，实证研究范式是其必要的探究手段。目前我国思想政治教育心理学研究重宏观轻微观、重思辨轻实证的现状，直接导致难以就思想政治教育过程中的心理发生机制进行深入探究，进而直接限制了相关研究成果的实践应用。

因此，加强思想政治教育者心理机制的实证研究可以丰富思想政治教育心理学的研究领域，挖掘其研究深度，拓展其研究范式，进而推动我国思想政治教育心理学研究的发展。

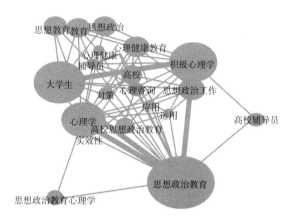

图1-1 思想政治教育心理学研究关键词共现网络图谱

（二）推进思想政治教育高质量发展的现实需要

思想政治教育的高质量发展离不开一支精干高效的思想政治教育队伍。党领导的事业要取得胜利，除了正确的理论和路线，还必须有一支能坚决贯彻执行党的理论和路线的高素质队伍。在这支队伍中，辅导员作为高校思想政治教育和管理工作的组织者、实施者和指导者，作为高校思想政治教育工作的排头兵和中坚力量而备受关注。辅导员的整体素质直接决定着辅导员能否确立以及在何种程度上确立高校思想政治教育中教育者与教育对象之间的关系，决定着辅导员能否以及在何种程度上真正地将学生作为自己思想政治教育活动的对象予以认识和引导，能否以及在何种程度上理解、把握和传递思想政治教育的内容，能否以及在何种程度上将思想政治教育的整体进程作为自己认识与作用的对象予以定向、调控和推进。① 因此，打造一支素质过硬、相对稳定的辅导员队伍是推动青年群体思想政治教育工作有效落实的现实需要和时代呼唤。

思想政治教育工作本质上是做人的工作，高质量的思想政治教育离不开高质量的思想政治教育工作者，更离不开思想政治教育工作者高质量的心理素质。良好的心理素质是思想政治教育工作者进行高质量思想政治教育的先决条件，直接制约着大学生思想政治教育的实效性。人格特质作为个体心理与行为的内部机制，制约着辅导员的职业表现和职业效能的发挥，对思想政治教育全要素具有重要影响。首先，于教育主体而言，辅导员作为开展大学生思想政治工作的骨干力量，其人格不仅是其职业化、专业化发展的内生动力，更是其从事思想政治教育劳动的主要工具，及其非权力影响力的根本来源。② 其次，于教育客体而言，辅导员的良好人格是学生人格完善的重要推力，③ 学生通过教育情景中的师生互动接受教师人格精神的启迪。再次，于教育内容而言，高校辅导员的人格厚植了思想政治教育内容在理论、思想、行为、利益四个向度上的价值导向。④ 因为辅导员在引导青年学生感知世界的同时，也将其自身作为外在世界的一个重要组成部分，直观地呈现于学生面前。辅导员基于其人格所表征出的言行举止是对我国思想政治教育内容最生动的验证。最后，于教育过程而言，辅导员通过良好的人格提升了思想政治教育的感

① 沈壮海：《思想政治教育有效性研究》，武汉大学出版社，2016，第 171 页。
② 李伟：《思想政治工作者人格研究》，《中国青年研究》2005 年第 8 期。
③ 魏莉莉、王志华：《高校辅导员人格涵养的价值与路径》，《中国高等教育》2021 年第 Z1 期。
④ 余芝云、连榕：《辅导员职业人格的结构模型及其育人逻辑——基于对 112 份高校辅导员年度人物事迹文本的质性分析》，《集美大学学报（教育科学版）》2021 年第 1 期。

染力，① 在潜移默化中推动思想政治教育由教育者的主导性灌输向受教育者的主体性成长转化，生动地诠释了"亲其师，信其道"的教育铁律。可见，辅导员职业人格在立德树人教育过程中直接或间接地影响着思想政治教育整体的科学性与有效性，是思想政治教育高质量发展的重要支撑。

因此，以高校辅导员为典型样本，对思想政治教育者的职业人格进行系统性的探究，对于提升思想政治教育工作队伍的胜任力，增强思想政治教育方式的感召力，深化学生对思想政治教育内容及其价值的认同感进而凝聚思想政治教育的向心力，推动新时代思想政治教育的高质量发展都有着重要的指导意义。

（三）理论意义

本研究的理论意义主要体现在：（1）丰富思想政治教育者教育心理的研究。已有学者对思想政治教育者心理行为进行了探究，如思想政治教育者的职业倦怠、职业认同感、职业幸福感等，但始终缺乏从职业人格视角探究思想政治教育者的教育心理。因此，本研究有助于充实和完善思想政治教育者职业人格的研究，进而加深对思想政治教育者教育心理的认识。（2）从职业情境特殊性视角剖析职业人格，从特质稳定性视角描述职业人格，有助于推动和丰富人格领域交互作用论的研究。（3）从工作资源的转化与生成视角揭示辅导员职业人格成长的动力与过程，既丰富了思想政治教育者人格的相关理论，也丰富了资源保存理论的内涵，为后续思想政治教育者教育心理相关问题的探究提供了新的研究视角。（4）从外显与内隐、线上与线下等多行为场域研究辅导员职业人格对其思想政治教育行为的影响，不仅拓展和丰富了思想政治教育职业人格对其思想政治教育行为的作用路径，还有助于深入揭示职业人格对职业角色行为的作用范围与影响机理，对职业人格本体及其外部效应研究具有一定的推动作用。（5）以辅导员为典型样本，从信息加工过程视角剖析思想政治教育者对其思想政治教育相关信息的注意、

---

① 高雨蒙、李庆华：《大学生思想政治教育感染力提升路径研究》，《思想政治教育研究》2018 年第 2 期。

记忆及解释等认知环节的加工偏向性，既有助于对思想政治教育者职业人格本质属性的深入理解，又有助于丰富和推进认知加工偏向在积极人格领域的研究，并推动思想政治教育者教育行为干预的信息加工理论研究及相关认知研究新命题的产生。

（四）实践意义

本研究主要的实践意义是：（1）对辅导员职业人格的系统性探究，可协助教育管理者构建科学的辅导员职业化培养体系，促进思想政治教育工作队伍的高质量发展。（2）编制的《辅导员职业人格量表》能够较好地测量并区分出辅导员职业人格的实际水平，可为相关决策部门把握高校辅导员职业人格的整体情况，完善思想政治教育者职业人格提供决策参考。（3）以辅导员为典型样本对思想政治教育者职业人格影响因素的系统探究，可为教育管理者塑造思想政治教育者职业人格提供参考，也可为思想政治教育者自我成长提供理论指导。（4）探讨不同场域下辅导员职业人格对其思想政治教育行为的作用效应及其内在机理，不仅有利于理解思想政治教育者的教育心理，对学生人格的完善及思想政治教育实效性的提升也有重要的指导意义。（5）探讨辅导员职业人格对思想政治教育工作信息认知加工过程的影响，可为将来从信息加工视角为思想政治教育者设计相应的教育行为培训体系，以强化思想政治教育者积极的教育行为脚本，进而从认知加工层面根本性地提升思想政治教育者的职业素养。

二 文献综述

（一）辅导员职业人格相关概念研究

1. 人格的概念

对职业人格的研究可追溯至对人格主题的探讨。人格（Personality）一词始于古罗马演员在舞台上佩戴的面具或脸谱（Persona）。由于面具与舞台角色密切相关，不同领域的学者也从不同学科的舞台视角对人格的内涵进行了扩充与发展。人格的哲学意蕴是指人的本质属性，如理性、自我意识、社会属性等那些人与动物相区别的方面；人格的伦理学意蕴是指人的善良品格，如道德品质；人格的法学意蕴是指人的权利与尊严；人格的社会学意蕴则是指个体在社会这个舞台上所扮演的角色。由此可见，"人格"本身就是一个有着颇多界说的概念。

虽然人格不是心理学的专有名词，但却是心理学重要的研究主题。人格心理学是研究个体差异的心理学，人格理论的一个关键功能就是在可能存在差异的无限维度中找出个体最重要的不同之处。[①] 由于个体差异的重要性、复杂性与多样性，自人格心理学诞生以来，不同流派的人格心理学家就从不同角度对人格进行了盲人摸象似的广泛探究，形成了各具视角但始终难以完美的人格概念。人格心理学创始人奥尔波特（Allport）在对各视角近 50 余种人格概念进行归纳的基础上，将人格定义为"个体内在那些决定他对环境的独特适应的心理物理系统的动态组织"。[②] 这个概念表明了人格结构的系统性，即人格特征不是碎片化的简单叠加而是系统性的有机组织；人格存在动态性，即人格不只是静态的存在还具有动态的过程；人格表达的生物基础，即人格与身体有着密切的联系，会通过行为、思想和情感等表现出来；人格功能的适应性，即人格是一种使人与外在环境建立适当联系的力量。尽管奥尔波特提出的人格定义内涵丰富，但也并非完美。与此同时，国内心理学者也对人格概念进行了广泛的探索和重要的补充，比较有代表性的是黄希庭将人格定义为"个人各种稳定特征的综合体，显示出个人的思想、情绪和行为的独特模式"。[③] 这种独特模式是个体社会化的产物，同时又影响着个体与环境的交互作用。郭永玉也从人格的社会性与发展性出发，主张人格

[①] 参见 Norman, W. T., "Toward an Adequate Taxonomy of Personality Attributes: Replicated Factor Structure in Peer Nomination Personality Ratings," *Journal of Abnormal and Social Psychology* 66 (1963): 574-583; Wiggins, J. S., "A Psychological Taxonomy of Trait-descriptive Terms: The Interpersonal Domain," *Journal of Personality and Social Psychology* 37 (1979): 395-412; Goldberg, L. R., "Language and Individual Differences: The Search for Universals in Personality Lexicons," in L. Wheeler, ed., *Review of Personality and Social Psychology*, Beverly Hills, CA: Sage, 1981, pp. 141-165.

[②] Allport, G. W., *Personality: A Psychological Interpretation*, New York: Holt, Rinehart & Winston, 1937, p. 48.

[③] 黄希庭：《人格心理学》，浙江教育出版社，2002，第 8 页。

是"个人在各种交互作用过程中形成的内在动力组织和相应行为模式的统一体"。① 郑雪则整合了人格的相对稳定性、独特性、生物性、社会性，主张人格是"个体在先天生物遗传素质的基础上，通过与后天环境的相互作用而形成起来的相对稳定的和独特的心理行为模式"。②

尽管关于人格的定义还有很多争论，但所有人格研究都蕴含着两大主线：人性和个体差异。③ 前者涉及人类的共同特征和心理机制，致力于揭示人与其他种群的区别；后者是关于单个人的个性特征研究，致力于揭示个人不同于他人的本质特征。对个体差异的描述不能脱离对人性的基本假设，故所有人格理论都以人性假设为逻辑起点与核心。④ 选择进化是唯一已知的能够产生人性基本成分的因果过程，所有心理学理论其本质上都是隐式或显式进化取向的。⑤ 在此基础上，人格可视为一种适应性景观。⑥

2. 人格的情境性与职业人格

奥尔波特早在 1961 年就在其著作中强调，人格决定了人对环境适应的独特性。⑦ 自人格科学诞生以来，情境一直被认为是理解人格过程中不可或缺的一部分，虽然人格本质上是以人为中心的，但其意义和运作取决于所处的情景。⑧ 从人格理论的人性假设前提出发更易于从根源上去理解人格的情

---

① 郭永玉：《人格心理学导论》，武汉大学出版社，2007，第 3 页。

② 郑雪编《人格心理学》，暨南大学出版社，2004，第 7 页。

③ Buss, D. M., "Evolutionary Biology and Personality Psychology：Toward a Conception of Human Nature and Individual Differences," *American Psychologist* 39（1984）：1135-1147.

④ Lewis, D. M., & Buss, D. M., "The Evolution of Human Personality," in John, O. P., Robins, R. W., eds., *Handbook of Personality：Theory and Research*（4rd ed.），New York, NY：Guilford, 2021, pp. 3-34.

⑤ Symons, D., "If We're all Darwinians, What's the Fuss About," in C. Crawford, D. Krebs, and M. Smith, eds., *Sociobiology and Psychology*, Hillsdale, NJ：Erlbaum, 1987, pp. 121-145.

⑥ Lewis, D. M., and Buss, D. M., "The Evolution of Human Personality," in John, O. P., Robins, R. W., eds., *Handbook of Personality：Theory and Research*（4rd ed.），pp. 3-34.

⑦ Allport, G. W., *Pattern and Growth in Personality*, New York：Holt, Rinehart & Winston, 1961, pp. 769-771.

⑧ Tett, R. P., and Fisher, D. M., "Personality Dynamics in the Workplace：An Overview of Emerging Literatures and Future Research Needs," in Rauthmann, J. F, ed., *The Handbook of Personality Dynamics and Processes*, New York：Academic Press, 2021, pp. 1061-1086.

境性。人格的适应机制其实只是一种关于人性的宏观规范，由于人所遇到的适应性问题都是特定的，所以解决方案也是特定的。这不仅衍生和解释了现有人格理论的多样性，还意味着人格只有在特定的情境下才会被激活，并以可变的和依赖于情境的方式表达出来。以适应性为人格理论中人性的宽泛假设，个体在某个特定职业情境中遇到的适应问题肯定不同于一般的生活问题以及其他职业情境中遇到的问题。个体为了适应这一特殊的职业情境而形成的职业人格结构也与一般人格以及其他职业人格不同。而且，不同个体应对职业情境适应问题的差异也必然导致其职业人格水平之间的差异。戴琨研究了飞行员的一般人格及其工作情境人格，结果发现飞行员的工作情境人格在一般性人格与工作绩效及一般性人格与心理健康之间均发挥着显著的中介效应。[①] 这也进一步支持了人格的特殊适应问题，即特殊情境人格比一般性人格更适于解决个体在特殊情境中的适应问题，也正如职业人格概念的最初提出者 Holland 主张的那样，每个人都有与其人格特质相适宜的职业兴趣，这个兴趣会指引个体找到适切的工作环境。[②]

综上，结合 Lewis 和 Buss 关于人格的主张来理解职业人格，[③] 我们得出职业人格是个体在其特有职业情境中的一种适应性景观，是人格的职业情境性与人格差异性共同建构的结果。研究职业人格对于提升个体在工作场所中的适应性有着重要的理论和现实意义。

3. 辅导员职业人格的概念

人格概念引入教育职业情境后，首先形成的是教师人格的概念。教师职业人格的研究始于对教师人格的探讨，但随着研究的积累与深入，教师职业人格的概念也日益凸显并被正式提出和研究。比较有代表性的有黄鸿鸿首先从职业胜任力的静态视角出发，主张"教师职业人格就是人格在教师这一

---

① 戴琨：《基于选拔的中国航线飞行员人格结构研究》，博士学位论文，陕西师范大学，2010，第 97~106 页。
② Holland, J. L., "A Theory of Vocational Choice," *Journal of Counseling Psychology* 6 (1959): 35–45.
③ Lewis, D. M, & Buss, D. M, "The Evolution of Human Personality," in John, O. P., Robins, R. W., eds. *Handbook of Personality: Theory and Research* (4rd), pp. 3–34.

职业中的特殊要求的体现，是教师为胜任其本职工作所必须具备的职业品质"。① 这一概念的提出将教师职业人格引入职业能力研究相关领域。连榕则从心理学"人格完善"的发展视角，以及人格适应的情境特殊性去考察教师职业人格的内涵，主张"教师职业人格是教师在教育教学情境中，通过教学实践发展并形成的相对稳定的心理行为方式"，这一概念的提出则将教师职业人格引入了教师发展心理研究的相关领域。②

其实，Holland 的职业人格概念是在美国职业辅导运动的时代背景下提出的，旨在帮助求职者认识自己，侧重于解决个体职业选择问题。在其职业人格理论中，倾向于将"人职匹配"视为一种状态，其理论提出的逻辑起点是求职者固有的个体人格，关注和解决的是"求职者人格→适配的职业情境"这段路径的适应问题。连榕在 Holland 研究基础上从人格完善视角提出的教师职业人格概念侧重于推动解决进入教师职业领域个体的职业发展问题，倾向于将"人职匹配"视为一种过程，其理论提出的逻辑起点是教师职业情境，关注和解决的是"教师职业情境→教师人格发展"这段路径的适应问题，是对 Holland 职业人格概念在教师发展心理学领域的延展，对教师的适应和发展都具有更强的指导意义。基于本书的研究对象和研究目标，本书对辅导员职业人格概念的研究也将基于连榕的人格完善视角展开。③

高校辅导员与教师相似但又存有不同，是"高等学校学生日常思想政治教育和管理工作的组织者、实施者、指导者"。④ 早在 20 世纪 80 年代，学界就已对辅导员职业人格进行了广泛且有益的关注，但至今仍缺乏代表性成果。整体而言，基于辅导员这一职业的发展历程，对其职业人格的相关研究主要形成了以下三阶段的有益探索：第一阶段，研究者普遍关注辅导员的"职业定位"，主要基于"功能主义"视角，通过对辅导员工作内容的分析，思辨其职业人格的应然表征（如辅导员的人格魅力、角色定位、职业能力

---

① 黄鸿鸿：《高校教师职业人格的培育》，《闽江学院学报》2005 年第 1 期。
② 连榕编著《教师职业生涯发展》，中国轻工业出版社，2008，第 129~148 页。
③ 连榕编著《教师职业生涯发展》，第 129~148 页。
④ 中华人民共和国教育部令第 43 号：《普通高等学校辅导员队伍建设规定》（2017 年 9 月 21 日）。

等）及其对学生人格完善的教育意义。① 第二阶段，研究者普遍关注辅导员的"胜任力"，主要基于"心理动力学"视角，利用一般化人格测验（如卡特尔 16 PF、大五人格等）实证探究影响辅导员外显胜任力、职业倦怠、心理健康水平等要素的人格特质；② 或将辅导员的职业人格简单视为其胜任力的一个子维度展开研究，③ 缺乏对其丰富内在结构进行剖析与审视。第三阶段，研究者开始聚焦辅导员自身的"人格完善"，或从局部探究辅导员特定人格特质（如审美人格、健康人格等）在辅导员职业情境中的内涵、冲突及其培育路径；或从全局着手，通过思辨、文本分析等方式试图构建辅导员的职业人格模型，以期为辅导员职业人格完善提供参照。④ 综上，学界对辅导员职业人格的研究也经历了从一般性人格到特定职业人格的深入过程，随着研究的积累，辅导员职业人格的概念也逐渐从辅导员人格研究中凸显。

在对辅导员职业人格概念的具体界定中，已有研究主要集中于哲学和社会学等学科领域，鲜有研究者从心理学视角进行深入阐述。已有研究更多选择延续胜任力的构造方式，将辅导员职业人格宽泛地解析为与辅导员职业相关的职业认知、职业道德、职业态度、职业能力、职业意志等维度的组合。如顾晓虎和高远从胜任力视角主张辅导员职业人格是"胜任本职工作所必须具备的良好的性格特征、积极的心理倾向、创造性的认知方式、丰富的情感、坚强的意志、高尚的道德品质、规范的行为方式等内容

---

① 参见张宏如《人格教育视野中的高校辅导员工作研究》，《中国青年研究》2007 年第 1 期；仇道滨《职业人格培育视野下的高校辅导员队伍建设》，《思想政治教育研究》2008 年第 3 期；齐勇《谈高校辅导员人格魅力的培养》，《思想教育研究》2008 年第 8 期；曾保春、钟向阳《高校学生工作中辅导员角色的人格分析》，《高教探索》2010 年第 4 期。

② 参见贾菁菁《高校辅导员职业倦怠问题探析》，《中国青年研究》2010 年第 8 期；韩冬、毕新华《高校辅导员职业能力的形成与提升》，《思想理论教育导刊》2011 年第 11 期。

③ 参见李明忠《高校优秀辅导员的群体特征与职业发展——以 2008~2014 年全国高校辅导员年度人物为例》，《高等教育研究》2016 年第 3 期；林伟毅《高校辅导员职业能力的现状及提升路径》，《思想理论教育导刊》2017 年第 1 期；郑勇军、陈浩彬《高校辅导员胜任力结构模型研究》，《心理学探新》2021 年第 2 期。

④ 参见程海云、朱平《高校辅导员职业人格形成机理与培育策略研究》，《高教探索》2021 年第 9 期；魏莉莉、王志华《高校辅导员人格涵养的价值与路径》，《中国高等教育》2021 年第 Z1 期。

的融合"。① 许磊和陈九如基于职业道德视域提出，辅导员职业人格由"理想信念、职业情感、职业规范和职业道德"等组成。② 相对而言，程海云和朱平参考了人格的心理内涵，主张"高校辅导员职业人格是辅导员在从事大学生日常思想政治教育和管理的组织、实施、指导等活动中形成和发展的，相对稳定的职业认知、情感、态度、价值观等具有倾向性的内在动力系统，以及与之相适应的具有独特性的外在行为方式的总和"，③ 并从特质视角对其结构进行了剖析，主张辅导员职业人格由尽责性、亲和性、忠诚性、奉献性这四个特质组成。这个概念与顾晓虎、高远、许磊、陈九如等提出的概念相比，更具有心理学视域的人格内涵，包括辅导员职业人格的情境特殊性，以及人格概念本身的动态性、适应性、独特性、联结性等内涵。但是，程海云和朱平将"态度、价值观"等要素也纳入辅导员职业人格概念，④ 而态度、角色、关系和目标等其实只是人格特质与环境需求之间的相互作用的适应性表征。⑤ 研究者并未进一步就此概念结构开发辅导员职业人格的测量工具，开展相关实证研究，这直接限制了该概念的验证与发展。

综上，现有关于辅导员职业人格概念的研究，不论是研究视域还是研究方法都存在局限性。首先，在研究视域上，因为辅导员职业的特殊性，现有辅导员职业人格研究的学者大多来自马克思主义哲学领域，或思想政治教育领域。人格是心理学的重要研究主题，但是辅导员职业人格的研究并没有得到心理学研究领域的足够关注。其次，在研究方法上，囿于辅导员研究视域的局限性，思辨等质性研究手段是辅导员职业人格研究的主要

---

① 顾晓虎、高远：《职业化高校辅导员的人格特征及其塑造》，《高等教育研究》2008 年第 7 期。
② 许磊、陈九如：《从规约到自律：高校辅导员职业守则内化与职业人格的完善》，《学校党建与思想教育》2017 年第 3 期。
③ 程海云、朱平：《高校辅导员职业人格形成机理与培育策略研究》，《高教探索》2021 年第 9 期。
④ 同上。
⑤ McCrae, R. R, & Costa, P. T, "Toward a New Generation of Personality Theories：Theoretical Contexts for the Five-Factor Model," in J. S. Wiggins eds., *The Five-factor Model of Personality：Theoretical Perspectives*, New York：Guilford Press, 1996, pp. 51-87.

方法。现有研究主要是质性地提出相关议题与结论，并未对辅导员职业人格的构成进行规范的开放式探索与严谨的实证论证，这直接限制了相关研究结论的代表性，进而也束缚了其在现实中的指导意义及相关实证研究的深入。

（二）辅导员职业人格的结构研究

研究者在探讨辅导员职业人格内涵的同时，也对辅导员职业人格的结构进行了初步探讨。现有研究对辅导员职业人格结构的探讨，往往与胜任力、职业能力、职业道德等相连，很少专门讨论其职业人格的结构问题。本书尝试从研究文献中提取职业人格的结构内容，以期对辅导员职业人格的结构与本质有更清晰的认识。

1. 单因素结构

研究者将辅导员职业人格视为胜任力的因素之一，从单一结构层面来测量和反映辅导员职业人格。陈建文和汪祝华将"外倾性"作为辅导员胜任力中的人格特质维度予以讨论。[1] 王国燕等在对研究生辅导员胜任力的探究中将"亲和特质"作为胜任力的单一维度。[2] 郑烨和付蓉芬将辅导员人格特质素质视为能力素质的单一维度，与由正直诚信、责任心强、有亲和力、灵活变通、身心健康、乐观开朗表现有关的 7 个题项组成。[3] 李涛在对研究生辅导员胜任力结构探究中将职业人格视为一个子维度。[4] 孙立和李凡将辅导员职业人格视为辅导员专业发展能力的子维度予以思辨探究。[5] 罗勇等则进一步通过问卷调查形式将辅导员职业人格作为职业能力的单一子维度予以验证。[6] 郑

---

[1] 陈建文、汪祝华：《高校辅导员胜任特征结构模型的实证研究》，《高等教育研究》2009 年第 1 期。

[2] 王国燕、董雨、鲁丽娟：《研究生辅导员胜任力的核心要素分析》，《研究生教育研究》2012 年第 3 期。

[3] 郑烨、付蓉芬：《高校辅导员能力素质模型建构——以长沙大学城的实证调研为基础》，《西南交通大学学报（社会科学版）》2013 年第 2 期。

[4] 李涛：《基于 kpi 模式的研究生辅导员胜任能力研究》，《教育理论与实践》2014 年第 15 期。

[5] 孙立、李凡：《高校辅导员专业化发展的基本内涵与策略探析》，《思想政治教育研究》2017 年第 1 期。

[6] 罗勇、杜建宾、周雪：《提升高校辅导员职业能力刍议》，《学校党建与思想教育》2020 年第 6 期。

勇军和陈浩彬通过对高校辅导员开展行为事件访谈以及开放式问卷调查建构高校辅导员胜任力结构，并将辅导员人格特质视为鉴别辅导员胜任力的特征之一，具体又包含与责任心、爱心、思想政治素养有关的三个题项。①

2. 三因素结构

谢小芬通过问卷调查与访谈形式对辅导员特质展开研究，结果发现优秀辅导员的核心特质由积极人格、职业价值观、职业态度三个维度构成。② 曹威威从职业生涯发展视角，主张新时代高校辅导员职业人格应由健康的心理素质、积极的道德品质、鲜明的个性特质构成。③ 其中，心理素质的强化是基础，道德品质的养成是关键，个性特质的彰显是境界。余芝云和连榕基于对 112 份高校辅导员年度人物事迹文本的质性分析，从辅导员职业人格的情境特殊性视角出发，主张辅导员职业人格应由道德、业务、人际三个取向的人格特质构成。④ 唐萍和肖肖从理想道德人格视域出发，强调辅导员职业人格应由"以学生为本""以自身境界为核心""延展到更为广阔的生命世界"等三个因素组成。⑤

3. 四因素结构

仇道滨最早对辅导员职业人格结构进行了探析，主张辅导员职业人格由理想信念、道德品质、业务水平、纪律观念构成，并从类型视角将辅导员职业人格区分为"导向型、服务型、职业型、专家型"四类。⑥ 此后许磊和陈九如则从职业守则内化视角解析了高校辅导员职业人格结构，主张高校辅导员职业人格应由"高尚的品德，卓越的才能，扎实的专业知识，良好的身

① 郑勇军、陈浩彬：《高校辅导员胜任力结构模型研究》，《心理学探新》2021 年第 2 期。
② 谢小芬：《解析高校优秀辅导员的核心特质——基于全国高校辅导员年度人物的实证分析》，《思想理论教育》2016 年第 5 期。
③ 曹威威：《高校辅导员职业生涯发展研究》，博士学位论文，东北师范大学，2017，第 42 页。
④ 余芝云、连榕：《辅导员职业人格的结构模型及其育人逻辑——基于对 112 份高校辅导员年度人物事迹文本的质性分析》，《集美大学学报（教育科学版）》2021 年第 1 期。
⑤ 唐萍、肖肖：《论辅导员人格的生态取向》，《江苏高教》2022 年第 7 期。
⑥ 仇道滨：《职业人格培育视野下的高校辅导员队伍建设》，《思想政治教育研究》2008 年第 3 期。

心素质"构成。① 张丽娜从德育功效视角出发，强调辅导员职业人格应由其职业道德、能力、意志、情感等四因素组成。② 程海云和朱平基于对辅导员职业认知、情感、信念和行为表现的解析，主张辅导员职业人格应由尽责性、亲和性、忠诚性和奉献性这四个人格特质因素组成。③ 综上，许磊和陈九如④及张丽娜的结构研究都是基于辅导员立德树人的基本职责，从道德人格研究视角展开探究。相较之下，仇道滨对辅导员职业人格进行了类型探究，程海云和朱平对职业人格进行了特质层面的思考，但是这两者都是基于思辨性的探讨，并没有对此进行进一步的实证检验。

4. 五因素结构

李南基于对辅导员年度人物的分析，通过问卷调查验证得出辅导员职业人格结构应由理性透彻的职业认知、仁爱无私的职业情感、坚韧自律的职业意识、坚定崇高的职业理想、专业扎实的职业能力五个因素构成。⑤

5. 七因素结构

魏莉莉和王志华从高尚人格视域出发主张新时代高校辅导员职业人格结构应由"高度的思想政治觉悟、坚定的理想信念、强烈的事业心和责任感、深厚的家国情怀、较高的人文素养、积极健康的心理品质、良好的道德品行"这七因素构成。⑥

综观现有研究，当前关于高校辅导员职业人格结构的研究主要呈现出单因素和多因素结构两种取向。单因素结构取向主要是将职业人格放在更加宏

① 许磊、陈九如：《从规约到自律：高校辅导员职业守则内化与职业人格的完善》，《学校党建与思想教育》2017 年第 3 期。
② 张丽娜：《辅导员人格魅力对大学生成长的影响探究》，《辽宁工业大学学报（社会科学版）》2018 年第 3 期。
③ 程海云、朱平：《高校辅导员职业人格形成机理与培育策略研究》，《高教探索》2021 年第 9 期。
④ 程海云、朱平：《高校辅导员职业人格形成机理与培育策略研究》，《高教探索》2021 年第 9 期。
⑤ 李南：《新时代高校辅导员职业人格塑造研究》，博士学位论文，贵州师范大学，2021，第 197 页。
⑥ 魏莉莉、王志华：《高校辅导员人格涵养的价值与路径》，《中国高等教育》2021 年第 Z1 期。

大的胜任力背景中去考量，没有对职业人格的内在构成进行具体分析。多因素结构视角既有心理学基本研究要素的认知、情感、意志等成分的考量，也有德育视角中对辅导员道德人格规范的考量，以及职业人格情境特征向度的考量。虽然这些丰富的研究成果能给我们理解辅导员职业人格结构带来启发，但是心理学人格实证研究的缺位，也限制了我们对辅导员职业人格微观内核的把握及相关宏观理论的验证。

（三）辅导员职业人格的测量研究

既有研究主要使用一般性人格量表，如卡特尔 16 种人格因素量表（16PF）和大五人格量表，来测量辅导员职业人格的构成。卡特尔 16 PF 因其广泛适用性，成为早期辅导员人格测量的主要研究工具，如唐善梅和谭顶良以 49 名辅导员及其所带的学生为研究对象，使用卡特尔 16 PF 量表对辅导员人格进行了测验。[①] 结果发现，优秀辅导员群体在稳定性、有恒性、乐群性、兴奋性、独立性五项人格特征上得分较高，在紧张性、忧虑性上得分较低。刘纯姣对上海市 56 名校级以上优秀辅导员进行测量，结果在稳定性、乐群性、紧张性、忧虑性等特质维度上得出了与唐善梅和谭顶良相似的结论，但在有恒性与恃强性的特质维度上却得到与其不一致的研究结论。[②] 刘纯姣的研究发现，所调查的校级优秀辅导员在有恒性水平上并不高，在恃强性水平上却偏高。此外，大五人格量表的精简版（Big Five Inventory‐10，BFI‐10）[③] 因其便捷有效性，近年来也成为辅导员人格测量的主要研究工具，如陈建文和许蕊使用 BFI‐10 探究了辅导员人格与其共情能力的关系。[④]

目前已知的辅导员职业人格的专门量表由李南在对辅导员年度人物文本

① 唐善梅、谭顶良：《高校辅导员人格特征对大学生道德人格影响的研究》，《黑龙江高教研究》2010 年第 9 期。

② 刘纯姣：《上海高校优秀辅导员人格特质研究》，《学校党建与思想教育》2013 年第 4 期。

③ Rammstedt, B. & John, O. P., "Measuring Personality in One Minute or Less: A 10‐item Short Version of the Big Five Inventory in English and German, " *Journal of Research in Personality* 41 (2007): 203‐212.

④ 陈建文、许蕊：《高校辅导员共情能力的结构特征及其影响因素》，《高等教育研究》2017 年第 9 期。

分析的基础上提炼编制而成。① 该量表由职业认知、职业情感、职业意识、职业理想、职业能力五个维度共 29 个题项组成。虽然该量表严格遵循了心理测量学量表编制的程序，但是在人格维度的提炼上依旧过于宽泛，包括"创新能力、写作能力、授课能力、人际交往能力、网络思想政治教育能力"等这些非人格内核的职业能力项目。此外在研究方法上，该量表虽然对年度人物事迹文本进行了扎实详尽的质性分析，提炼了丰富的人格特质，但是缺乏对辅导员群体开展深度访谈和开放式问卷调查的对比研究，以至于提炼的人格要素有可能并不全是辅导员群体典型的人格特质。

综上，与辅导员职业人格结构探究相比，辅导员职业人格测量工具的研究更显匮乏。虽然当下已有辅导员职业人格专门的测量工具，但是整个研究领域未形成从一般化人格测量向辅导员职业人格测量聚焦的局面，还没有对辅导员在教育管理情境中，通过育人实践发展并形成的相对稳定的心理行为方式进行非常有针对性的研究。因此，开发信效度良好的辅导员职业人格测量工具是一个亟待开展的研究工作。

（四）辅导员职业人格的影响因素研究

基于前述可知，专门的辅导员职业人格测量工具还比较匮乏，以至于现有的辅导员职业人格影响因素的实证探究还相对有限。当前对辅导员职业人格影响因素的探讨主要从以下两个方向展开：一是，通过理论思辨去探讨职业制度、工作环境以及辅导员自身职业能力对辅导员职业人格的影响；② 二是，依托一般化人格测量工具去实证探究职业认同、组织支持、工作要求、领导风格等组织心理变量对辅导员人格相关要素的作用机制及其边界条件。③

---

① 李南：《新时代高校辅导员职业人格塑造研究》，第 66~95 页。

② 参见曾保春《人格化：高校辅导员队伍管理与建设新视角》，《现代教育管理》2010 年第 6 期；林伟毅《高校辅导员职业能力的现状及提升路径》，《思想理论教育导刊》2017 年第 1 期；程海云、朱平《高校辅导员职业人格形成机理与培育策略研究》，《高教探索》2021 年第 9 期。

③ 参见李宗波、李巧灵、田艳辉《工作投入对情绪耗竭的影响机制——基于工作需求—资源模型的研究》，《软科学》2013 年第 6 期；杨槐、龚少英、苗天长、李伟贺《工作—非工作边界管理一致性与高校辅导员工作满意度的关系：工作投入的中介作用》，《心理与行为研究》2021 年第 6 期。

职业人格是个体在特定情境下的适应性表征，其形成与发展既离不开个体的内在驱动亦离不开外在环境的塑造。已有关于人格发展的元分析也表明稳定的环境（如稳定的社会角色、稳定的生活环境）对人格特征的影响越来越大。① 综上，本书基于生态环境系统理论视角整合现有研究，从外在环境与个体内部两个向度探讨辅导员职业人格的影响因素，并借鉴一般工作场所中的人格实证研究以拓宽和丰富研究视野。

1. 环境因素

辅导员身处学校组织中，其职业成长与职业状态必然会受到组织支持水平的制约。对此，程海云与朱平强调辅导员职业人格的成长离不开组织的培养。② 组织对辅导员的支持与培养不仅体现在完善的工作制度上，③ 还包含对辅导员人格的尊重，④ 对辅导员生活的关怀与工作的肯定⑤。组织通过影响辅导员的认知、情感、需要和动机，对其职业人格的塑造产生潜移默化的影响。当辅导员感受到来自组织方面的支持时，他们也往往感到被激励，这有助于辅导员内化工作目标与意义，提升自我价值感知，进而朝着良好职业人格的方向去发展与努力。虽然目前关于组织支持对辅导员职业人格影响的研究都只是思辨性的理论探究，但在辅导员职业表现的相关实证研究中，组织支持对辅导员的积极作用已被证实。李宗波等在辅导员职业倦怠实证研究中发现组织支持作为一种积极的工作资源，可以诱发辅导员潜在动机过程，有效缓解工作需求对辅导员的负面影响，而这对辅导员积极内化工作要求，发展良好职业人格具有一定的推动作用。⑥ 杨槐等基于个人与组织匹配视角，对533名辅导员进行实证调查，探讨辅导员工作边界分割偏好与组织分割供给

① Briley, D. A., & Tucker-Drob, E. M., "Genetic and Environmental Continuity in Personality Development: A Meta-analysis," *Psychological Bulletin* 140 (2014): 1303-1331.

② 程海云、朱平：《高校辅导员职业人格形成机理与培育策略研究》，《高教探索》2021年第9期。

③ 曾玥蓉、韩冰：《高校辅导员思想政治工作的理与路》，《学校党建与思想教育》2022年第6期。

④ 曾保春、钟向阳：《高校学生工作中辅导员角色的人格分析》，《高教探索》2010年第4期。

⑤ 何凯、陶建刚、徐静英：《高校辅导员工作倦怠及相关因素》，《中国健康心理学杂志》2022年第2期。

⑥ 李宗波、李巧灵、田艳辉：《工作投入对情绪耗竭的影响机制——基于工作需求—资源模型的研究》，《软科学》2013年第6期。

一致性对辅导员工作满意度及工作投入的影响。结果发现，组织对辅导员边界分割偏好越支持越匹配，辅导员工作的积极性与工作满意度也相应提高。①

组织支持感知是员工对组织重视其贡献和关心其福祉程度的统一看法。最近的一项元分析发现，组织支持感知主要通过社会交换（如互惠和感恩的规范）和自我提升（例如组织认同和情感承诺）来影响员工在职场中的积极表现。② 首先，根据社会交换理论，组织支持感知是一种有价值的资源，基于互惠准则，个体得到该资源后，作为回馈会更倾向于内化角色要求，维护组织规范。此外，组织支持在员工自我提升过程中也发挥着重要作用，而工作场所中的自我提升又有助于个体产生更为强烈的内在工作兴趣，③ 激发更高水平的工作投入。根据社会投资理论，角色要求内化以及工作投入提升都能有效推动个体对职业角色的扮演，④ 而社会角色的成功扮演是人格发展与改变的动力机制。⑤ 因此，组织支持通过激发辅导员的职业兴趣，激活工作投入水平来促进辅导员对职业角色的扮演，进而激励辅导员朝着职业人格方向积极改变。

2. 个体因素

（1）职业价值观

职业价值观源于价值观，是个体一般领域价值观在职业情境中的特殊表达。⑥ 职业价值观作为人们衡量某种职业的优劣及重要性的内心尺度，是个体职业

---

① 杨槐、龚少英、苗天长、李伟贺：《工作—非工作边界管理一致性与高校辅导员工作满意度的关系：工作投入的中介作用》，《心理与行为研究》2021 年第 6 期。

② Eisenberger, R., Rhoades Shanock, L., & Wen, X, "Perceived Organizational Support: Why Caring about Employees Counts," *Annual Review of Organizational Psychology and Organizational Behavior* 7 (2020): 101-124.

③ Eisenberger, R., & Stinglhamber, F, *Perceived Organizational Support: Fostering Enthusiastic and Productive Employes*, Washington, DC: Amencan Psycholoogical Association, 2011, p.31.

④ Roberts, B. W., Wood, D., & Smith, J. L., Evaluating Five Factor Theory and Social Investment Perspectives on Personality Trait Development, *Journal of Research in Personality*, 2005, 39 (1): 166-184.

⑤ Brent W. Roberts & Lauren B. Nickel, "Personality Development Across the Life Course: A Neo-Socioanalytic Perspective," in John, O. P., Robins, R. W, eds., *Handbook of Personality: Theory and Research* (4rd), pp.259-283.

⑥ Schwartz, S., "A Theory of Cultural Values and Some Implications for Work," *Applied Psychology: An International Review* 48 (1999): 23-47.

行为判断的准则与依据，塑造了个体在工作场所中的态度和行为，对职业人格的发展与形成有着重要的影响。基于自我一致性理论（Self-consistency Motivational Theory），人们总是试图与其自我感知保持一致。① 因此，对职员而言，其目标是找到满意的组织、工作和任务角色，并与自我认知判断相一致。② Roberts 和 DelVecchio 的元分析也表明，在生命历程中人们选择的角色通常与其价值观相适应。③ 持有良好职业价值观的个体，认为职业特征与属性满足了他们的需求，更容易内化组织的目标、价值体系以及角色要求，④ 因而更有可能将完善的职业人格作为自己的发展目标。已有研究也发现良好的职业价值观与更高工作满意度、⑤ 更高的职业认同及更低的离职意向密切相关。⑥ 此外，从发展过程来看，资源保存理论（Conservation of Resources Theory，COR）强调，人们总是在积极地获取、维持和保护他们的资源以抵御压力。⑦ 资源保存的"增益螺旋"（gain spiral）机制是指当个体具有丰富资源时，就有更多的机会通过资源投入以增加资源存量，获得新的资源，并孕育更多的后续资源增长，就此形成一个不断增益的螺旋。⑧ 当个

① Korman，A. K.，"Toward an Hypothesis of Work Behavior," *Journal of Applied Psychology* 54（1970）：31–41.

② Gardner，D. G.，Van Dyne，L.，& Pierce，J. L.，"The Effects of Pay Level on Organization Based Self-esteem and Performance：A Field Study," *Journal of Occupational and Organizational Psychology* 77（2004）：307–322.

③ Roberts，B. W.，& DelVecchio，W. F.，"The Rank-order Consistency of Personality Traits From Childhood to Old Age：A Quantitative Review of Longitudinal Studies," *Psychological Bulletin* 126（2000）：3–25.

④ Pierce，J. L. et al.，"Organization-based Self-esteem：Construct Definition，Measurement，and Validation," *Academy of Management Journal* 32（1989）：622–648.

⑤ 海小娣等：《职业成熟度，工作价值观与工作适应状况之间的关系》，《中国临床心理学杂志》2009 年第 5 期。

⑥ 李紫菲等：《特岗教师离职倾向模式的探索：基于潜在剖面分析》，《中国临床心理学杂志》2020 年第 2 期。

⑦ Hobfoll，S. E，"Conservation of Resources：A New Attempt at Conceptualizing Stress," *American Psychologist* 44（1989）：513–524.

⑧ Hobfoll，S. E.，et al.，"Conservation of Resources in the Organizational Context：The Reality of Resources and Their Consequences," *Annual Review of Organizational Psychology and Organizational Behavior* 5（2018）：103–128.

体的职业价值观与工作要素相匹配时，就倾向于拥有更丰富的心理资源，因而也更有可能通过积极工作投入来增加个体资源存量和类型并最终孕育出良好的职业人格。既有研究也发现，与工作匹配良好的职业价值观与更高的工作投入及工作绩效均密切相关，[①] 而更高的工作投入与工作绩效又促进了个体对职业角色的成功扮演，进而形成与特定职业角色相适应的人格表征。[②]

（2）心理授权

心理授权（Psychological Empowerment）是个体感知到被授权的一种心理状态或认知综合体，隶属内激励范畴，其核心在于提高员工对于授权的认知，进而激发其内在工作动力。[③] 心理授权主要由四种认知成分组成：工作意义（Work Meaning）、自我效能感（Self Efficacy or Competence）、自我决策（Self Determination）及影响力（Impact）。[④] 其中，工作意义是指个体遵循自有的价值观而产生的对工作目的或目标的价值感受；自我效能感是个体对自有工作能力的知觉与评价；自我决策反映的是个体在工作上的自主权，是个体对自己工作方式及努力程度的自主判断；影响力则是指个体对自己所从事的工作所产生影响的感知。

心理授权即在组织向个体传递的各种工作价值信号后形成的具有丰富内涵的心理资源，会影响员工的工作态度及行为反应。[⑤] 心理授权水平高的员工，会赋予工作更多的意义和价值，在开展工作时也因此而体会到更多的自

① 参见 Blickle, G. et al., "Socioanalytic Theory and Work Behavior: Roles of Work Values and Political Skill in Job Performance and Promotability Assessment," *Journal of Vocational Behavior* 78 (2011): 136-148；马英《高校辅导员职业价值观与工作绩效关系研究》，博士学位论文，大连理工大学，2017，第 69~131 页。

② Roberts, B. W., & Nickel, L. B, "A Critical Evaluation of the Neo-socioanalytic Model of Personality," in J. Specht eds., *Personality Development Across the Lifespan*, London, UK: Academic Press, 2017, pp. 157-178.

③ Thomas, K. W., & Velthouse, B. A, "Cognitive Elements of Empowerment: An 'Interpretive' Model of Intrinsic Task Motivation," *Academy of Management Review* 15 (1990): 666-681.

④ Spreitzer, G. M, "Psychological Empowerment in the Workplace: Dimensions, Measurement, and Validation," *Academy of Management Journal* 38 (1995): 1442-1465.

⑤ Menon, S, "Employee Empowerment: An Integrative Psychological Approach," *Applied Psychology* 50 (2001): 153-180.

主性和更高的自我效能感，并相信自己的工作能够产生正面的影响，这会激发员工产生更加积极主动的工作行为与表现，以适应并塑造相应的职业角色和工作环境。既有研究也证实，心理授权不仅可提升个体的工作满意度[1]、增强组织承诺[2]、增加组织公民行为[3]，还能有效抑制职业倦怠[4]及工作偏离行为[5]。毛成、江忠华、韩云则通过理论思辨和实证检验，证实了心理授权对辅导员职业表现具有良好的激励作用。[6] 具体而言，当辅导员在工作中感到更多的工作意义、更高的工作效能感与自主性，并认识到自己所从事的工作可能对他人产生影响的时候，这些积极的工作体验就会促进辅导员更好地内化职业角色要求，进而形成与之相适应的职业人格。因此，良好的心理授权水平能激励辅导员个体朝着适宜的职业人格方向努力。

（3）个人成长主动性

个人成长主动性（Personal Growth Initiative，PGI）是一种个体在成长过程中积极主动提升与完善自我的倾向。[7] 既有研究表明，个人成长主动性与个体职业成功和工作满意度等积极结果变量相关。[8] 个人成长主动性由以下

---

[1] Aydogmus, C. et al., "Perceptions of Transformational Leadership and Job Satisfaction: The Roles of Personality Traits and Psychological Empowerment," *Journal of Management and Organization* 24 (2018): 81–107.

[2] Qing, M., Asif, M., Hussain, A., & Jameel, A, "Exploring the Impact of Ethical Leadership on Job Satisfaction and Organizational Commitment in Public Sector Organizations: The Mediating Role of Psychological Empowerment," *Review of Managerial Science* 14 (2020): 1405–1432.

[3] 金芳、但菲、陈玲：《心理授权对幼儿园教师组织公民行为的影响：心理契约的中介作用》，《学前教育研究》2020年第5期。

[4] 周春燕等：《中小学教师心理授权对职业倦怠的影响：表层行为和深层行为的不同作用》，《中国临床心理学杂志》2022年第3期。

[5] DziaUddin, D. N. D. U, "Psychological Empowerment, Motivation and Job Performance Amongst 5-star Hotel Employees in Kuala Lumpur," *Journal of Hospitality and Networks* 1 (2017): 46–58.

[6] 参见毛成《基于心理授权的高校辅导员激励机制研究》，《思想教育研究》2009年第7期；江忠华、韩云《心理授权理论对高校辅导员激励机制构建的启示》，《苏州大学学报（哲学社会科学版）》2010年第4期。

[7] Robitschek, C, "Personal Growth Initiative: The Construct and Its Measure," *Measurement and Evaluation in Counseling and Development* 30 (1998): 183–198.

[8] 参见 Grant, A.M., & Ashford, S.J, "The Dynamics of Proactivity at Work," *Research in Organizational Behaviour* 28 (2008): 3–34; Parker, S.K. & Collins, C.G, "Taking Stock: Integrating and Differentiating Multiple Proactive Behaviors," *Journal of Management* 36 (2010): 633–662。

四个方面组成：计划性（Planfulness, PL），对改变的准备（Readiness for Change, RC），资源利用（Using Resources, UR），以及有意的行为（Intentional Behavior, IB）。计划性是指个体有能力为自己的具体改变制订计划；对改变的准备是指个体明晰自己应该在什么时间做好改变的准备；资源利用是指个体为了自我成长去寻找与利用外在资源的程度；有意的行为则是指个体为了促进自身成长而主动采取的具体行为。其中，对改变的准备和计划性是认知维度，而资源利用和有意的行为则被视为行为维度。①

职业人格是一种适应性人格，是个体进入职业情境后成长完善的结果。但是在工作场所中，个体必然要面对工作压力与挑战，理想职业人格的形成过程不可能一帆风顺，也难免会遇到逆境与阻碍。对此，自我决定理论认为个体拥有一种与生俱来的对成长的渴望。② 个人成长主动性也因作为个体应对压力情境的弹性资源而备受关注。个人成长主动性高的个体会更善于利用资源、制订计划，以更加积极的方式改变自己，让自己不断成长与完善。因此，个人成长主动性高的辅导员会有更强烈的成长渴望，积极应对挑战与改变，并在此过程中不断完善自我，最终形成与辅导员职业相适宜的职业人格。

（五）辅导员职业人格的作用研究

1. 对学生人格发展的影响

高校是影响大学生成长的重要微系统。高校辅导员作为一线的学生工作者，作为与大学生距离最近的教育工作者，是学生成长系统中不可或缺的一部分，其人格品行对学生人格的完善有着深远影响。辅导员工作职责的综合性、职业活动的基层性、陪伴学生的全程性、与学生成长的互动性，决定了辅导员对学生的影响是全方位、深层次且具有持续性的。因此，辅导员对学生的教育、管理和服务，归根结底就是用辅导员的人格力量去影响学生的思

---

① Shorey, H. S. et al., "Hope and Personal Growth Initiative: A Comparison of Positive, Future-oriented Constructs," *Personality and Individual Differences* 43 (2007): 1917–1926.

② Deci, E. L., & Ryan, R. M., "The 'What' and 'Why' of Goal Pursuits: Human Needs and the Self Determination of Behavior," *Psychological Inquiry* 11 (2000): 227–268.

想和行为，以帮助大学生塑造良好的独立人格。[①] 闪茜菁则进一步展开，强调辅导员其自身爱岗敬业、无私奉献、律人律己、尊重学生等人格魅力对大学生的成长、成人、成才都起着示范和激励作用，有助于引导学生养成健康的心理品质和自尊自爱、自律自强的优良品格。[②] 魏莉莉和王志华也认为，辅导员良好的职业人格对大学生形成优良道德品行有着积极影响。[③] 徐丹和徐慧从学生视角对"双一流"建设高校 503 名本科生开展问卷调查，[④] 结果表明，辅导员与学生的积极互动能显著提升学生的自我价值感，进而提升学生的归属感。归属感作为个体心理要素的重要构成对学生人格完善有着重要意义。综上，高校辅导员职业人格对于大学生健康人格的养成具有重要意义。

2. 对辅导员自身职业发展的影响

教师人格特质是影响教师专业发展的关键因素之一。[⑤] 综观现有辅导员人格领域的相关研究，辅导员职业人格对自身职业发展影响的研究主要从两个向度展开：其一，是从静态的结构视角，把辅导员职业人格作为辅导员职业能力或者职业胜任力的一个重要组成单元，探究职业人格构成对辅导员职业素养的影响；[⑥] 其二，则从动态的发展视角，把辅导员职业人格水平与职业生涯发展阶段对应起来，主张职业人格完善对辅导员职业发展的影响。如程海云和朱平主张辅导员职业人格的发展与其职业生涯的发展是同频共振的，并将辅导员职业生涯区分为"认知选择与角色融入的探索期、情感调

① 参见曾保春、钟向阳《高校学生工作中辅导员角色的人格分析》，《高教探索》2010 年第 4 期；陈士福、黄子芳《高校辅导员的人格塑造初探》，《学校党建与思想教育》2011 年第 4 期。
② 闪茜菁：《辅导员工作视域下的大学生健康人格塑造》，《思想理论教育导刊》2012 年第 1 期。
③ 魏莉莉、王志华：《高校辅导员人格涵养的价值与路径》，《中国高等教育》2021 年第 Z1 期。
④ 徐丹、徐慧：《同伴·教师·辅导员：各类人际互动如何影响"双一流"高校本科生的院校归属感？》，《大学教育科学》2021 年第 6 期。
⑤ 申承林、郝文武：《职业人格：新时代特殊教育教师队伍建设的新维度》，《现代特殊教育》2020 年第 20 期。
⑥ 参见郑烨、付蓉芬《高校辅导员能力素质模型建构——以长沙大学城的实证调研为基础》，《西南交通大学学报（社会科学版）》2013 年第 2 期；李涛《基于 kpi 模式的研究生辅导员胜任能力研究》，《教育理论与实践》2014 年第 15 期；罗勇、杜建宾、周雪《提升高校辅导员职业能力刍议》，《学校党建与思想教育》2020 年第 6 期。

适与能力提升的适应期、积极进取或消极退出的分化期、日趋成熟或被动消沉的稳定期"这四个阶段。[①]

3. 对思想政治教育工作绩效的影响

已有大量研究表明职员人格与工作绩效存在显著相关，教育领域亦是如此。如曾练平等以大五人格问卷为测量工具，对 895 名中小学教师进行实证调查，结果发现不同人格类型的教师工作绩效差异显著。[②] 这一研究结论也直接验证了不同职业类型存在着与之相适宜的不同人格类型，具有与职业类型相匹配人格的职员有着更显著的工作绩效。

工作绩效是指员工对实现组织任务及目标有贡献的行为及表现。[③] 与之相似，辅导员的工作绩效是辅导员对实现思想政治教育任务及目标有贡献的行为及表现。辅导员作为我国思想政治教育的骨干力量和排头兵、高校思政工作的研究者和管理者，其工作绩效是思想政治教育实效性的重要支撑。[④]

当前学界对辅导员职业人格与工作绩效的关系讨论主要基于理论思辨模式，具体从以下两种路径展开。其一，以思想政治教育本身为轴心，探讨思想政治教育内容与过程中辅导员道德品格的作用。于教育内容而言，高校辅导员的职业人格厚植了思想政治教育内容在理论、思想、行为、利益四个维度上的价值导向。因为辅导员在引导青年学生感知世界的同时，也将其自身作为外在世界的一个重要组成部分，直观地呈现于学生面前。辅导员基于其人格所表征出的言行举止是对我国思想政治教育内容最生动的验证[⑤]；于教

---

① 程海云、朱平：《高校辅导员职业人格形成机理与培育策略研究》，《高教探索》2021 年第 9 期。

② 曾练平等：《中小学教师人格类型及其对工作家庭平衡与工作绩效关系的调节作用》，《心理与行为研究》2010 年第 2 期。

③ Borman, W. C. , & Motowidlo, S. J, "Task Performance and Contextual Performance: The Meaning for Personnel Selection Research," *Human Performance* 10 (1997): 99–109.

④ 参见李南《新时代高校辅导员职业人格塑造研究》，第 197 页；程海云、朱平《高校辅导员职业人格形成机理与培育策略研究》，《高教探索》2021 年第 9 期。

⑤ 余芝云、连榕：《辅导员职业人格的结构模型及其育人逻辑——基于对 112 份高校辅导员年度人物事迹文本的质性分析》，《集美大学学报（教育科学版）》2021 年第 1 期。

育过程而言，辅导员通过其良好的人格提升了思想政治教育的感染力，在潜移默化中推动思想政治教育由教育者的主导性灌输向受教育者的主体性成长转化。① 其二，以辅导员角色要求为轴心，探讨辅导员作为学生的"知心朋友""人生导师"这双重角色的立意与实践对思想政治教育实效性的影响，而这一研究思路与"亲其师，信其道"以及"言为士则，行为世范"②的师者效应相吻合。王鸣晖和李雁冰主张"知心朋友"的角色，要求唤醒辅导员"贴近青年学生"的主体意识自觉，并通过拉近与青年学生之间的"空间""时间""心间"距离，提升思想政治教育的实效性。③ 冯培强调，"人生导师"的角色塑造了辅导员在思想政治教育中引路人的主体自觉，辅导员通过做学生锤炼品格学习知识的引路人，创新思维的引路人，奉献祖国的引路人，来为思想政治教育的发展保驾护航。④

4. 对辅导员信息加工偏向的影响

既有研究证实，不论是在实验室条件下还是在情境任务中，人格特质对个体的认知操作都产生了影响。⑤ 依照信息加工的理论，无论是纯认知任务还是社会问题解决任务，在个体行为产生前都需经历信息加工阶段。只有在揭示人格特质对信息加工影响的基础上，才有可能深入理解特质与行为表现间的关系。虽然当前辅导员人格研究领域还没有相关的信息加工偏向的实证研究，但是认知加工过程中人格差异的研究已被心理学界广泛关注与讨论。

由于个体大脑容量的有限性及外界信息的无限性，个体需要一种机制来

---

① 高雨蒙、李庆华：《大学生思想政治教育感染力提升路径研究》，《思想政治教育研究》2018 年第 2 期。

② 习近平 2022 年 4 月 25 日在中国人民大学考察时的讲话。

③ 王鸣晖、李雁冰：《贴近青年学生：新时代高校辅导员的主体意识自觉》，《思想教育研究》2019 年第 6 期。

④ 冯培：《高校辅导员新时代角色定位的再认知》，《思想教育研究》2019 年第 5 期。

⑤ Rauthmann, J. F., Sherman, R. A., Nave, C. S., and Funder, D. C., "Personality-driven Situation Experience, Contact, and Construal: How People's Personality Traits Predict Characteristics of Their Situations in Daily Life," *Journal of Research in Personality*, 2015, pp. 55, 98–111.

选择性地增强与目标行为最相关信息的关联。个体在信息加工过程中对特定信息产生的加工偏向即认知偏向（Cognitive Bias），它可能出现在信息加工的任何阶段，[①] 是人们最便捷和最习惯的加工外界环境信息的方式表征。[②]实验心理学家把认知偏向区分为注意偏向（Attentional Bias）、记忆偏向（Memory Bias）、解释偏向（Interpretative Bias）三种类型，分别对应了加工者在加工信息的选择、记忆以及思维阶段的加工特点。[③]

自我图式理论主张自我图式是关于自我的认知概括，它来源于过去的经验，对与自我有关的信息的加工和组织起到指导作用。[④] 自我图式储存于记忆中，对信息加工发挥着选择性功能，决定是否注意信息、信息的重要程度如何、怎样建构及处理信息。个体的职业自我图式是个体对其职业自我的概括性认识，影响了个体对职业生活事件的注意、记忆、解释等社会认知加工过程。[⑤] 魏淑华、宋广文、张大均主张教师存在职业自我图式，这种特殊图式影响了教师对职业生活事件进行社会认知加工的内部认知结构。[⑥] 他们采用 Tversky 和 Marsh 的社会认知实验范式，[⑦] 对高、低职业认同水平教师进行比较研究。结果发现，职业认同水平高的教师比职业认同水平低的教师对职业事件有着更加积极的解释与记忆偏向。系列有关自我图式的研究也表明，个体独特的自我图式能够影响其对相关信息的认知加工偏向。如持有负性职业自我图式的职业生涯高原

① Fox, E., Ridgewell, A., & Ashwin, C., "Looking on the Bright Side: Biased Attention and the Human Serotonin Transporter Gene," *Proceedings Biological Sciences* 276 (2009): 1747–1751.

② 李浩然、杨治良：《认知偏向研究的进化心理学视角》，《心理科学》2009 年第 2 期。

③ Amir, N., & Bomyea, J, "Cognitive Biases in Social Anxiety Disorder," in S. G. Hofmann & P. M. DiBartolo, eds., *Social Anxiety: Clinical, Developmental, and Social Perspectives*, New York: Academic Press, 2010, pp. 483–510.

④ Markus, H, "Self-schemata and Processing Information about the Self," *Journal of Personality and Social Psychology* 35 (1977): 63–78.

⑤ Villa, A., & Calvete, E, "Development of the Teacher Self-concept Evaluation Scale and Its Relation to Burnout," *Studies in Educational Evaluation* 27 (2001): 239–255.

⑥ 魏淑华、宋广文、张大均：《不同职业认同水平教师对职业生活事件的社会认知加工特征》，《心理发展与教育》2017 年第 1 期。

⑦ Tversky, B., & Marsh, E. J., "Biased Retelling of Events Yield Biased Memories," *Cognitive Psychology* 40 (2000): 1–38.

教师对职业生涯相关事件的认知加工具有负性偏向；① 低自尊个体对愤怒面孔存在注意偏向，对微笑面孔不存在注意偏向；② 相较于低善良特质个体，高善良特质个体对人际关系积极词产生了难以抑制的注意偏向；③ 具有高宽恕特质的个体对正性面孔产生了注意偏向，且这一偏向在阈下知觉水平的条件下仍然存在。④

综上，当前学界就辅导员职业人格效用展开了系统性的讨论，但就其研究方式而言，还停留在应然层面的理论性探究，相关实证性检验还很匮乏。这必然限制了该领域理论成果对辅导员思想政治教育实践的指导效用。反观与辅导员职业邻近的教师人格研究领域，已有相当数量的实证研究积累。因此亟须借鉴更宽泛的职业人格研究领域的相关研究视角与研究范式，扩充与丰富辅导员职业人格主题的研究。

三 问题提出

由文献回顾与分析可知，辅导员职业人格虽被研究者广泛关注，但与宏观思辨相比，辅导员职业人格的微观实证研究仍处于起步阶段，既有研究在以下四方面有待进一步探索。

（一）辅导员职业人格的结构有待进一步厘清

职业人格的概念源自人职匹配的研究视角与现实需要。职业人格是个体在其特有职业情境中的一种适应性表现。辅导员在其职业情境中遇到的适应问题有别于一般的生活问题及其他情境中遇到的问题。辅导员为了适应这一特殊的职业情境，逐渐形成的职业人格结构也与一般化人格和其他职业的职业人格不同。辅导员是一个高政治素养要求、高情感付出、高压

---

① 寇冬泉、张大均：《职业生涯高原教师的职业事件编码和再认特点》，《心理学探新》2013年第1期。
② 张丽华、李娜、刘婕、代嘉幸：《情绪启动对低自尊个体注意偏向的影响》，《心理与行为研究》2018年第6期。
③ 孙俊才等：《高善良特质在情绪调节行动控制中的内隐优势》，《心理学报》2019年第7期。
④ 武舒楠、白新文：《高宽恕特质个体的正性面孔注意偏向》，《中国心理卫生杂志》2019年第7期。

力应对，且具有中国特色的职业。那么，这个职业群体共有的核心特质是什么呢？既有研究或将辅导员职业人格视同于其人格魅力、职业形象、职业素养等，[①] 或将辅导员职业人格简视为辅导员胜任力或职业素养中的单一子维度。[②] 这些研究虽然充分考虑了辅导员职业人格在其职业发展中的重要作用，也对辅导员职业人格展开了有益探索，但还未完成从辅导员一般化人格向其职业人格的聚焦，从职业人格的外在表征向其内在结构深入。对辅导员职业人格内在结构的忽视，也限制了既有相关研究结论对辅导员职业人格发展的指导作用。因此，廓清辅导员的职业人格结构具有重要的基础性意义。

（二）辅导员职业人格的测量工具有待进一步开发

现有研究一般使用通用的人格问卷来测量辅导员职业人格，如卡特尔16 PF、大五人格等。[③] 然而，这些通用人格量表是以普通人群为研究对象编制的测量工具，可作为了解高校辅导员职业人格的整体概况，但要做深入的研究与分析，既往人格测量工具则缺乏对辅导员群体的针对性，限制了相关研究结论的效用。虽然李南开发了辅导员职业人格测量工具，但该量表更多是从胜任力视角对辅导员职业人格进行测量，量表中包括职业能力、职业理想等与胜任力密切相关但与人格构成非必要关联的维度，条目中也包括创新能力、写作能力、授课能力、人际交往能力、网络思想政治教育能力等这些非人格内核的职业能力条目，限制了该研究结论的解释力。[④] 整

---

① 参见齐勇《谈高校辅导员人格魅力的培养》，《思想教育研究》2008 年第 8 期；陈朝娟、徐志远、邓欢《高校辅导员职业形象建构的价值意蕴》，《学校党建与思想教育》2019 年第 23 期；魏莉莉、王志华《高校辅导员人格涵养的价值与路径》，《中国高等教育》2021 年第 Z1 期。

② 参见李明忠《高校优秀辅导员的群体特征与职业发展——以 2008~2014 年全国高校辅导员年度人物为例》，《高等教育研究》2016 年第 3 期；林伟毅《高校辅导员职业能力的现状及提升路径》，《思想理论教育导刊》2017 年第 1 期；郑勇军、陈浩彬《高校辅导员胜任力结构模型研究》，《心理学探新》2021 年第 2 期。

③ 参见贾菁菁《高校辅导员职业倦怠问题探析》，《中国青年研究》2010 年第 8 期；韩冬、毕新华《高校辅导员职业能力的形成与提升》，《思想理论教育导刊》2011 年第 11 期；陈建、许蕊《高校辅导员共情能力的结构特征及其影响因素》，《高等教育研究》2017 年第 9 期。

④ 李南：《新时代高校辅导员职业人格塑造研究》，第 66~95 页。

体而言，相较其他职业群体，如军官①、中小学教师②、特殊教育教师③及我国新生代员工，④ 辅导员群体的职业人格心理测量工具仍基本处于空白状态。因此，开发针对性的心理测量工具可为辅导员职业人格的真实状况及其特征提供更具针对性的描述，以更客观地剖析辅导员职业人格应然与实然的差距，这对辅导员队伍的高质量发展有着积极影响，是一项亟待开展的工作。

（三）辅导员职业人格的影响因素有待探索

明确辅导员职业人格的影响因素是教育管理实践中提升辅导员职业人格水平的重要依据。目前已有的研究主要集中于从宏观视角探讨外在制度与环境对辅导员职业人格塑造的影响。然而，辅导员作为具有主观能动性的个体，外在任务和环境对其职业人格的激励效果不是由任务与环境本身决定的，而是由所给予辅导员个体的心理意义决定的。辅导员职业人格的发展既离不开外在环境的塑造，也离不开个体内在心理因素的影响。但是回溯既往文献，还未有研究从个体心理行为的微观视角来实证探究影响辅导员职业人格的要素与动力过程。因此，人们对辅导员职业人格成长动力来源的了解仍然是存在局限的。在组织行为学领域，已经发现价值观、工作资源、工作压力等会影响人格塑造。而针对辅导员这一特殊职业，哪些因素是影响辅导员职业人格生成与发展的主要因素？这些因素又是如何共同作用于辅导员职业人格，其作用的路径及其边界条件又各是什么？对辅导员职业人格影响因素的探讨，有助于理解和揭示辅导员职业人格的形成条件，为培育和提升辅导员职业人格提供理论依据和实践指导。

---

① 王芙蓉、张亚林、杨世昌：《军官职业人格量表的初步编制》，《中国临床心理学杂志》2006 年第 3 期。
② 连坤予、谢姗姗、林荣茂：《中小学教师职业人格与主观幸福感的关系：工作投入的中介作用》，《心理发展与教育》2017 年第 6 期。
③ 申承林、郝文武：《职业人格：新时代特殊教育教师队伍建设的新维度》，《现代特殊教育》2020 年第 20 期。
④ 于岩平、宋倩：《新生代员工职业人格的特征识别》，《领导科学》2021 年第 22 期。

（四）辅导员职业人格的作用机制有待明确

教师职业人格已被验证可作为教师工作适应的预测指标，但辅导员职业人格如何影响辅导员职业表现，目前还鲜有研究。《普通高等学校辅导员队伍建设规定》（教育部第 43 号令）中强调，"辅导员应当努力成为学生成长成才的人生导师和健康生活的知心朋友"。那么职业人格对辅导员塑造"知心朋友"和"人生导师"角色行为有哪些影响？这种影响在不同场域下（如外显和内隐，网络和现实，一般与具体场域下）是否存在差异？再者，根据认知行为理论，个体行为的产生与其内在的认知加工过程密不可分。那么，职业人格是否会影响辅导员对职业相关信息的加工过程？对这些问题的探究，既有助于我们从本质上去理解辅导员职业人格对其角色行为维持与作用的机理，也可为辅导员角色行为的塑造提供信息加工过程的理论指导。

四　研究方案

（一）理论基础

1. 认知—情感人格系统理论

认知—情感人格系统理论（Cognitive-Affective Personality System，CAPS）主张，"当人格被界定为一个稳定的系统，调节个体如何选择、解释和处理社会信息以及产生社会行为时，就有可能同时解释潜在人格的不变性和其某些特征行为表达在不同情况下的可预测的变异性"①。CAPS 理论关注心理过程、自我建构和情境化行为的一致性，将对个体行为解释的注意力吸引到触发情境，主张这些情境激活了连接思想、情感、目标和行为的内在认知—情感单元。

CAPS 模型将情境整合到人格本身的概念化中，强调个人属性和情境之间的交互作用是理解行为一致性与差异性的基础。根据 CAPS 模型，行为取决于一个人如何处理他在特定情境中遇到的情境特征。然而，CAPS 模型中

---

① Mischel，W.，& Shoda，Y.，"A Cognitive-affective System Theory of Personality：Reconceptualizing Situations，Dispositions，Dynamics，and Invariance in Personality Structure，" *Psychological Review*，102（1995）：246-257.

涉及的情境是根据人们构建和感知它们的方式来定义的，具体指的是心理状况，而不是环境的名义或物理性特征（如在学校）。具体而言，人们首先会对情境的心理特征进行编码，这些心理特征反过来激活他们的认知和情绪，这些认知和情绪又在行为反应中表现出来。由于情境—认知/情绪—行为联系的个体差异，每个个体都可以用一个由"如果（if）……那么（then）……"组成的稳定簇构成的独特轮廓来描述，这些介词表示特定的情境特征（"如果……"）如何触发特定的行为反应（"那么……"）。CAPS 系统中 if 和 then 之间的关系可以用五种基本类型的认知和情感单元的可用性/可及性以及它们之间的相互关系来解释：（1）编码和解释；（2）期望和信念；（3）感觉和情绪；（4）目标和价值观；（5）能力和自我调节能力。系统中可用和可访问的特定认知和情感单元，以及相互关联的激活网络是个体社会文化学习体验和生物遗传因素相互作用的产物。①

CAPS 模型的主要贡献与突破就在于，证明行为从一种情况变化到另一种情况的方式至少在某种程度上是稳定的。而 CAPS 主张这种稳定性基于系统本身是稳定的，即一个特定的情境特征可靠地激活了一个特定的编码、情绪、期望等，而这个初始激活会通过其他 cau 的特定网络传播，导致特定的行为反应。即同样的认知和情感单元激活网络在对特定情境特征做出反应时被可靠地激活，导致个体在每次遇到这种心理情境时都以类似的方式做出行为。当个体遇到不同的心理特征时，它会激活不同的认知和情感单元网络，从而产生不同的行为反应。此外，具有相同人格构成的个体共享它们的 if-then 特征和潜在的"处理动态"，即"当这些个体遇到或构建具有相关特征的情境时，会产生相似的中介单元的激活模式和序列"。②

综上可知，CAPS 关注心理过程、自我建构和情境化行为的一致性。本书将在 CAPS 这一元理论框架下探究辅导员职业情境线索如何激活辅导员个

---

① Mischel, W., & Shoda, Y., "A Cognitive-affective System Theory of Personality: Reconceptualizing Situations, Dispositions, Dynamics, and Invariance in Personality Structure," *Psychological Review*, 102 (1995): 246–257.

② 同上。

体内在的认知—情感单元以触发其产生特定的角色行为反应，进而探究辅导员职业人格的作用机制及其内在心理过程。

2. 自我验证理论

自我验证理论（Self-verification Theory）认为，人们寻求建立一种稳定的自我观，以提供一种连贯性来源和一种定义其存在、组织其经验、预测未来事件和指导其互动的方法。建立稳定自我观的驱动力促使人们去寻求与自我认知相一致的社会互动体验，从而向他人展示和验证自我。[1]

人们主要通过对周围环境的营造和对现实信息的选择两种路径来验证自我。在环境营造上主要通过选择互动伙伴和环境、展露自我身份或角色线索和采取能引发自我验证反馈的互动策略来实现。在对现实信息的选择性加工上包括选择性注意、选择性编码和提取、选择性解释三个方面。通过自我验证，在认知方面，有助于个体形成稳定的自我概念，增强自信心，使个体能够更好地认识周围世界；在实践层面，通过驱动个体去寻求与自我概念认知一致的外在评价，来强化个体对其身份角色的投入，并易化与之相关的社会互动，使之可预测可把握。个体进行自我验证的根本原因在于个体都具有追求自我一致性的基本心理需求。自我验证作为一种手段而不是目的，来维持自我一致性，以增强个体对外界的控制感。[2]

综上，自我验证理论解释了个体心理行为的动机和逻辑，常被用于个体行为的框架研究和结果解释。[3] 本书将在 CAPS 这一元理论框架下结合自我验证理论来解构辅导员职业人格的生成与作用路径。

---

① 参见 Swann, W. B., Jr., & Read, S. J., "Self-verification Processes: How We Sustain Our Self-Conceptions," *Journal of Experimental Social Psychology* 17（1981）: 351-372; Swann, W. B., Jr., & Buhrmester, M. D, "Self-verification: The Search for Coherence," in M. R. Leary & J. P. Tangney eds., *Handbook of Self and Identity*, New York: Guilford Press, 2012b, pp. 405-424。

② Swann, W. B., & Buhrmester, M. D., "Self as Functional Fiction," *Social Cognition* 30（2012a）: 415-430.

③ 参见 Maheshwari, S., Kurmi, R., & Roy, S, "Does Memory Bias Help in Maintaining Self-esteem? Exploring the Role of Self-verification Motive in Memory Bias," *Journal of Cognitive Psychology* 33（2021）: 549-556; Wang, J. et al., "The Interplay Between Perceived Support and Proactive Personality: Effects on Self-verification Perceptions and Emotions," *The International Journal of Human Resource Management*（2022）: 1-24。

3. 资源保存理论

资源保存理论（Conservation of Resources Theory，COR）的核心主张是个体倾向于保护、获得及建构他们觉得有价值的资源，并极力避免这些资源的损失。[①] Hobfoll 等 2018 年对 COR 理论进行了修订，在此基础上进一步明确了 COR 理论的五项原则和三条推论。[②]

具体而言有以下五大原则。原则一：资源损失的首要性，即资源损失与资源获得对个体的影响是不对等的，资源损失对个体的影响远比同等程度资源的获得更加突出和明显；原则二：资源投资的必要性，即个体为了防止现有资源的损失，从既有资源损失中恢复，并实现新资源的获取，个体必须不断地进行资源投资；原则三：资源损失下的资源获得悖论，即在资源损失情境下，资源的增补会显得更为重要和有价值；原则四：资源绝境中的自我防御，即当个体自感资源耗尽时，便启动自我保护的防御机制，进而可能产生一些非理性的行为；原则五：资源关联原则，资源间不是独立存在的，而是相互联系相互作用的。三个推论分别是：推论一：初始资源效应，即拥有较多初始资源的个体比拥有更少初始资源的个体遭遇资源损失的风险更低，且更易获得新资源。反之，拥有较少初始资源的个体比拥有更多初始资源的个体遭受资源损失的风险更高，且更难获得新资源。推论二：资源损失螺旋，即个体最初资源的损失会引发资源的连锁损失，且资源的损失会像螺旋一样迅猛，消极影响也会越发强烈。这是因为经历资源损失的个体通常难以进行有效的资源投资活动，以至于难以阻止资源的损失；受"资源损失优先"原则的影响，加之资源损失所伴随的紧张与压力反应，在压力螺旋的快速循环中，个体能用于阻止资源进一步损失的资源也更少。推论三：资源增益螺旋，即资源的获得有益于引发资源的连锁增益，但是资源增益螺旋的发展速

① Hobfoll, S. E., "Conservation of Resources: A New Attempt at Conceptualizing Stress," *American Psychologist* 44 (1989): 513-524.

② Hobfoll, S. E., et al., "Conservation of Resources in the Organizational Context: The Reality of Resources and Their Consequences," *Annual Review of Organizational Psychology and Organizational Behavior* 5 (2018): 103-128.

度比资源损失螺旋的发展速度要慢。

COR 理论从资源保存的视角阐释了个体与环境的交互作用过程，已被广泛用于解释个体资源间的交互影响与动态变化过程。[①] 本书将在 CAPS 元理论框架下以自我验证理论为心理行为逻辑，通过资源保存理论视角来解构辅导员职业人格这一资源的生成、增益及损失的动态过程。

4. 图式理论

图式（Schema）是个体用于解释世界的认知结构。[②] 图式理论认为个体在理解、吸收外界纷繁复杂信息的同时，会将外界输入的信息与个体已获得的信息进行联系。[③] 在信息的注意阶段，那些与个体已有图式相一致的信息更容易被注意捕捉而得到进一步的加工，反之那些与个体图式不一致的信息则更不易被注意捕获。[④] 在信息的记忆阶段，图式理论认为，人们记忆的是输入信息和预先存在的"图式"之间相互作用的结果。图式在记忆过程的不同阶段以多种方式影响输入和记忆材料之间的对应关系。整体而言，与图式无关的信息相比，可以被同化到图式模式中的信息更容易被记忆。在编码期间缺乏相关激活图式或背景知识的情况下，信息的编码效率较低，且不太可能被成功提取，但对激活模式更为重要的信息则又比不太重要的信息更易于被提取。在信息的解释阶段，图式理论则认为个体在信息解释过程中的差异是由个体内在认知图式导致的，与个体内在图式一致的信息被优先得到编码。因此，个体在对模糊情境信息进行解释的过程中"特定的图式与图式集"被激活，进而直接影响了个体对模糊情境信息的认知与解释，[⑤] 以至于

---

① Eisenberger, R., Rhoades Shanock, L., & Wen, X, "Perceived Organizational Support: Why Caring About Employees Counts," *Annual Review of Organizational Psychology and Organizational Behavior* 7 (2020): 101-124.

② Sherman, S. J., Judd, C. M., & Park, B, "Social Cognition," *Annual Review of Psychology* 40 (1989): 281-326.

③ Beck, A. T., *Cognitive Therapy and the Emotional Disorders*, New York: International Universities Press, 1976, pp. 15-60.

④ 白学军、贾丽萍、王敬欣:《抑制范式下的情绪注意偏向》,《心理科学进展》2013 年第 5 期。

⑤ Beck, A. T., & Haigh, E. A., "Advances in Cognitive Theory and Therapy: The Generic Cognitive Model," *Annual Review of Clinical Psychology* 10 (2014): 1-24.

个体总是倾向于以一种与其内在认知图式相一致的方式来解释外界信息。

综上，图式理论阐释了个体在社会信息加工过程中的偏向性。本书将在CAPS这一元理论框架下以自我验证理论为心理行为逻辑，通过图式理论来阐释职业人格对辅导员社会信息加工过程中的注意、记忆、解释偏向的微观机理。

（二）研究设计

基于前述讨论，本书通过四个部分，16个研究来完成研究目标，具体研究框架如下。

第一部分是辅导员职业人格的结构与测量探究，由1个章节（第二章）2个子研究组成。首先，借鉴扎根理论的理念和方法，通过对辅导员年度人物的事迹分析、辅导员的个别与团体访谈、辅导员开放式问卷调查及相关研究文献的比较，廓清辅导员职业人格概念，萃取辅导员职业人格结构（研究一）。其次，在研究一的基础上，遵循量表编制的标准范式，开发并检验辅导员职业人格的测量量表（研究二）。

第二部分是辅导员职业人格现状的实然分析及影响机制探究，由1个章节（第三章）2个子研究组成。首先，采用自编的《辅导员职业人格量表》对辅导员群体进行抽样调查，考察辅导员职业人格的实然现状及特点（研究三）；其次，在理论及已有实证研究基础上，从自我一致性视角出发探讨职业价值观对辅导员职业人格的影响，并基于资源保存理论进一步探究工作中的激励型资源（心理授权感、组织支持）和成长型资源（个人成长主动性）在职业价值观向辅导员职业人格转化过程中的传导作用，以期在一定程度上探究辅导员职业人格的发生机制及其边界条件（研究四）。

第三部分是职业人格对辅导员关怀行为这一积极角色行为的影响及其作用机制的论证，由2个章节（第四章、第五章）6个子研究组成。首先基于行为发生的场域，用问卷调查、情境想象的行为实验、内隐联想测验（IAT）这三种研究范式分别探究职业人格对辅导员一般关怀倾向（研究五），具体的网络关怀行为倾向（研究六）和内隐关怀倾向（研究七）的影响，以及师生关系承诺在其间的传导作用。在此基础上，基于个体认知加工过程的基本逻辑，采用情绪 Stroop 任务、学习—再认任务、词句联想任务三种研究范式，分别探究辅导员职业人格对辅导员在关怀信息加工过程中的注意偏向（研究八）、记忆偏向（研究九）和解释偏向（研究十）上的差异。

第四部分是职业人格与辅导员职业失范行为这一消极角色行为的关系及其作用机制的论证，由 2 个章节（第六章、第七章）6 个子研究组成。首先基于行为发生的场域，通过问卷调查、情境想象的行为实验、内隐联想测验（IAT）这三种研究范式来分别探究辅导员职业人格与辅导员一般职业失范倾向（研究十一），具体的网络失范行为倾向（研究十二）和内隐失范倾向（研究十三）的影响，以及自我控制在其间的中介作用。在此基础上，基于个体认知加工过程的基本逻辑，通过情绪 Stroop 任务、学习—再认任务、词句联想任务三种研究范式，分别探究辅导员职业人格对辅导员在职业道德规范信息加工过程中的注意偏向（研究十四）、记忆偏向（研究十五）和解释偏向（研究十六）上的差异。

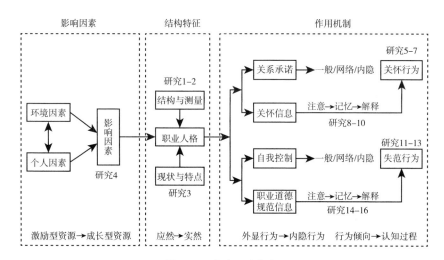

图 1-2 本书研究框架

第二章

辅导员职业人格的结构与测量

思想政治教育的效果和威力，"一靠真理的力量，二靠人格的力量"[①]。然而，不论是真理还是人格的力量，都需要通过思想政治工作者来传递。辅导员作为开展大学生思想政治工作的骨干力量，其人格不仅是其职业化、专业化发展的内生动力，更是其从事思想政治教育劳动的主要工具及其非权力影响力的根本来源。[②] 辅导员职业人格是整合了人格差异性与辅导员职业特殊性的心理构念，是辅导员自身职业发展的内在动力，更是思想政治教育导向的生动展现，影响着我国思想政治教育的感染力。要从辅导员自身人格完善的视角持续推进辅导员队伍的高质量发展，就需要从辅导员一般化人格向其职业人格聚焦，从职业人格的外在表征向其内在结构深入。因而，厘清辅导员职业人格的基本结构是本书的首要研究目标。

本章将通过两个研究，从质性与量化两个层面来实现这一研究目标。首先，基于质性研究范式，自下而上地廓清辅导员职业人格的概念内涵与外延，为辅导员职业人格量表的开发工作奠定扎实的理论基础。其次，从量化角度自上而下地进一步探索与验证辅导员职业人格的结构，并根据心理测量学的原理与程序，编制具有良好信效度的辅导员职业人格测量工具，以期为后续实证研究奠定基础。

---

① 陈万柏：《思想政治教育学原理》，中国人民大学出版社，2013，第168页。
② 李伟：《思想政治工作者人格研究》，《中国青年研究》2005年第8期。

第一节　辅导员职业人格结构的质性探究

一　程序与方法

本研究采用 Strauss 和 Corbin 推荐的程序化扎根理论对研究资料进行分析,[①] 研究过程中始终秉持基于经验资料来建构理论的原则, 以理论饱和为宗旨, 循环往复地进行资料搜集、分析及目标理论的生成。基于程序化扎根理论中 "一切皆为数据"[②] 的要义, 资料包括基于访谈和调查的一手资料, 也包含源于网络的二手资料。研究首先通过搜集和分析网络上公开的优秀辅导员事迹形成初始概念集, 在此基础上进行半结构化访谈以补充与丰富概念类目、维度, 并通过追问来挖掘概念间的关系。当研究者不能再从访谈资料中挖掘新的相关概念时结束访谈阶段, 最后通过追加开放式问卷进一步验证理论的饱和性。研究最终搜集了 103 份辅导员年度人物事迹文本, 深度访谈了 20 位辅导员, 并追加了 25 份开放式调查问卷。本研究基于以上三阶段三种不同来源的研究资料, 通过连续比较法对辅导员职业人格的内涵及结构进行螺旋式挖掘与解构。为了提高研究效率, 研究过程中借助语音识别软件 "讯飞语记" 和资料编码软件 Nvivo 12.0 对研究资料进行整理分析。

（一）研究对象

质性研究以选取信息密度大的被试为优。[③] 考虑到辅导员队伍的人员组成, 最终确定将专职带班的一线辅导员及从专职带班的一线辅导员成长起来的院系党委副书记（主管学生工作）作为研究对象。主要原因在于：（1）专职带班的一线辅导员是辅导员队伍的主体, 也是高校学生思想政治工作最直

---

① Strauss A. , & Corbin J. , *Basics of Qualitative Research：Grounded Theory Procedures and Techniques*, Newbury Park, CA：Sage Publications, 1990, pp. 6–7, 47–72.

② Glaser, B. G. , *The Grounded Theory Perspective：Conceptualization Contrasted with Description*, Milly Valley：Sociology Press, 2001, p. 46.

③ Hennink, M. M. , Kaiser, B. N. , & Weber, M. B, " What Influences Saturation? Estimating Sample Sizes in Focus Group Research," *Qualitative Health Research* 29 (2019)：1483–1496.

接的教育者和管理者；（2）从专职带班的一线辅导员成长起来的院系党委副书记往往是辅导员队伍职业化、专业化的优秀代表，有着丰富的辅导员工作经历。为了更充分挖掘辅导员职业人格的内涵及概念维度，在"方便取样"和"重点取样"基础上，还考虑了辅导员的职业适应水平，最终本研究样本中包括国家级、省级、校级优秀辅导员、普通一线辅导员及拟申请转岗的辅导员，以期通过多层次、多维度样本增强研究结论的普适性。

（二）资料搜集

本研究共分三个阶段，从三个渠道搜集研究资料。第一阶段为网络素材搜集，通过搜集"高校辅导员年度人物"（以下简称"年度人物"）事迹文本，并对其中能反映辅导员职业人格特质的关键词和关键句进行编码、整理和归纳，提炼出辅导员职业人格的基本向度。第二阶段为半结构化访谈，通过一对一访谈和焦点小组访谈相结合的方式搜集相关资料，并在访谈中根据情境适时追问，以进一步完善并厘清辅导员职业人格结构内涵。第三阶段为开放式问卷调查，以进一步实现和检验本研究的理论饱和，具体搜集和分析过程如下。

1. 网络素材搜集

考虑到全国优秀辅导员的典型性与稀缺性（每年评选 10 人左右），鉴于程序化扎根理论对研究资料形式及来源的包容性，本研究将年度人物的事迹文本作为研究资料。辅导员事迹文本是采用第三人称叙事的人物传记，与访谈文本等技术类文献一样均为程序化扎根理论所适用的研究资料，同时也是辅导员职业人格特质判断的有效线索。[①] 以"辅导员年度人物事迹"为关键词在网络上搜索，可搜索到第一届至第十三届年度人物事迹材料，经查阅发现第一至第十届年度人物事迹文本每篇均在 3000 字左右，由个人简介、工作事迹概况、入职以来的获奖情况三部分组成，较为详实地叙述了年度人物的重要工作事件与经历。第十一届至第十三届年度人物事迹材料每篇为400 字左右，以陈述工作业绩为主。鉴于此，本研究最终选取第一至第十届

---

① 吴婷、郑涌：《人格判断的线索及其有效性》，《心理科学进展》2019 年第 3 期。

年度人物事迹文本为分析资料，并将其资料编号为 A1～103。[①] 据事迹文本中的信息，纳入研究的年度人物中男辅导员 48 人（46.60%），女辅导员 55 人（53.40%）；入职时间短于 3 年的辅导员 5 人（4.85%），入职 4～8 年的辅导员 37 人（35.92%），入职 9～15 年的辅导员 45 人（43.69%），入职 16 年及以上的辅导员 16 人（15.53%）。

2. 半结构化访谈

以理论饱和为宗旨，在访谈之初并未设定访谈的精确人数。遵循 Lincoln 和 Guba 提出的关于访谈研究样本数据不应少于 12 人的研究建议，[②] 拟定了一个大于 12 人的访谈对象范围。当研究者在访谈过程中重复听到同样的叙述，且编码分析没有新的意义单元出现时，即完成访谈阶段的资料收集。[③] 最终共访谈 20 位辅导员，男辅导员 7 名，女辅导员 13 名，平均年龄为 34.3 岁（$SD = 4.45$，年龄范围为 27 至 43 周岁），平均入职年限 6.8 年（$SD = 4.31$，入职时间范围为 1 至 18 年）。具体如下：根据研究需要对 2 位由一线辅导员成长起来的院系党委副书记（主管学生工作，资料编号为 B1～2）、1 位省级优秀辅导员（资料编号为 B3）、3 位校级优秀辅导员（资料编号为 B4～6）、2 位拟申请调岗的辅导员（资料编号为 B7～8）分别进行了一对一访谈，并在此基础上追加了 2 次焦点访谈（每次焦点访谈小组由 6 位不同入职年限的一线辅导员组成；入职不满 1 年 2 人，入职 1～3 年 2 人，入职 3～5 年 3 人，入职 6～8 年 3 人，入职 8 年以上 2 人；资料编号为 B9～20）。

依据陈向明的研究建议，访谈提纲应列出访谈者想要了解的主要内容及应涵括的内容范围。[④] 本研究基于对辅导员职业人格相关文献的梳理及对年度人物事迹文本的分析结果，确定访谈提纲。正式访谈主要通过面对面的方式进行。访谈中研究者根据情境结合年度人物事迹文本的分析结果适时追

[①] 第七届评选了 11 位年度人物，第八届评选了 11 位年度人物和特别荣誉奖 1 名，其余每届评选 10 位辅导员年度人物，因此第一至第十共评选 103 位辅导员年度人物。

[②] Lincoln, Y. S., & Guba, E. G, *Naturalistic Inquiry*, New York: Sage, 1985, pp. 124-127.

[③] Jackson, M., Harrison, P., Swinburn, B., & Lawrence, M, "Using a Qualitative Vignette to Explore a Complex Public Health Issue," *Qualitative Health Research* 25 (2015): 1395-1409.

[④] 陈向明：《质的研究方法与社会科学研究》，教育科学出版社，2000，第 96 页。

问，以进一步厘清辅导员职业人格结构及其要素间的关系。一对一访谈时间为 30~90 分钟不等，焦点小组访谈时间为 2~2.5 小时。为了提高研究效率，先将访谈语音通过专业软件（讯飞语记）转录为初始文本，再对初始转录文本进行逐字逐句校验，以确保研究资料转录无误。

3. 开放式问卷调查

为进一步实现理论饱和，将半结构化访谈提纲中的问题转化为开放式问卷调查，请被试以列举关键词和关键事件的方式作答。向辅导员发放 40 份开放式问卷，剔除乱答、字迹潦草无法辨识及空白问卷，最后收回 25 份有效问卷（资料编号为 C1~25）。具体组成如下：男辅导员 8 名，女辅导员 17 名；平均年龄为 31.8 岁（$SD=4.33$，年龄范围为 27 至 40 周岁）；平均入职年限为 4.2 年（$SD=2.82$，入职时间范围为 1 至 10 年）。

（三）资料分析过程

本研究采用程序化扎根理论对资料进行分析。程序化扎根理论较之于经典或建构主义扎根理论，因其编码程序和层次更为细致与清晰，而得到相对更为广泛的应用。程序化扎根理论程序由资料搜集、层次编码及理论生成与检验这三个主要阶段构成。其中，层次编码是程序化扎根理论程序的核心步骤，具体又由开放式编码（open coding）、主轴编码（axial coding）及选择性编码（selective coding）这三级编码组成。

1. 开放式编码

研究者首先对每份研究资料设置相应编号（如 A1 表示第一届第 1 位年度人物事迹，B1 表示第一位受访辅导员的资料，C1 表示第一份辅导员开放式问卷的资料），然后将研究资料全部导入 Nvivo 12.0 软件进行整理与分析。研究者带着"辅导员职业人格构成"这一核心问题，对研究资料逐字逐句地阅读与分析，摘选出具有关键意义的词条、句子及段落，并对这些意义单元进行命名，赋予其初始概念。在此基础上，把在逻辑和语义上存在交叉与重叠的初始概念予以进一步提炼和聚类，抽象出概念。而后带着概念返回到原始资料中进行比较分析，将存在逻辑关联的概念划归到其所属的范畴，并对其所属范畴进行抽象化命名。[①]

具体编码时，本研究首先从每届年度人物中随机选取一位，组成一个由 10 份文本资料构成的数据集，然后对这 10 份文本资料进行仔细阅读，逐行编码，将能体现辅导员职业人格特质的词条、句子编码为自由节点，对它们进行命名以进一步形成初始化概念集。然后，再对剩余的 93 份事迹文本进行开放式编码，并在此过程中不断地补充和修正概念集，直至分析完所有的事迹文本。而后，将所得概念进行范畴化。在此基础上，再对 20 份辅导员访谈资料进行开放编码，不断地补充和修正概念集，直至分析完所有的访谈文本。最后，依照以上方式，对追加的 25 份开放式问卷调查资料进行开放式编码。开放式编码结果见表 2-1。

2. 主轴编码

围绕辅导员职业人格结构这一核心问题，运用 Nvivo 12.0 软件对在开放式编码阶段中获取的初始概念集及其范畴进行提炼、调整与归类，并整合资料中意义相近的部分。在此基础上，对资料的内在联系予以澄清和梳理。因为开放式编码阶段所抽取的初始概念及范畴分属不同的意义单元，主轴编码阶段的主要目的即是聚拢开放式编码阶段所分别命名的概念与范畴，沿着向度与属性的视角将主范畴及副范畴予以关联，并通过同、异类比较与横、纵向比较相结合的方式对范畴进行往复比较，确定范畴间的逻辑从属关系，直至将资料的各部分整合成一个有机关联的整体。[②]

3. 选择性编码

选择性编码阶段需要在抽象度更高、聚合度更高的层次上处理主轴编码所得的研究资料，旨在进一步聚合已发展的范畴（developed categories），并联结这些副范畴（subcategories）来共同阐述主范畴（major category），以最终完成故事的塑形与理论的建构（story of the case）。[③]

---

① 〔美〕莱昂斯、〔美〕考利：《心理学质性资料的分析》，毕重增译，重庆大学出版社，2010，第 49 页。

② 参见〔美〕莱昂斯、〔美〕考利《心理学质性资料的分析》，毕重增译，第 70 页；傅安国等《脱贫内生动力机制的质性探究》，《心理学报》2020 年第 1 期。

③ 〔美〕莱昂斯、〔美〕考利：《心理学质性资料的分析》，毕重增译，第 71 页。

（四）信效度检验

1. 信度检验

与量化研究不同，质性研究的信度不能简单地理解为经多次重复资料搜集与分析获取相同资料与研究结果的程度，因此也很难用一种通用的量化标准来衡量。① 本研究在提升资料分析的信度方面，主要通过在资料分析过程中不断检视编码所发展出来的各项范畴是否可用来分析其他片段或其他受访者的资料，以提升分析的信度。②

2. 效度检验

本研究主要采用反馈法和参与者检验法进行效度检验。"反馈法"是一种"局外人"视角的检验法，即研究者邀请非参与者从"局外人"视角对研究效度进行检验。这种方式可以丰富研究者看问题的视角，进而帮助研究者对研究效度进行审视和检验。③ 本研究邀请3名心理学专业教师对研究结果进行反馈，他们均对研究结果发表了各自的观点，并提出了相应建议，所提观点与建议基本与研究结论一致。对于因表述方式导致误读的情况，研究者及时进行了修正与完善，努力提高研究的可读性。与"反馈法"不同，参与者检验法采用"局内人"视角，邀请研究参与者对研究结果进行评价。本研究最终选取6名访谈对象进行参与者检验，邀请他们对分析结果进行符合程度评分，所有被邀请者评分均分为4.6分（5分制）。

3. 理论饱和度检验

为了检验研究的理论饱和度，本研究在对事迹文本、访谈文本进行编码分析后，又追加了开放式调查问卷，在对25份开放式问卷进行的编码分析中，未发现新的重要范畴和概念。综上，本研究结果达到理论饱和。

二　研究结果

在开放式编码阶段，共涉及1274个参考点，在此基础上萃取了26个意

---

① 陈向明：《质的研究方法与社会科学研究》，教育科学出版社，2000，第99~100页。
② 傅安国等：《脱贫内生动力机制的质性探究》，《心理学报》2020年第1期。
③ 陈向明：《质的研究方法与社会科学研究》，第404~405页。

义相对独立的概念。然后，围绕"辅导员职业人格结构"，通过往复比较将这 26 个概念归类聚拢为 6 个更为精炼的范畴（详见表 2-1）。在主轴编码阶段，通过同、异类比较与横、纵向比较相结合的方式，将开放式编码中的 6 个范畴进一步聚合到 3 个更为精炼的主范畴上（详见表 2-2）。在核心编码阶段，确定辅导员职业人格这一核心范畴，并探索、厘清辅导员职业人格各要素间的关系（详见表 2-3）。综上，本研究提炼出辅导员职业人格可从道德、人际、任务这三个向度解构，由忠诚性、自律性、激励性、亲和性、有恒性、机谨性 6 个维度构成。

表 2-1 辅导员职业人格结构的开放式编码

范畴	概念	维度	参考点	原始资料（节选）
忠诚性	政治认知	清晰、含糊	50	B2:对一些大是大非的问题我们要有清醒的认识,含糊不得的
	身份认同	强、弱	60	A77:始终不忘自己是一名中共党员
	行为服从	无条件、讲条件	55	A92:从未向组织提出过任何要求
	育人使命	强、弱	40	A49:思想政治工作的根本出发点和落脚点是培养"合格建设者和可靠接班人"
自律性	职业良心	有、无	60	B4:对得起自己良心
	言行一致	是、否	48	B2:答应学生,要求学生的事我都会想办法做到
	公平公正	一致、区别	50	A36:尽可能在每件事上都做到公平公正
	底线思维	强、弱	70	B13:自觉遵守职业道德规范是最起码的
激励性	能量传递	积极、消极	66	B11:学生都说我能给他们带去正能量
	成长助力	增、减	43	C3:多给学生一些鼓励
	潜能挖掘	重视、忽视	35	B5:有个学生厌学很严重,深入了解以后发现他很喜欢写东西,后来我就推荐他去学校的记者站,很快他在那里找到了自信
	凝聚力	增强、减弱	59	B1:一个好的辅导员可以增强班级的凝聚力
亲和性	矛盾处理	激化、化解	20	C17:不能激化学生矛盾
	师生感情	真挚、虚假	46	A11:把他们当作自己的弟弟妹妹
	人际关系	融洽、紧张	70	A100:关系很融洽
	同理心	高、低	57	B6:站在学生角度思考
	师生距离	交心、隔阂	69	B10:哪个学生谈朋友了,或者家里遇到事情了都会告诉我

续表

范畴	概念	维度	参考点	原始资料（节选）
有恒性	总结反思	善于、拙于	36	B12:总结得多了,遇到问题就得心应手了
	学习充电	主动、被动	27	B7:自己还看了很多党史、心理学、管理学的书
	工作投入	多、少	60	B13:毕竟是做人的工作,你投入得多,学生才会感受得到
	教育引导	持续、中断	46	C20:我有个学生从大一一直关注到大四,四年从没间断
	遇到困难	退缩、坚韧	39	A62:对待学生工作我从没打过退堂鼓
机谨性	应对速度	迅速、滞后	50	A34:马上一边向领导汇报,一边组织好学生
	洞察力	敏锐、迟钝	60	B5:我接到她电话就感觉声音有点不太对劲
	工作态度	细致、马虎	70	A91:学生工作无小事,马虎不得
	应对方式	灵活、死板	40	B1:好的辅导员应该是既遵守了工作规定,又充分考虑了学生的具体情况

表 2-2　辅导员职业人格结构的主轴编码结果

主范畴	范畴	概念	关系的内涵
道德向度人格	忠诚性	政治认知	道德向度人格是辅导员在职业活动中所展现出的道德面貌,具体包含忠诚性与自律性两个维度。
		身份认同	忠诚性是道德向度人格的认知与情感倾向。辅导员群体在政治认知水平、身份认同强度、行为服从的条件、使命感的强弱等方面存在差异。优秀辅导员以对党的教育事业忠诚为自己的价值判断准则,具备清晰的政治认知、强烈的身份认同、对党组织决议的无条件服从,以及强烈的立德树人使命感。
		行为服从	
		育人使命	
	自律性	职业良心	自律性是道德向度人格的意志倾向与调节系统。辅导员群体在职业良心的审视、言行一致的程度、公平公正的水平、底线思维的强弱等方面反映出差异。优秀辅导员能审视自己的职业良心并以此作为自己的行为准则,言行一致,具有较高的公正水平和较强的底线思维。
		言行一致	
		公平公正	
		底线思维	

主范畴	范畴	概念	关系的内涵
人际向度人格	激励性	能量传递	人际向度人格是辅导员在人际互动中所展现出的相对稳定的心理与行为范式，具体包含激励性和亲和性两个维度。 激励性是人际向度人格的功能系统。辅导员群体在能量传递、学生成长的助力方向、学生潜能挖掘的重视程度、凝聚力提升水平等方面存在差异。优秀辅导员总是积极传递正能量，不断鼓励学生成长、重视对学生潜能的挖掘与培养、积极增强集体凝聚力。 亲和性是人际向度人格的认知与情感倾向。辅导员群体在矛盾处理方向、师生感情关联、人际关系氛围、同理心水平以及师生距离等方面存在差异。优秀辅导员总是想办法化解矛盾维护和谐、与学生建立真挚的情感、保持融洽的人际关系、具有较高的同理心水平，学生总会和其交心。
		成长助力	
		潜能挖掘	
		凝聚力	
	亲和性	矛盾处理	
		师生感情	
		人际关系	
		同理心	
		师生距离	
任务向度人格	有恒性	总结反思	任务向度人格是辅导员在对待工作时所展现出的相对稳定的行为范式和人格特质，具体包含有恒性和机谨性两个维度。 有恒性是任务向度人格的情感和意志系统。辅导员群体在总结反思水平、学习充电的主动性、工作投入的程度、教育引导的坚持性以及遇到困难后的坚韧水平等方面存在差异。优秀的辅导员善于对工作进行总结反思，总是主动坚持学习，对工作投入更多的精力，坚持不懈地教育和引导学生，即使遇到困难也能坚韧不拔。 机谨性是任务向度人格的认知与能量倾向。辅导员群体在应对速度、洞察力水平、工作细致程度，以及应对方式上存在差异。优秀的辅导员在突发事件面前会快速启动行为响应系统，对学生的发展变化有敏锐的洞察力，在管理方式上倾向于采用更加灵活和人性化的应对方式。
		学习充电	
		工作投入	
		教育引导	
	机谨性	困难应对	
		应对速度	
		洞察力	
		工作态度	
		应对方式	

（一）辅导员职业人格的结构维度

1. 道德向度人格

道德向度人格是辅导员在职业活动中所展现出的道德面貌，具体包含忠诚性与自律性两个维度。

忠诚性是道德向度人格的认知与情感倾向，主要表现在政治认知的清晰性、身份认同的强度、行为服从的条件及育人的使命感等方面。忠诚性高的辅导员有清晰的政治认知、强烈的身份认同和育人使命感以及对组织的无条件服从。政治认知，是指辅导员有清晰敏感的政治认知与立场，对于错误的认知能亮剑、敢亮剑。正如辅导员 B1 所说："面对错误言论，我们（辅导员）是不能回避的，如果我们（辅导员）都模棱两可、含糊不清，学生又怎么能明辨是非？"身份认同，是辅导员对自己是中国共产党员这一政治身份的觉知，认可与接纳的程度。根据《普通高等学校辅导员队伍建设规定》（教育部第 43 号令），辅导员的党员身份是其政治素质的基本保证，各高校在辅导员招聘中也明确要求具有共产党员身份，我们的研究对象也都是党员。辅导员对共产党员身份的认同感构成了其开展思想理论教育和价值引领的行动逻辑。正如辅导员 B9 所说："我觉得成为一名党员是件很光荣的事，所以我也希望我带的学生都能积极向党组织靠拢。"行为服从，是指辅导员忠诚于党组织的重要行为维度，具体体现在对党组织的决定、纪律的自觉服从程度，是一种道德的超我。资料中辅导员 A5 回忆自己临危受命时的情境，"当时我也没想那么多就同意了，再给我选一次，我还是会无条件服从组织安排"。育人使命是辅导员对"培养什么样的人""怎样培养人"及"为谁培养人"的深层次思考，是辅导员育人行为的内在驱动。资料中多位辅导员表示，"作为一名学生思想教育工作者，我们工作的根本出发点和落脚点是培养合格建设者和可靠接班人"。

自律性是道德向度人格的意志倾向与调节系统。于辅导员而言，是辅导员基于忠诚性所做出的对职业行为善恶价值的明察与自身愿欲的自律，具体体现在对职业良心的遵从、言行一致的程度、公平公正的水平、底线思维的强弱等方面。自律性水平高的辅导员表现出强烈的纪律意识，能自觉做到言行一致、公平公正，而且始终将自己的职业良心作为行为准则。纪律意识，体现了辅导员对遵守党纪国法、社会公德、职业道德及校纪校规的自明。辅导员因其职业定位和使命的特殊性，受到的道德约束较多，这也促使辅导员在其职业成长过程中逐步形成越发强烈的纪律意识。正如辅导员 B13 所述："我们（辅导员）的言行举止对学生的影响还是很大的，自觉遵守职业道德规范是最起码的。"公平公正，描述的是辅导员能抑制偏私的欲望，公正行事。恰如辅导员 B3 所说："其实小的事情学院也管不到，但我还是尽可能在每件事上都做到公平公正。"言行一致，是辅导员对自身言行的自明与自能，用自己的实际行动感召学生，多位辅导员都表示"打铁还需自身硬""答应学生，要求学生的事我们（辅导员）应该要做到"。职业良心，是指辅导员在职业情境中的道德责任感与自我评价，对此辅导员 B6 认为"只要学生不出事，少干点没人知道"，而辅导员 B13 则认为"（辅导员）这份工作还是要凭良心，踏踏实实干，不能寒了学生的心"。

2. 人际向度人格

人际向度人格是辅导员在人际互动中所展现出的相对稳定的心理与行为范式，具体包含激励性与亲和性两个维度。

"激励"在《现代汉语词典》中被定义为"激发鼓励，使振作"。于辅导员职业人格而言，激励性就是辅导员在人际互动尤其是与学生互动中，倾向于维系人际和谐、对他人给予更多肯定评价、善于激发他人成长需求，是人际向度人格的功能系统。具体表现在能量传递、学生成长的助力方向、学生潜能挖掘的重视程度、集体凝聚力提升水平等方面。能量传递，是指辅导员在人际互动中倾向于传递正能量。多位辅导员都在访谈中提到"学生都说我能给他们带去正能量"。此外辅导员还表现出对学生成长的包容与鼓励，正像辅导员 B13 所说："学生在成长过程中难免起起落落，我们要对他们有耐心，多给他们一些鼓励与看好，少一些压制。"在学生潜能挖掘上，辅导员始终相信每个学生都有自己的潜能，即使是问题学生或学习困难学生亦有自己的潜能。辅导员 B5 讲述了一个很生动的例子，"有个学生厌学很严重，深入了解以后发现他很喜欢写东西，后来我就推荐他去学校的记者站，很快他在那里找到了自信，后来慢慢地也有了学习动力，毕业后成了一名新闻记者"。辅导员的激励性人格还表现在凝聚力的激活上，"一个好的辅导员可以增强（班级）凝聚力，把大家积极性都调动起来"（辅导员 B1）。

亲和性是人际向度人格的认知与情感倾向，是指辅导员在人际互动中重视人际和谐，具体表现在矛盾处理方向、师生情感关联、人际关系氛围、同理心水平以及师生距离等方面。具体而言，亲和性高的辅导员在人际矛盾处理上会更倾向于和谐的处理方式，采取积极化解的态度。在师生情感建立方面，亲和性高的辅导员倾向于真诚地对待师生关系，不论是事迹文本，还是对辅导员的访谈，都多次提及"和学生推心置腹""和学生建立真挚的感情"。辅导员还很容易就能和同事、学生处于比较融洽的关系。很多辅导员都表示"很容易就能和学生打成一片"。亲和性高的辅导员还普遍表现出较高的同理心，辅导员 B1 讲述，自己刚入职的时候经常以自我为中心，很少去换位思考，也没有太多考虑学生的感受，随着工作经验的增长，自己的同理心水平也日渐提高，"现在想想自己当时应该多站在学生角度思考一些问题，不能自以为是地对问题进行定性，这样事情处理起来应该不会那么困难。现在经历得多了，也学会更多地从学生角度或者说多角度去考虑问题了"。在师生距离上，亲和性高的辅导员列举了更多与学生交心的情境，亲和性低的辅导员则很容易和学生产生隔阂，辅导员 B10 很生动地描述到"哪个学生有男朋友（女朋友）了，和父母吵架了，他们都会告诉我，我就会帮他们一起分析啊，一起想办法、一起分担。有些辅导员有事才出现，没事学生就找不到，那样不产生代沟才怪"。

3. 任务向度人格

任务向度人格是指辅导员在对待工作时所展现出的相对稳定的行为范式和人格特质，具体包含机谨性和有恒性。

机谨性描述了辅导员的工作风格，是任务向度人格的认知与能量倾向，具体表现在对突发事件的应对速度、洞察力水平、工作细致程度，以及应对方式的灵活性等方面。机谨性水平高的辅导员具有更强的应变能力，遇到突发事件能迅速反应，对学生的表现有较敏锐的洞察力，对待工作认真细致，能在不违反规定的情况下充分考虑学生的具体需求，并做到灵活应对。反应速度是指辅导员对待突发事件时的行为范式，是迅速响应并积极行动，还是反应滞后。洞察力是指辅导员能见微知著，善于发现问题并能根据细节做出前瞻性判断，比如有的辅导员"我接到她电话就感觉声音有点不太对劲"。机谨性水平高的辅导员始终谨记学生工作无小事，辅导员 B1 讲述了一个很生动的例子，"有些辅导员在学生群里直接把通知转发就算完事了，这样很容易出现误读，一般我都会自己修改一下措辞，和同学们解释好，对有疑问的同学我还会单独再解释，这些细节其实挺重要的"。在日常管理如何权衡规则与学生需要的时候，机谨性高的辅导员会认真了解工作要求，并考虑学生需求，更灵活更人性化地应对。辅导员作为高校思想政治工作的骨干力量，很多时候还充当着学生与学校关系的润滑剂，这就要求辅导员在日常工作中逐渐形成机谨性的人格特质，正如辅导员 B2 所说："在执行学校规定的时候，不能太死板，要认真解读文件精神，了解工作要求，好的辅导员应该是既遵守了工作规定，又充分考虑了学生的具体情况，让学生也发自内心的理解和支持学校的决定或决议，我们毕竟是做人的工作，要多一些灵活应变。"

有恒性是任务向度人格的情感和意志系统，具体表现在总结反思和终身学习的主动性、工作投入的程度、教育引导的坚持性，以及遇到困难后的坚韧水平等方面。有恒性高的辅导员会更善于对工作进行总结反思，不断积累经验。有个辅导员在谈论自己变化的时候讲到，"刚开始工作的时候遇到些问题，自己的出发点是好的，也希望干点事，但是经验不足，走了一些弯路，摸索过来，我觉得虽然辅导员工作很琐碎，但总结得多了遇到问题也就都得心应手了"。《普通高等学校辅导员队伍建设规定》（2007 年教育部第 43 号令）中就对辅导员"终身学习"提出了明确要求，很多辅导员表示自己没有时间去学习，但有恒性高的辅导员即使再忙，在学习上也会表现出更多的主动性，"工作再忙也会坚持充电"。在工作投入上，有恒性高的辅导员表现出更高的工作投入水平，在遇到问题的时候也能坚韧不拔，"不打退堂鼓"，并且对思想政治教育"反复性"与"持久性"的规律有更深刻更清晰的认识。辅导员 B2 讲了一个很生动的事例，"学生遇到问题，需要谈心谈话，很少有一次谈话就能从根本上解决问题的，甚至经过多次谈话也不一定有效果，但是我们（辅导员）不能放弃。我有个学生有轻微的心理障碍，我就从大一一直关注到大四，四年从没间断过，后来这个学生终于顺利毕业走上了社会，还组建了幸福的家庭。现在回头看，如果中间我们放弃了，也许这个学生早就退学了"。

（二）辅导员职业人格维度间的关系

基于对研究资料的挖掘，本研究发现辅导员职业人格的道德向度、人际向度、任务向度三者在发展方向与地位关系上密切关联，构成了一个有机整体。本研究通过扎实的质性研究，验证了道德向度人格是辅导员职业人格的基底，决定着其人际向度人格和任务向度人格的发展方向。积极的道德向度人格会推动人际向度人格与任务向度人格也朝着积极的方向发展，反之亦然。就高校辅导员主体意识自觉问题，访谈中我们对"辅导员工作是良心活"这个话题进行追问时，发现了一个对比性很强的例子，辅导员 B7 认为"工作考核也不考良心，只要学生不出事，多干少干没人知道。学生毕竟是学生，而且也不是每个学生都值得关心"。辅导员 B11 则认为"辅导员工作还是要凭良心，你认真工作，发自内心的关心学生，学生都能感觉得到。虽然这些外人都不一定能看到，但是不管发生什么我觉得自己对得起良心就觉得值得"。对资料的分析中，我们发现优秀的辅导员会通过道德向度的"忠诚性"展现出清晰的政治认知与强烈的育人使命感，"给学生传递正能量"，不断激励他们成长；也会因为对自己职业良心的审视，发自内心地关心爱护学生，与学生建立真挚的情感，并在工作中"不断学习充电"，更加积极投入。

人际向度人格与任务向度人格互促互进。师生距离是影响思想政治教育感染力的重要因素。辅导员较高的同理心以及真诚的倾听与陪伴，不仅收获了学生的"交心"，也让辅导员"对学生情况能够了然于心"，进而对学生的变化具有敏锐的洞察力，以此将学生管理工作中的问题防患于未然。而辅导员传道授业解惑的能力也影响着其在人际互动中的表现。辅导员因为主动学习充电使自己具有了"十八般武艺"，从而更易"与学生打成一片"；辅导员也会因"对学生情况了然于心"而具有"见微知著"的敏感性，促使其能更有效地挖掘学生潜能、激励学生成长。在对"学生突发事情是否可控"进行追问时，我们也发现了很有对比性的例子，"突发事件是不可控的，有的学生今天看着好好的，明天可能就莫名其妙出事了"。（辅导员 B9）"其实很多突发事件在发生前还是有蛛丝马迹可寻的。以前我有个学生在校外自杀，我们晚归点名给她打电话，没接通，我马上就联系学生想一起去找。最后在校外宾馆找到，她吃了安眠药，因抢救及时人也救回来了。""因为这个学生前段时间失恋了，所以我那段时间特别关注她。"（辅导员 B3）。

表 2-3　辅导员职业人格维度间关系的编码结果

核心编码	主轴编码	开放式编码	维度	参考点	原始资料示例
维度间关系	道德向度人格的决定性	道德向度人格影响人际向度人格	促进、抑制	44	B13:辅导员毕竟是做人的工作，还是要凭良心，对学生好一点，多关心多鼓励他们，不能寒了学生的心。
		道德向度人格影响任务向度人格	促进、抑制	50	B6:打铁还需自身硬，要给学生做个好榜样，不学习不行啊。
	人际向度人格与任务向度人格的相互促进	人际向度人格影响任务向度	促进、抑制	42	B7:有时候想到学生那么信任我，我就感觉我应该要做得更好不能辜负了他们。
		任务向度人格影响人际向度	促进、抑制	37	B11:多学一点，懂得多一点，学生也喜欢和你聊天，这样很容易就和学生打成一片了。

三　讨论

职业人格应充分体现职业情境性，[①] 本研究所得辅导员职业人格也充分体现了辅导员的职业情境性。本研究发现，辅导员职业人格可从由道

[①]　连坤予、谢姗姗、林荣茂：《中小学教师职业人格与主观幸福感的关系：工作投入的中介作用》，《心理发展与教育》2017 年第 6 期。

德、人际、任务三个与辅导员职业情境最密切相关的向度进行解构与探究，每一向度人格又由两个人格特质组成，这一人格结构整合了辅导员的职业特殊性与人格差异性，体现了辅导员职业人格这一概念的特殊内涵与指向。

辅导员道德向度人格在辅导员职业人格中居核心地位，决定着人际向度与任务向度人格的发展方向。这与教师的道德人格是教师之所以成为教师的主体本质观是一脉相承的。[1] 根据辅导员职业的特殊性，其道德人格与一般道德人格存在不同，具体由忠诚性与自律性组成。忠诚性体现了辅导员的价值准则，自律性则是辅导员对本我与超我张力的调节控制系统。辅导员具有忠诚性，这与前人通过对辅导员工作内容的思辨分析，[2] 或对优秀辅导员事迹文本的质性探索的结果是一致的。[3] 其次，通过对质性资料自下而上的往复分析萃取出辅导员的自律性，这与前人使用一般化的人格测验（16 PF）得到的结论一致。在有关辅导员道德人格的探讨中，还有研究者基于对辅导员工作职责的思辨分析，提出辅导员理应具有奉献性，[4] 认为奉献性是"辅导员在职业活动中一丝不苟、勤勤恳恳、任劳任怨，善于在关心人、帮助人、服务人的过程中教育人、引导人"。本研究认为，前人研究提出的辅导员的奉献性是建立在对党的教育事业的忠诚性及对本我与超我张力的调节控制之上，体现在积极的人际向度与任务向度之中。虽然本研究未直接萃取出"奉献性"，但是更鲜活地阐释了辅导员的"奉献性"根源于道德向度人格中的忠诚性与自律性，体现在人际向度中的亲和性、任务向度中的机谨性及有恒性这些维度中。

---

① 檀传宝：《教师的道德人格及其修养》，《江苏高教》2001 年第 3 期。
② 参见范静静《浅谈思想政治教育工作辅导员的人格魅力》，《思想教育研究》2007 年第 12 期；程海云、朱平《高校辅导员职业人格形成机理与培育策略研究》，《高教探索》2021 年第 9 期。
③ 余芝云、连榕：《辅导员职业人格的结构模型及其育人逻辑——基于对 112 份高校辅导员年度人物事迹文本的质性分析》，《集美大学学报（教育科学版）》2021 年第 1 期。
④ 程海云、朱平：《高校辅导员职业人格形成机理与培育策略研究》，《高教探索》2021 年第 9 期。

辅导员的人际向度人格，体现的是辅导员在人际互动中的人格范式。本研究发现辅导员的人际向度人格由激励性与亲和性组成。亲和性与已有研究从思辨①、工作分析②、大五人格测验③、事迹文本分析④等研究路径得出的结论基本一致。关于激励性特质，余芝云和连榕在对年度人物事迹文本分析的基础上，也得出辅导员在师生互动中具有激励性的结论。⑤虽然激励性在辅导员人格的研究中鲜有提及，但在对教师人格的讨论中却由来已久。因为教师激励人格是教师教书育人实践的现实需要，⑥它包含着对学生身心发展现实与潜能的认知，对学生的认可与赏识，以及挚诚的激励行为，充分体现了教师的育人素养。本研究通过程序化扎根理论自下而上萃取出辅导员在人际互动中具有能量传递，成长助力，潜能挖掘与凝聚力提升的心理行为范式。在此基础上，参照教师激励人格的相关研究将其聚拢并抽象化为激励性特质。这一特质的萃取，鲜活展示了辅导员对其育人使命的自觉担当，对学生主体性和师生平等关系的深刻认知，丰富了辅导员人格结构的研究。

辅导员的任务向度人格包含了机谨性与有恒性。已有研究通过卡特尔16种人格因素量表（16PF）测得优秀辅导员具有更高的有恒性水平，⑦余芝云和连榕通过对年度人物事迹文本的分析得出优秀辅导员在立德树人方面展现出了有恒性。⑧本研究则通过对事迹文本、深度访谈及开放问卷调查资料的分析从更丰富的视角验证了辅导员有恒性的人格特质。谢姗姗在对教师人格的探索研究中发现教师具有教学机谨性，强调的是教师对待教学的态度、课堂教学的有效组

① 李伟：《思想政治工作者人格研究》，《中国青年研究》2005年第8期。
② 李南：《新时代高校辅导员职业人格塑造研究》，第66~95页。
③ 陈建文、许蕊：《高校辅导员共情能力的结构特征及其影响因素》，《高等教育研究》2017年第9期。
④ 周谷平、王胡英：《高校优秀辅导员基本角色形象及其特征——基于全国高校辅导员年度人物评选事迹的文本分析》，《高等教育研究》2015年第1期。
⑤ 余芝云、连榕：《辅导员职业人格的结构模型及其育人逻辑——基于对112份高校辅导员年度人物事迹文本的质性分析》，《集美大学学报（教育科学版）》2021年第1期。
⑥ 唐志强：《教师激励人格的内在生成与作用路径》，《中国教育学刊》2016年第7期。
⑦ 刘纯姣：《上海高校优秀辅导员人格特质研究》，《学校党建与思想教育》2013年第4期。
⑧ 余芝云、连榕：《辅导员职业人格的结构模型及其育人逻辑——基于对112份高校辅导员年度人物事迹文本的质性分析》，《集美大学学报（教育科学版）》2021年第1期。

织和突发情况的应对。① 本研究则通过自下而上的探究提出辅导员的机谨性，发现优秀辅导员不仅有积极认真负责的工作态度，还具有敏锐的洞察力、灵活的应对方式，以及敏捷的反应速度。这比已有研究在辅导员任务向度提出的"尽责性"② "敬业"③ 等特质描述更为丰富，表现出一种特有的人格能量倾向。根据资料，我们发现这与辅导员要应对校园突发事件的任务特殊性密不可分。在这样的职业环境下，辅导员逐渐形成了如此机谨的人格特质。本研究对机谨性人格特质的萃取进一步丰富了对辅导员职业人格结构的认识与研究。

四　结论

根据本节分析、验证，得出如下两点结论。

（1）辅导员职业人格是一个多向度、多维度的人格结构，由道德向度、人际向度和任务向度组成，其中每一向度人格又包含两个维度。具体而言：道德向度人格由忠诚性与自律性组成，人际向度人格由亲和性与激励性组成，任务向度人格由机谨性与有恒性组成。

（2）辅导员职业人格的道德向度、任务向度、人际向度在发展方向与地位上密切关联，构成了一个有机整体。具体而言：道德向度人格是辅导员职业人格的核心与根基，决定着人际向度人格和任务向度人格的发展方向；人际向度人格与任务向度人格则呈现一种互促互进的共生关系。

第二节　辅导员职业人格问卷编制与信效度检验

本研究在质性探究的基础上，从定量角度自上而下地进一步探索与验证辅导员职业人格的结构，并遵循心理测量学的原理与程序，编制具有良好信

① 谢姗姗：《中学教师职业人格与职业倦怠的现状及其关系研究》，硕士学位论文，福建师范大学，2009，第19~25页。

② 程海云、朱平：《高校辅导员职业人格形成机理与培育策略研究》，《高教探索》2021年第9期。

③ 周谷平、王胡英：《高校优秀辅导员基本角色形象及其特征——基于全国高校辅导员年度人物评选事迹的文本分析》，《高等教育研究》2015年第1期。

效度的辅导员职业人格的测量工具，以期为后续开展实证研究奠定坚实基础。

一　程序与方法

（一）辅导员职业人格初始量表的题项确定

基于前文程序化扎根理论探究得出的辅导员职业人格结构维度的编码，找出辅导员事迹文本、结构化访谈与开放式问卷调查中出现的代表辅导员职业人格的陈述性语句，由这些语句构成辅导员职业人格初始问卷条目集。初始项目形成后，为确保初始量表的内容效度，对项目内容开展初步评定。邀请6位心理学领域的专家和学者（包括3位心理学教授和3位心理学专业博士研究生）对初始题项的表达方式及具体内容逐一审查并评价。评价内容主要包括以下两方面：（1）每个题项是否准确反映辅导员职业人格的内涵；（2）项目表述是否符合规范。研究者根据反馈意见对题项进行修正与完善。为了避免被试在评价时产生趋中效应，即选择中间点，本研究所有量表均采用 Likert 6 点计分法，并从某高校邀请 10 名辅导员（未参与后续量表初测），请他们从辅导员视角对初始项目的可读性进行评价。采用 Likert 6 点计分法（从"1"到"6"代表从"完全不明白"到"完全明白"）对每个项目进行评分。"完全明白"的项目共 37 项（占 84.09%），"基本明白"的项目有 5 项（占 11.36%），"不确定"和"基本不明白"的项目有 2 项（占 4.55%）。最后，根据反馈意见对这两个题项进行修正与完善。在此基础上，形成了 44 个题项的初始量表。该量表采用 Likert 6 点计分法（从"1"到"6"代表从"完全不明白"到"完全明白"），并收集了性别、年龄、职称、受教育水平、入职年限、任职学校类型等人口学变量。

（二）研究样本

1. 初次施测样本（用于项目分析与探索性因素分析）

通过问卷星网络平台发布研究问卷，共有福建省、河南省、江苏省及北京市等地总计 380 名辅导员参与调查。问卷回收后，根据以下两项标准剔除不合格问卷：（1）作答时间过短，平均每题用时小于2秒；（2）全卷大于70%的题项作答雷同。据此，最终获得有效问卷306份，问卷有效率80.5%。其中，男辅导员126名（41.2%），女辅导员180名（58.8%）；高等院校254名（83.1%），职业院校52名（16.9%）；入职0~4年（含4年）的辅导员156名（51%），入职5~8年（含8年）的辅导员133名（43.4%），入职9年及以上的辅导员17名（5.6%）；初级职称97名（31.7%），中级职称140名（45.8%），高级职称5名（1.6%），职称不明的64名（17.7%）；30岁以下的辅导员139名（45.42%），31~35岁的辅导员122名（39.87%），36~40岁的辅导员37名（12.09%），40岁以上的辅导员8名（2.61%）①。所有完成调查的被试均获得一定报酬。

2. 正式施测样本（用于验证性因素分析及校标检测）

从江苏省、福建省两地共9所高校通过问卷星网络平台和集体施测相结合的方式抽取400名辅导员参与调查，数据回收后，对数据进行整理，将全卷作答相同选项数量大于70%的问卷剔除，获得有效问卷361份，问卷有效率90.25%。其中，男辅导员155名（42.94%），女辅导员206名（57.06%）；高等院校289名（80.06%），职业院校72名（19.94%）；入职0~4年（含4年）的辅导员191名（52.91%），入职5~8年（含8年）的辅导员160名（44.32%），入职9年及以上的辅导员10名（2.77%）；初级职称176名（48.75%），中级职称182名（50.42%），高级职称3名（0.83%）。被试的年龄范围为23~46岁（$M=32.52$，$SD=3.85$）。所有完成调查的被试均获得一定报酬。

3. 重测信度样本

从福建省福州市1所省属高校通过集体施测方式抽取辅导员参与调查。首次施测在2022年2月中旬，共60人参加；再次施测间隔4周后进行，共52人参加，其中8人因学生事务未参加第二次施测，脱落率为13.3%。在

———

① 初次施测时，对被试年龄信息的搜集，采用的是年龄段的形式（30岁以下、31~35岁、36~40岁、40岁以上），故此处没有计算被试年龄的平均值与标准差。

两次均有效的被试中，入职 0～4 年（含 4 年）的辅导员 24 名（46.15%），入职 5～8 年（含 8 年）的辅导员 22 名（42.31%），入职 9 年及以上的辅导员 6 名（11.54%）。被试的年龄范围为 25～41 岁（$M = 30.53$，$SD = 4.1$）。所有完成调查的被试均获得一定报酬。

（三）统计与数据处理

采用 SPSS 25.0 进行项目分析和探索性因素分析，采用 Mplus 8.3 进行验证性因素分析。

二　研究结果

（一）项目分析结果

本研究采用常用的临界比率法（Critical Ration）和相关法来进行项目分析，以考查量表题项的适切性和区分度，具体分析过程和结果如下。

1. 临界比率法

通过计算出初始量表各题项的 CR 值（决断值或临界比）以对题项的区分度予以鉴别。具体如下：首先，将初始量表总得分由低至高排列，将得分置于后 27% 的归为低分组，得分置于前 27% 的归为高分组；其次，将高、低分组逐个进行独立样本 T 检验，CR 值即所得的 T 值。倘若所得的 T 检验结果显著，就意味着此项目具有一定的鉴别度。通过筛选并删除 CR 值未达显著水平的题项来提高量表整体的区分度并精简量表。

本研究的临界比率法计算结果表明，辅导员职业人格初始量表所有题项的低分组与高分组的独立样本 T 检验结果均显著，即 CR 值均达到显著性水平（$p < 0.001$），表明辅导员职业人格初始量表的所有题项均具有较高的区分度，均应予以保留。

2. 相关法

相关法即计算每个项目与量表总分之间的积差相关。评价标准为：项目与量表总分之间的相关性越高，则意味着该项目的鉴别力越高。通常主张项目与量表总分间的相关系数至少应大于或等于 0.4，对于相关系数小于 0.4 的题项应予以删除，以提升量表整体的鉴别力。

相关法计算结果得出本研究初始量表各题项与量表总分相关系数的 r 值在 0.42~0.76 之间，均大于判别的临界值 0.40，且均显著正相关（p < 0.001），表明题项具有较高的鉴别力，均应予以保留。

辅导员职业人格初始量表的项目分析结果详见表 2-4。

表 2-4　辅导员职业人格初始量表的项目分析结果

项目	$M \pm SD$	Skewness	Kurtosis	CR 值	题总相关（r）
1	4.06±1.19	-0.47	-0.09	-14.11***	0.71**
2	4.18±1.11	-0.16	-0.51	-13.68***	0.67**
3	4.4±1.07	-0.88	1.19	-6.55***	0.43**
4	4.58±1.16	-0.90	0.86	-6.99***	0.48**
5	4.51±1.11	-0.84	0.81	-7.09***	0.46**
6	4.01±1.16	-0.28	-0.22	-16.35***	0.74**
7	4.36±1.18	-0.84	0.61	-12.74***	0.70**
8	4.24±1.16	-0.34	-0.28	-11.99***	0.64**
9	4.54±1.17	-0.57	-0.26	-10.26***	0.59**
10	3.84±1.28	-0.29	-0.43	-13.21***	0.69**
11	3.83±1.27	-0.17	-0.67	-13.45***	0.67**
12	4.24±1.20	-0.47	-0.19	-7.44***	0.49**
13	4.56±1.29	-0.78	0.10	-10.42***	0.61**
14	4.2±1.123	-0.75	0.44	-11.79***	0.65**
15	4.07±1.15	-0.24	-0.11	-14.27***	0.71**
16	4.25±1.22	-0.56	0.13	-7.09***	0.47**
17	4.21±1.16	-0.38	-0.21	-7.47***	0.51**
18	4.12±1.11	-0.21	-0.38	-12.47***	0.61**
19	4.22±1.21	-0.40	-0.25	-11.72***	0.69**
20	4.53±1.16	-0.92	1.17	-7.56***	0.50**
21	4.37±1.12	-0.39	-0.24	-15.13***	0.70**
22	4.28±1.15	-0.18	-0.59	-12.91***	0.65**
23	4.3±1.24	-0.30	-0.64	-10.42***	0.59**
24	4.16±1.01	-0.30	-0.19	-11.08***	0.61**
25	4.23±1.12	-0.09	-0.54	-13.26***	0.64**
26	4.28±1.18	-0.42	-0.13	-13.51***	0.71**
27	3.75±1.30	-0.07	-0.57	-12.92***	0.64**
28	4.47±1.04	-0.54	0.08	-10.38***	0.57**

续表

项目	$M \pm SD$	Skewness	Kurtosis	CR 值	题总相关（r）
29	4.55±1.11	−0.89	1.14	−6.28***	0.44**
30	4.55±1.14	−0.85	0.69	−6.79***	0.47**
31	4.24±1.21	−0.47	−0.20	−7.55***	0.50**
32	4.23±1.21	−0.59	0.24	−7.06***	0.47**
33	4.26±1.20	−0.35	−0.34	−7.44***	0.50**
34	4.5±1.08	−0.55	0.07	−13.64***	0.68**
35	3.85±1.35	−0.13	−0.73	−14.74***	0.70**
36	4.4±1.14	−0.95	1.26	−6.27***	0.42**
37	4.38±1.22	−0.76	0.23	−8.53***	0.48**
38	4.33±1.04	−0.61	0.73	−11.18***	0.65**
39	4.47±1.17	−0.83	0.65	−6.72***	0.44**
40	3.98±1.31	−0.30	−0.63	−16.62***	0.76**
41	4.27±1.19	−0.46	−0.30	−7.03***	0.47**
42	4.21±1.10	−0.21	−0.39	−15.40***	0.68**
43	4.2±1.24	−0.58	0.12	−6.68***	0.46**
44	4.24±1.19	−0.45	−0.11	−7.70***	0.51**

注：*** 代表 $p<0.001$，** 代表 $p<0.01$，* 代表 $p<0.05$。

（二）探索性因素分析结果

首先进行 Bartlett 球形检验（Barlett Test of Sphericity）及 KMO 检验（Kaiser-Meyer-Olkin Measure of Sampling Adequacy），用以判断是否适合进行因素分析。在满足探索性因素分析样本适切性的基础上，再采用主成分分析法（Principal Component Analysis，PCA）对初始量表项目进行探索性因素分析（Exploratory Factor Analysis，EFA），具体分析过程和结果如下。

1. Bartlett 球形检验和 KMO 检验

Bartlett 球形检验的统计值达到显著性水平时，表明适合做因素分析。KMO 的取值介于 0~1 之间，越接近 1，因素分析的效果越佳；KMO 值越接近于 0，则意味着变量越不适合进行因素分析。在实际研究中，一般认同：要想因素分析效果较好，KMO 取值最好要大于 0.7；若 KMO 值小于 0.5，则表明不适用于因素分析。[1]

本研究中 KMO 值为 0.94（大于 0.70），意味着变量间有较多的共同因素；Bartlett 球形检验的 χ^2 值为 5355.30（$df = 325$），达到显著性水平（$p < 0.001$），意味着母群体的相关矩阵间具有共同因素，可进行因素分析。

2. 主成分分析法

满足 Bartlett 球形检验和 KMO 样本充分性检验之后，再采用主成分分析法对辅导员职业人格初始量表进行探索性因素分析。按照特征根大于 1 的原则和斜交旋转法（Promax）抽取因素，并依据如下 4 个标准删减题项：（1）剔除因子载荷值（Factor Loadings）小于 0.30 的题项；（2）剔除同时在两个因子上的载荷值均大于 0.30，但因子间载荷值差异又小于 0.20 的题项；（3）剔除因子中同理论不一致、难以解释的题项；（4）剔除题项数少于 3 个的因子。[2]

首先将初始量表的 44 个项目全部纳入进行首次 EFA，因子旋转采用斜交旋转法（假设各维度间存在相关），初次 EFA 结果显示，共有 8 个因子的特征值大于 1（特征值依次为：18.13、4.82、3.18、1.85、1.69、1.54、1.20、1.02），累积可解释方差总量的 75.94%，但是存在较多项目的因子负荷无法达到统计学要求，或项目归属与理论假设不相符。依照上述量表项目的筛选标准，采用每增删 1 个项目进行 1 次验证性因子分析（EFA）的逐次分析法，经多次 EFA，最终获得 26 个符合要求的项目。这 26 个项目共抽取出 6 个特征值大于 1 的因子，可解释方差总量的 73.20%，主成分的分析结果及因子负荷矩阵详见表 2-5。

根据项目内容和前期的理论建构，分别将其命名为：

---

① 吴明隆：《问卷统计分析实务——SPSS 操作与应用》，重庆大学出版社，2010，第 208 页。

② 参见 Peterson, R. A., "A Meta-analysis of Variance Accounted for and Factor Loadings in Exploratory Factor Analysis," *Marketing Letters* 11 (2000): 261 – 275; Reise, S. P., Waller, N. G., & Comrey, A. L., "Factor Analysis and Scale Revision," *Psychological Assessment* 12 (2000): 287-297。

因子 F1：包括 q27、q40、q35、q10、q11、q23，共 6 个项目。该维度主要涉及辅导员对其职业发展的意志与情感倾向。具体表现为辅导员持之以恒地开展工作，注重工作反思并关切职业发展，故将其命名为"有恒性"。

因子 F2：包括 q34、q21、q18、q25、q42，共 5 个项目。该维度主要涉及辅导员对工作职责的积极认知，既能形成学生工作无小事的谨慎认识，也能对突发事件灵活应对。具体表现为辅导员能尽责地开展工作，灵敏地应对突发情况，故将其命名为"机谨性"。

因子 F3：包括 q9、q13、q19、q26，共 4 个项目。该维度主要描述辅导员对工作中人际关系持有积极预期，具有使人亲近、愿意与其接触的力量。具体表现为辅导员在与学生和同事的互动中热情友善、包容乐群，故将其命名为"亲和性"。

因子 F4：包括 q28、q38、q24、q15，共 4 个项目。该维度主要描述辅导员与学生互动中，善于激励学生成长。具体表现为辅导员对学生身心发展现实与潜能的积极认知、对学生进取精神和意志力的有效唤醒，故将其命名为"激励性"。

因子 F5：包括 q1、q7、q2、q6，共 4 个项目。该维度主要描述辅导员在道德实践中的自律程度。具体表现为辅导员在品德示范上的自觉，故将其命名为"自律性"。

因子 F6：包括 q14、q8、q22，共 3 个项目。该维度主要描述辅导员的政治立场与信念。具体表现为辅导员对中国特色社会主义和中国共产党的坚定拥护，故将其命名为"忠诚性"。

表 2-5 探索性因素分析结果

项目	因子 F1	因子 F2	因子 F3	因子 F4	因子 F5	因子 F6	共同度
q27	0.82						0.80
q40	0.78						0.75
q35	0.75						0.70
q10	0.74						0.69
q11	0.69						0.64

续表

项目	因子 F1	因子 F2	因子 F3	因子 F4	因子 F5	因子 F6	共同度
q23	0.52						0.50
q34		0.76					0.75
q21		0.76					0.74
q18		0.73					0.66
q25		0.72					0.63
q42		0.65					0.59
q9			0.79				0.75
q13			0.78				0.74
q19			0.74				0.74
q26			0.71				0.70
q28				0.85			0.81
q38				0.74			0.75
q24				0.67			0.61
q15				0.58			0.55
q1					0.76		0.81
q7					0.75		0.80
q2					0.73		0.79
q6					0.62		0.64
q14						0.79	0.77
q8						0.57	0.51
q22						0.48	0.43
特征值(旋转后)	4.33	3.52	3.03	2.86	2.85	1.05	
贡献率(%)	16.67	13.52	11.66	11.01	10.97	9.38	
累积贡献率(%)	16.67	30.19	41.84	52.86	63.82	73.20	

3. 验证性因素分析

假设模型为通过验证性因素分析（EFA）而获得的六因素模型（M_0）。依据各因子之间的相关情况，建构以下竞争模型：（1）单因素模型（M_1），即26个项目归属于1个因子；（2）双因素模型（M_2），即有恒性与自律性属于1个因子，机谨性、亲和性、激励性和忠诚性归属于1个因子；（3）三因素模

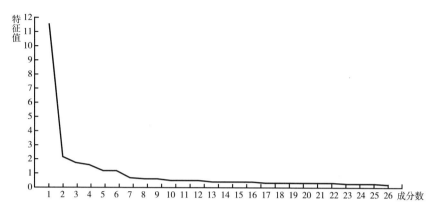

图 2-1　辅导员职业人格初始量表因子提取碎石图

型（M_3），忠诚性与自律性归属于 1 个因子，机谨性与有恒性归属于 1 个因子、亲和性、激励性归属于 1 个因子；（4）四因素模型（M_4），有恒性、机谨性和激励性归属于 1 个因子，亲和性、忠诚性、自律性各为 1 个因子；（5）五因素模型（M_5），有恒性为 1 个因子，机谨性和激励性归属于 1 个因子，亲和性为 1 个因子，忠诚性和自律性归属于 1 个因子。

　　本研究模型的拟合评价与比较主要参考以下拟合指数：χ^2/df、$RMSEA$、CFI、TLI 和 $SRMR$。参照以往相关研究，χ^2/df 应小于 5，$RMSEA$ 应小于 0.08，$SRMR$ 应小于 0.08，CFI 和 TLI 应不小于 0.90。[1] 此外，模型评价还要同时考虑各参数估计值是否合理。一般而言，EFA 因子载荷值不宜低于 0.50，最好应大于 0.70。[2]

---

[1]　参见 Marsh, H. W., Balla, J. R., & McDonald, R. P., "Goodness-of-fit Indexes in Confirmatory Factor Analysis: The Effect of Sample Size," *Psychological Bulletin* 103 (1988): 391-410; Hu, L., & Bentler, P. M., "Fit Indices in Covariance Structure Modeling: Sensitivity to Underparameterized Model Misspecification," *Psychological Methods* 3 (1998): 424-453; Hu, L., & Bentler, P. M., "Cutoff Criteria for Fit Indexes in Covariance Structure Analysis: Conventional Criteria Versus New Alternatives," *Structural Equation Modeling: A Multidisciplinary Journal* 6 (1999): 1-55。

[2]　参见 Kline, R. B., *Principles and Practice of Structural Equation Modeling* (2nd), New York: Guilford, 2005, pp. 138-173; Brown, T. A., & Moore, M. T., "Confirmatory Factor Analysis,", in Hoyle, R. H, eds., *Handbook of Structural Equation Modeling*, New York: The Guilford Press, 2012, pp. 361-379。

假设模型与竞争模型拟合情况详见表 2-6。假设模型 M_0 的 χ^2/df 值为 1.43，小于 5，$RMSEA$（90% $C.I.$）为 0.035［0.027，0.042］，$SRMR$ 为 0.03，均小于 0.08，CFI 和 TLI 都为 0.98，均大于 0.90，各项拟合指数基本达到拟合良好的标准；与其他 5 个竞争模型相比，假设模型 M_0 的各项拟合指数均表现更优。因此，本研究接受假设模型 M_0。假设模型因子负荷标准化解见图 2-2。虽然 q8 的因素负荷值小于 0.70，但大于 0.60；因此，可以认为假设模型各参数估计情况可以接受。综上，本研究结果支持假设模型 M_0，验证性因素分析结果再次验证了辅导员职业人格的六因素结构。

表 2-6　辅导员职业人格假设模型和竞争模型的拟合指数

模型	χ^2	df	χ^2/df	$RMSEA$(90% $C.I.$)	CFI	TLI	$SRMR$
假设模型：六因素模型(M_0)	397.84	278	1.43	0.035［0.027，0.042］	0.98	0.98	0.03
单因素模型(M_1)	3744.96	298	12.57	0.179［0.174，0.184］	0.42	0.36	0.14
双因素模型(M_2)	3936.94	296	13.30	0.185［0.179，0.190］	0.38	0.32	0.14
三因素模型(M_3)	2107.48	293	7.19	0.132［0.127，0.137］	0.69	0.65	0.16
四因素模型(M_4)	1752.12	290	6.04	0.118［0.113，0.124］	0.75	0.72	0.10
五因素模型(M_5)	1169.23	284	4.12	0.093［0.087，0.098］	0.85	0.83	0.10

（三）信度分析

信度（Reliability）旨在检验测验内容的一致性及测量数据和结果的稳定性，亦即测量的可靠性程度。[1] 本研究采用的信度分析指标为内部一致性信度（Internal Consistency Reliability）、组合信度（Composite Reliability）和重测信度（Test-retest Reliability），检验结果详见表 2-7。

内部一致性信度，旨在检验量表及其维度内各题项所测量的均是同一个概念或指标的一致性程度，通常采用 Cronbach's α 系数来对其进行评估。如表 2-7 所示，量表整体的 α 系数为 0.92，说明《辅导员职业人格量表》具

---

① 黄希庭、张志杰：《心理学研究方法》，高等教育出版社，2010，第 100 页。

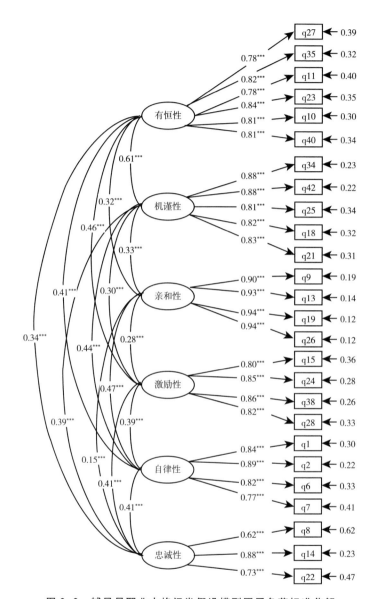

图 2-2 辅导员职业人格问卷假设模型因子负荷标准化解

有较好的内部一致性；量表各维度的 α 系数在 0.78～0.96 之间，反映辅导员职业人格各分维度具有较好的内部一致性。

　　组合信度，旨在评价潜在构念指标之间的一致性程度。一般而言，潜变量的构念信度高于 0.60；辅导员职业人格各潜变量的构念信度依次为：0.92、0.92、0.97、0.93、0.86、0.93，均高于临界值 0.60，表明该量表各维度均具备良好的组合信度。

重测信度，旨在考查量表在不同时段得分的一致性，又称为"稳定系数"，两次测验的相关系数越接近 1，量表的重测信度越高，表明量表越稳定。由表 2-7 可知，辅导员职业人格总量表重测信度（间隔 4 周）为 0.91，各维度重测信度在 0.82~0.90 之间，说明《辅导员职业人格量表》具有较好的测量稳定性。

表 2-7　《辅导员职业人格量表》信度检验结果

维度	Cronbach's α	CR(95% C.I.)	重测信度(间隔 4 周)
有恒性	0.90	0.92[0.90,0.94]	0.83 ***
机谨性	0.91	0.92[0.90,0.94]	0.82 ***
亲和性	0.96	0.97[0.96,0.98]	0.89 ***
激励性	0.90	0.93[0.91,0.95]	0.86 ***
自律性	0.78	0.86[0.82,0.91]	0.89 ***
忠诚性	0.89	0.93[0.92,0.95]	0.90 ***
职业人格总量表	0.92	0.98[0.98,0.99]	0.91 ***

（四）效度分析

效度（Validity）是指测量得分是否反映了欲测的构念特征及其程度。[1] 本研究采用的效度分析指标为内容效度（Content Validity）和构念效度（Construct Validity）。

内容效度亦称逻辑效度，是指测量涵括了欲测的内容范围的程度。该效度不存在精确的量化指标，主要采用专家逻辑分析予以评估。[2] 专家逻辑分析即由专家遵照量表题项和理论维度做出系统的比较判断，以题项是否恰当

---

① 黄希庭、张志杰：《心理学研究方法》，第 89 页。
② 黄希庭、张志杰：《心理学研究方法》，第 89 页。

代表所规定的内容为效度的证据。在量表编制的过程中，本研究先根据扎根研究和理论探索，编制《辅导员职业人格量表》条目，随后邀请心理学专家学者和一线辅导员（包括 3 位心理学教授、3 位心理学专业博士研究生、10 位辅导员）对量表题项进行评定。根据相关专家学者、辅导员的反馈与数据的分析结果来看，量表的内容能较好地反映辅导员职业人格的内容，量表具有较高的内容效度。

构念效度旨在检验量表是否能够准确测量出目标构念的程度，一般通过聚合效度和区分效度来反映。[①] 据表 2-8 可知，在聚合效度方面，所有因子的标准载荷均大于 0.6，且有恒性、机谨性、亲和性、激励性、自律性、忠诚性各潜变量的平均变异数抽取量 AVE 值分别为 0.64、0.66、0.85、0.69、0.56、0.68 均大于临界值 0.5，组合信度 CR 值均高于 0.7。因此，本量表具有较好的聚合效度。在区别效度方面，如表 2-8 各维度相关系数矩阵所示，各潜变量的 AVE 平方根（表 2-8 对角线的值）均大于其之间的相关性系数，说明各变量间具有较好的区别效度。综上，本量表具有较好的构念效度。

表 2-8 量表各维度相关系数矩阵

	有恒性	机谨性	亲和性	激励性	自律性	忠诚性
有恒性	0.80					
机谨性	0.63 ***	0.81				
亲和性	0.34 ***	0.30 ***	0.92			
激励性	0.31 ***	0.45 ***	0.30 ***	0.83		
自律性	0.39 ***	0.35 ***	0.25 ***	0.42 ***	0.74	
忠诚性	0.44 ***	0.41 ***	0.47 ***	0.39 ***	0.42 ***	0.82
AVE	0.64	0.66	0.85	0.69	0.56	0.68

注：对角线处为 AVE 的平方根值，对角线以下为维度间的相关性系数。

---

① Fisher, G. G., Matthews, R. A., & Gibbons, A. M., "Developing and Investigating the Use of Single-item Measures in Organizational Research," *Journal of Occupational Health Psychology* 21 (2016): 3–23.

三 讨论

本研究初编了 44 个题项的《辅导员职业人格量表》，对题项进行了鉴别力分析，并采用探索性因素分析（EFA）对辅导员职业人格结构进行了量化探索。结果表明，《辅导员职业人格量表》的题项均具有良好的适切性与鉴别力，能够较好地区分出辅导员职业人格的实然水平。本研究在多次 EFA 的基础上，明晰了辅导员职业人格六因素结构：有恒性、机谨性、亲和性、激励性、自律性、忠诚性。与其他可能的结构相比，六因素结构的拟合水平更佳。

有恒性是指辅导员对其职业发展的意志与情感倾向，具体表现为辅导员持之以恒地开展工作，注重工作反思并关切职业发展；机谨性是辅导员对工作职责的积极认知，既能形成学生工作无小事的谨慎认识，也能对突发事件灵活应对；亲和性是指辅导员对工作中人际关系持有积极预期，具有使人亲近、愿意与其接触的力量；激励性是指辅导员与学生互动中，善于激励学生成长，具体表现为辅导员对学生身心发展现实与潜能的积极认知，对学生进取精神和意志力的有效唤醒；自律性是指辅导员在道德实践中的自律程度；忠诚性是指辅导员在政治空间上的立场与信念，具体表现为辅导员对中国共产党和中国特色社会主义的坚定拥护。

已有的辅导员人格测量更多采用一般化的人格测验，如卡特尔 16PF、荣格 MBTI、大五人格等，缺乏对辅导员职业人格的适配性，无法反映辅导员在这一职业的人格内涵。本研究探索的辅导员职业人格维度从辅导员的职业情境入手，更能反映辅导员职业人格的本质。验证性因素分析（CFA）结果表明，辅导员职业人格的六因素结果模型能够较好地拟合实测数据（$x^2/df = 1.43$，$RMSEA = 0.035$，$CFI = 0.98$，$TLI = 0.98$，$SRMR = 0.03$）。本研究基于理论假设建构多个可能的竞争模型，基于模型比较法，对模型进行检验与比较。与竞争模型的比较结果表明，辅导员职业人格的六因素结构模型拟合性更优。这些研究结果均表明，《辅导员职业人格量表》具有较好的结构效度。

　　《辅导员职业人格量表》的总体内部一致性信度为 0.92，6 个维度的内部一致性信度在 0.78~0.96 之间，均大于 0.70；总量表间隔 4 周的重测信度为 0.91，6 个维度的重测信度指标在 0.82~0.90 之间，意味着《辅导员职业人格量表》具有良好的信度。辅导员职业人格各维度的 AVE 收敛效度大于 0.5，且 AVE 的平方根均大于各变量间的相关性系数，这意味着辅导员职业人格各维度间具有良好的收敛效度和区别效度。

四　结论

　　《辅导员职业人格量表》包括有恒性、机谨性、亲和性、激励性、自律性、忠诚性 6 个维度，共 26 个题项。综上所述，本研究自编的《辅导员职业人格量表》信效度水平良好，可用于辅导员职业人格的测量。

第三章

辅导员职业人格的特点与影响因素

继第二章回答了辅导员职业人格是什么之后，本章主要探究辅导员职业人格的现状及其影响因素，旨在回答辅导员职业人格有何特点、受哪些因素影响。

第一节　辅导员职业人格的特点

本节将采用第二章编制的《辅导员职业人格量表》对辅导员群体进行施测，以期探讨辅导员职业人格的整体水平及其人口统计学差异特点。基于第一章有关辅导员职业人格测量研究的文献综述，本研究假设：（1）辅导员职业人格整体处于中等偏上水平；（2）不同性别的辅导员的职业人格不存在显著差异；（3）不同教龄的辅导员的职业人格存在显著差异；（4）不同职称的辅导员的职业人格存在显著差异。

一　程序与方法

（一）研究对象

采用整群抽样法，从北京市、南京市及福建省、河南省、云南省等 32 所高校抽取 650 名辅导员参与调查。调查采用集体施测方法，利用辅导员所属学院召开工作例会或相关工作会议的时间集体作答。回收问卷，并对问卷进行有效性检测，剔除无效问卷。无效问卷的剔除参考以下两个标准：（1）全卷作答相同选项数量大于 70%；（2）问卷作答表现出一定的规律性。参照上述标准进行筛选后，共计取得有效问卷 528 份，有效回收率为 81.23%。在有效被试中，男辅导员 236 名（44.7%），女辅导员 292 名（55.3%）；入职 0~4 年（含 4 年）的辅导员 296 名（56.06%），5~8 年（含 8 年）的辅导员 167 名（31.62%），9 年及以上的辅导员 65 名（12.31%）；初级职称辅导员 328 名（62.12%），中级职称辅导员 183 名（34.66%），高级职称辅导员 17 名（3.22%）。被试的年龄范围为 23~50 岁（$M = 33.02$ 岁，$SD = 4.1$）。所有完成调查的被试均获得一定报酬。

（二）研究工具

采用自编的《辅导员职业人格量表》对高校辅导员的职业人格水平进行测量。此量表包含有恒性、机谨性、亲和性、激励性、忠诚性、自律性六个维度，共 26 个题项，如"我努力成为学生的知心朋友"。该量表采用 Likert 6 点计分（从"1"到"6"表示从"完全不符合"到"完全符合"）。该量表在本研究中的 Cronbach's α 系数为 0.96，各维度的 Cronbach's α 系数为 0.85~0.93。

（三）数据处理

采用 SPSS 25.0 进行数据处理。使用平均数和标准差描述辅导员职业人格的整体情况，独立样本 T 检验和单因素方差分析比较不同性别、教龄、职称的辅导员在职业人格上的得分差异。

二　研究结果

（一）辅导员职业人格的整体情况

辅导员职业人格总分及各维度得分情况详见表 3-1 和图 3-1。从平均分来看，辅导员职业人格总均分为 4.61，各维度均分为 4.45~4.67，均高于中位数"3.5"，表明参与调查的辅导员不论是职业人格整体还是各子维度均处于中等偏上的水平；另外，从各维度间差异来看，六个维度间差异显著（$F = 3.89$，$p < 0.005$），事后多重比较检验发现，参与调查的辅导员有恒性水平显著低于机谨性、亲和性、激励性、自律性、忠诚性（$Ps < 0.001$），激励性水平显著高于有恒性、自律性（$Ps < 0.05$），自律性水平显著高于有恒

性，且显著小于忠诚性（*Ps*<0.05），各因子平均值按从大到小排序，依次是：忠诚性、激励性、亲和性、机谨性、自律性、有恒性。

表 3-1　辅导员职业人格整体情况

维度	项目数	原始分			均分				
		Min	*Max*	*M±SD*	*Min*	*Max*	*M±SD*	*skewness*	*kurtosis*
有恒性	6	6	36	26.72±4.79	1	6	4.45±0.80	−1.13	1.93
机谨性	5	5	30	23.19±4.54	1	6	4.64±0.91	−1.15	1.76
亲和性	4	4	24	18.60±4.36	1	6	4.65±1.09	−0.5	−0.68
激励性	4	4	24	18.68±3.72	1	6	4.67±0.93	−1.35	2.41
自律性	4	4	24	18.38±3.65	1	6	4.59±0.91	−1.26	2.63
忠诚性	3	6	18	14.02±2.68	2	6	4.67±0.90	−0.81	0.33
职业人格总分	26	32	150	119.58±19.61	1.23	5.77	4.61±0.75	−1.7	3.42

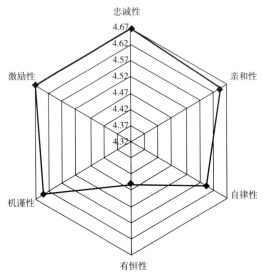

图 3-1　辅导员职业人格整体情况的雷达图

（二）不同性别的辅导员在职业人格上的差异

以性别为自变量，辅导员职业人格总分及 6 个子维度的得分为因变量，进行独立样本 T 检验。结果表明，男辅导员和女辅导员在职业人格整体及各维度上的得分均不存在显著差异（详见表 3-2）。

表 3-2　男、女辅导员职业人格的得分及差异比较（$M \pm SD$）

维度	男辅导员 （$n=236$）	女辅导员 （$n=292$）	t	Cohen's d
有恒性	4.47±0.87	4.44±0.74	0.47	0.04
机谨性	4.62±0.93	4.65±0.89	−0.36	−0.03
亲和性	4.61±1.17	4.68±1.03	−0.78	−0.07
激励性	4.66±0.99	4.68±0.87	−0.21	−0.02
自律性	4.57±0.95	4.62±0.89	−0.65	−0.06
忠诚性	4.70±0.88	4.63±0.91	−0.91	−0.08
职业人格总分	4.58±0.81	4.61±0.70	−0.42	−0.04

注：* 代表 $p<0.05$，** 代表 $p<0.01$，*** 代表 $p<0.001$，下同。

（三）不同教龄的辅导员在职业人格上的差异

以辅导员教龄为自变量，以辅导员职业人格整体及六个子维度的得分为因变量，进行独立样本 T 检验。结果表明，随着教龄的增长，辅导员职业人格整体水平及各分维度得分都不断提升并呈现显著差异。具体而言，辅导员职业人格整体，以及机谨性的水平随着教龄的累积呈现逐级递增的显著趋势；在自律性方面，入职 4 年以上的辅导员的自律性得分显著优于入职 4 年及以下的辅导员，入职 9 年及以上的辅导员的自律性得分弱优于入职 5~8 年的辅导员，但两者的差距并没有达到显著水平；入职 9 年及以上的辅导员在有恒性、亲和性、激励性及忠诚性这 4 个维度上的得分显著高于入职 4 年及以下和 5~8 年的辅导员，而入职 5~8 年的辅导员在这四个维度上的表现与 4 年以下及 9 年以上辅导员没有显著差异（详见表 3-3）。

表 3-3　不同教龄辅导员职业人格的得分及差异比较（$M \pm SD$）

维度	0~4 年 （$n=167$） I	5~8 年 （$n=296$） II	9 年及以上 （$n=65$） III	F	η_p^2	事后检验 （LSD）
有恒性	4.34±0.86	4.47±0.76	4.67±0.76	4.31*	0.02	III>I
机谨性	4.49±1.02	4.66±0.84	4.92±0.85	5.60**	0.02	III>II>I
亲和性	4.48±1.17	4.67±1.04	5.01±1.06	5.72**	0.02	III>I

续表

维度	0~4 年 （n=167） I	5~8 年 （n=296） II	9 年及以上 （n=65） III	F	η_p^2	事后检验 （LSD）
激励性	4.57±0.95	4.67±0.91	4.94±0.90	3.73*	0.01	III>I
自律性	4.39±0.92	4.66±0.89	4.85±0.91	7.80***	0.03	III>I，II>I
忠诚性	4.48±0.88	4.72±0.92	4.94±0.69	7.62***	0.03	III>I
职业人格总分	4.45±0.80	4.63±0.72	4.87±0.70	8.02***	0.03	III>II>I

（四）不同职称的辅导员在职业人格上的差异

以辅导员职称类别为自变量，以辅导员职业人格总分及六个子维度的得分为因变量，进行独立样本 T 检验。结果表明，辅导员职业人格整体水平呈现出职称上的差异。具体而言，相对于中级和初级职称的辅导员，高级职称的辅导员在职业人格整体及激励性方面表现更优。在其他维度上不同职称的辅导员未表现出显著差异（详见表3-4）。

表3-4　不同职称辅导员职业人格得分及差异比较（$M\pm SD$）

维度	初级 （n=328） I	中级 （n=183） II	高级 （n=17） III	F	η_p^2	事后检验 （LSD）
有恒性	4.48±0.75	4.38±0.90	4.66±0.53	1.54	0.01	
机谨性	4.70±0.87	4.52±0.97	4.92±0.75	2.79	0.01	
亲和性	4.70±1.07	4.56±1.13	5.09±1.034	2.21	0.01	
激励性	4.71±0.87	4.58±1.03	5.25±0.58	4.53*	0.02	III>I，III>II
自律性	4.59±0.88	4.56±0.99	4.93±0.75	1.23	0.00	
忠诚性	4.68±0.86	4.63±0.97	5.10±0.58	2.32	0.01	
职业人格总分	4.60±0.63	4.51±0.86	5.00±0.45	3.14*	0.01	III>I，III>II

三　讨论

本节在第二章的基础上，采用自编的《辅导员职业人格量表》对 528 名辅导员进行了调查研究，探讨了辅导员职业人格的整体概貌及在相关人口统计学变量上的差异。研究结果表明，辅导员职业人格整体位于中等偏上水平，尚存一定的提升空间。具体而言，辅导员职业人格总均分为 4.61，各维度均分处于 4.45~4.67 之间，都大于各题项得分的中位数 3.5，但离最高的 6 分还有一定的距离。这一调查结果可与 2021 年 12 月教育部在对思政工作总结的新闻发布会上公布的基于学生视角的调研结果相验证。① 这说明现有辅导员队伍整体职业人格水平良好但也确存在提升的空间。

本研究还发现，辅导员职业人格各维度得分不尽均衡，忠诚性得分最高，有恒性得分最低。忠诚性得分最高可能与辅导员职业的特殊性有关。辅导员作为思想政治教育的骨干力量，各院校在招聘时都要求辅导员的政治面貌原则上必须是"中共党员"，这就导致辅导员忠诚性是其进入辅导员队伍最基本的人格保障。本研究在调查中也发现，忠诚性维度最低分为 2 分，其他维度的最低分都为 1 分。这也验证了对辅导员这一群体而言，忠诚性是最基础的个人特质。有恒性得分最低，这与刘纯姣用 16 PF 测验测得的人格情况一致。② 究其原因，可能与辅导员流动率偏高，③ 以及在研究一（本书第二章第一节）的访谈调查中部分辅导员提及的"辅导员是个青春饭"的现象和观点相关。

本研究还比较了辅导员职业人格在不同性别、职称、教龄等人口统计学变量上的差异。研究结果表明，不同性别的辅导员的职业人格不存在显著差异。女辅导员虽在职业人格整体及各子维度上的得分略高于男辅导员，但并未达到统计学上的显著差异。这一研究结论也与研究一（本书第二章第一节）中对第一至第十届年度人物资料搜集时的发现相照应。第一至第十届辅导员年度人物中男辅导员 48 人（46.60%），女辅导员 55 人（53.40%），女辅导员略多于男辅导员，但男女辅导员被评为年度人物的

---

① 2021 年 12 月教育部在对思政工作总结的新闻发布会上公布，约 95% 的学生对辅导员等思政工作队伍表示满意。

② 刘纯姣：《上海高校优秀辅导员人格特质研究》，《学校党建与思想教育》2013 年第 4 期。

③ 王爱祥：《高校辅导员职业发展评估与分析——基于 E 校 2005~2015 年辅导员流动的实证研究》，《思想理论教育》2016 年第 3 期。

人数并不存在显著差异。因此，性别不是显著影响辅导员职业人格发展的关键因素。

在教龄方面，整体而言辅导员职业人格总分及其各维度的得分随着教龄的增长而呈上升趋势，但具体发展趋势却不尽相同，具体而言有三点。首先，辅导员职业人格整体及其机谨性的水平随着辅导员任职时间的延续而呈现逐级递增的趋势。这说明辅导员职业人格整体及其机谨性水平需要在工作情境中不断磨炼与完善。其次在自律性方面，入职4年以上辅导员的自律性得分显著高于入职4年及以下的辅导员，入职9年及以上的辅导员的自律性得分略高于入职5~8年的辅导员，但两者的差距并没有达到统计学上的显著水平。这一现象与辅导员的职业发展阶段及思想政治教育工作的特殊性有关。入职4年内是辅导员的职业探索期与适应期。[①] 而辅导员作为思想政治教育的骨干力量，在引导广大青年学生感知周围世界之时，也将其自身作为周围世界的一个重要组成部分，直观地呈现于学生面前，所以辅导员在入职的4年内要完成自律性的提升。这一研究结论，也验证了研究一（本书第二章第一节）质性探索的结论，自律性和忠诚性作为道德向度人格是辅导员职业人格的根基，会限制辅导员职业生涯的发展及教龄的延续，所以辅导员入职以后首先要确保忠诚性并及时发展自律性。最后在有恒性、亲和性、激励性及忠诚性4个维度上的得分仅在教龄的两端差异显著，即入职9年及以上与入职4年及以下的辅导员存在显著差异，但入职5~8年的辅导员在这四个维度上的得分与上述两者并没有显著差异。这一现象也许和入职5~8年是辅导员职业倦怠高发期有关。[②] 入职5~8年的辅导员开始从新手向熟手和专家方向发展，需要承担更多的工作任务与压力，也会面临更多的挑战。若没有及时疏导，处于这一阶段的辅导员很容易产生职业倦怠感，进而可能导致人际互动中的亲和性、激励性，工作投入中的有恒性，甚至是道德向度的忠诚性的发展出现停滞甚至倒退的现象。这一研究结论启示我们要加强对

---

① 程海云、朱平：《高校辅导员职业人格形成机理与培育策略研究》，《高教探索》2021年第9期。

② 余晚霞：《高校优秀辅导员成长生态论》，《学校党建与思想教育》2016年第18期。

新入职辅导员的自律性培育，对入职 5~8 年的辅导员要加强心理建设与关怀，以抵御职业人格发展的停滞与倒退。

在职称方面，高级职称的辅导员在职业人格整体以及激励性得分上均显著高于中级和初级职称的辅导员，但在其他维度上不同职称的辅导员未表现出显著差异。这一现象可以从福勒与布朗的教师专业发展阶段理论视角来解释。福勒与布朗把教师专业发展划分为三个阶段：关注生存、关注情境、关注学生阶段。高级职称辅导员作为少数的专家型辅导员，具备了更适应辅导员职业的人格特质，其关注点也从自身的生存、工作任务的适应，更多地转向学生群体本身，也更能清晰地认识到不同发展水平的学生有不同的成长潜能与成长速度，进而对学生成长给予更多有效的激励。[①]

本研究也存在一些不足。一是，本研究虽然在多省份多类型高校中取样，但样本来源依然存在局限性，无法代表全国辅导员的整体情况；二是，本研究中高级职称辅导员偏少，未来有必要加强对这些典型群体的取样，以获得更具代表性的研究结论；三是，本研究采用的是横断调查研究的方法，未来可考虑采用纵向追踪调查的方法从动态视角来探究辅导员的职业人格。

四　结论

根据本节分析，验证得出如下两点结论。

（1）辅导员职业人格整体处于中等偏上水平。

（2）辅导员职业人格在性别上不存在显著差异，但在教龄和职称上存在显著差异。

第二节　辅导员职业人格的影响因素

基于第三章第一节的研究结论，我们得知辅导员职业人格整体较好，但

---

① 参见连榕《教师专业发展》，高等教育出版社，2007，第 179~180 页；钱兵、孙在丽：《教师自我发展意识的迷失与唤醒》，《当代教育科学》2018 年第 8 期。

尚存一定的发展与完善的空间。本节在此基础上，进一步探究影响辅导员职业人格塑造的要素和机制，以期为辅导员职业人格的完善提供更为精准的路径参考。

目前研究者基于哲学、政治学、社会学及教育学等领域和学科视角，考察了制度和环境以及教育管理实践对辅导员职业人格塑造的影响。如从制度的外在激励[1]、环境的协同促进[2]，以及个人素养提升[3]等方面对辅导员职业人格的影响进行了有益探索。既有研究为我们探究辅导员职业人格影响要素与路径提供了较为丰富的观点和启发，但仍存在一些亟待思考的问题。一方面，从研究方法来看，囿于辅导员职业的本土性及相关研究工具的匮乏，既有研究主要集中于逻辑思辨与理论探讨，缺少实证检验，而这也直接限制了既有研究的进一步深化及其实践应用的效用。另一方面，从研究视角来看，既有研究主要集中于从宏观视角探讨外在制度与环境对辅导员职业人格塑造的影响。然而，在塑造特定人在特定情境中的行为时，与"客观"情境本身相比，个体对情境的感知对个体的行为具有更直接的影响。认知—情感人格系统理论（CAPS）也强调对个体产生影响的不是情境的物理属性，而是情境的心理属性。[4]辅导员作为具有主观能动性的个体，外在任务和环境对辅导员职业人格的激励效果不是由任务与环境本身决定的，而是由其给予人的心理意义决定的。因此，辅导员职业人格的发展既离不开外在环境的塑造，也离不开个体内在心理因素的作用，有必要从个体心理行为的微观视角来实证探究影响辅导员职业人格的要素，以揭示辅导员职业人格发展的心理机制。

① 林伟毅：《高校辅导员职业能力的现状及提升路径》，《思想理论教育导刊》2017 年第 1 期。
② 谢小芬：《解析高校优秀辅导员的核心特质——基于全国高校辅导员年度人物的实证分析》，《思想理论教育》2016 年第 5 期。
③ 曾保春：《人格化：高校辅导员队伍管理与建设新视角》，《现代教育管理》2010 年第 6 期。
④ Mischel, W., & Shoda, Y., "Acognitive-affective System Theory of Personality: Reconceptualizing Situations, Dispositions, Dynamics, and Invariance in Personality Structure," *Psychological Review*, 102（1995）：246-257.

一 问题提出

（一）职业价值观与职业人格

在影响辅导员职业人格发展与塑造的诸多内在因素中，职业价值观是不可回避的要素。职业价值观源于价值观，是个体一般领域价值观在职业情境中的特殊表达。[①] 职业价值观作为人们衡量某种职业的优劣及重要性的内心尺度，是个体行为判断的准则与依据，塑造了个体在工作情境中的态度和行为。

自我验证理论（Self-verification Theory）认为，人们都具有追求自我一致性的基本心理需求，因而会努力寻求建立一种稳定的自我观。[②] 个体为了建立稳定的自我观，会通过营造环境或改变认知来实现。因此，在自我验证过程中，个体会去寻找与其自我价值观相符的组织、工作和任务角色，以与他们的自我认知判断相一致。[③] Roberts 和 DelVecchio[④] 的元分析也表明，在生命历程中人们选择的角色通常与其价值观相适应。持有良好职业价值观的个体，认为职业特征与属性满足了他们的需求，验证了自我认知，因而更容易内化组织的目标、价值体系以及角色要求，[⑤] 更有可能将完善的职业人格作为自己的发展目标。国内既有研究也发现，良好的职业价值观与更高的工作满意度相关，[⑥] 与更高的职业认同感及更低的离职意向相关，[⑦] 这也侧面

---

① Schwartz, S., "A Theory of Cultural Values and Some Implications for Work," *Applied Psychology: An International Review* 48（1999）：23-47.

② Swann, W. B., Jr., & Buhrmester, M. D, "Self-verification: The Search for Coherence," in M. R. Leary & J. P. Tangney eds., *Handbook of Self and Identity*, New York: Guilford Press, 2012b, pp. 405-424.

③ Gardner, D. G., Van Dyne, L., & Pierce, J. L., "The Effects of Pay Level on Organization Based Self-esteem and Performance: A Field Study," *Journal of Occupational and Organizational Psychology* 77（2004）：307-322.

④ Roberts, B. W., & DelVecchio, W. F., "The Rank-order Consistency of Personality Traits from Childhood to Old Age: A Quantitative Review of Longitudinal Studies," *Psychological Bulletin* 126（2000）：3-25.

⑤ Pierce, J. L. et al., "Organization-based Self-esteem: Construct Definition, Measurement, and Validation," *Academy of Management Journal* 32（1989）：622-648.

⑥ 海小娣等：《职业成熟度，工作价值观与工作适应状况之间的关系》，《中国临床心理学杂志》2009 年第 5 期。

⑦ 李紫菲等：《特岗教师离职倾向模式的探索：基于潜在剖面分析》，《中国临床心理学杂志》2020 年第 2 期。

验证了上述观点。

此外，从具体过程来看，资源保存理论强调，人们总是在积极地获取、维持和保护自身的资源以抵御压力。资源保存理论的初始资源效应强调，拥有较多初始资源的个体比拥有较少初始资源的个体遭遇资源损失的风险更低，且更易获得新资源。[①] 反之，拥有较少初始资源的个体比拥有较多初始资源的个体具有更高的资源损失风险，且更难获得新资源。因此，相较于低职业价值观个体，拥有良好的职业价值观的个体有更丰富的初始资源，因而也更有可能通过积极的工作投入来增加个体资源存量和类型并最终孕育出良好的职业人格。既有研究也发现，良好的职业价值观与更高的工作投入[②]和工作绩效[③]密切相关。

综上所述，在自我验证的驱动下，良好的职业价值观会激励辅导员内化组织目标与角色要求，并在职业情境中形成与之相适宜的心理与行为范式。在此过程中，基于资源保存原则，高职业价值观的辅导员通过资源增益螺旋提升自身资源的存量和类型，并最终孕育出良好的职业人格。综上，我们提出如下假设：辅导员职业价值观会正向影响辅导员职业人格水平（H1）。

此外，仅关注两者关系无法厘清职业价值观是如何与职业人格产生联结的，以及联结的强度在什么情况下更强或更弱。因此，需进一步探讨职业价值观对辅导员职业人格影响的中介路径及其边界条件。

（二）心理授权感的中介作用

职业价值观是如何推动个体向着理想职业人格努力呢？从资源保存理论视

---

① Hobfoll, S. E., "Conservation of Resources: A New Attempt at Conceptualizing Stress," *American Psychologist* 44 (1989): 513-524.

② Blickle, G. et al., "Socioanalytic Theory and Work Behavior: Roles of Work Values and Political Skill in Job Performance and Promotability Assessment," *Journal of Vocational Behavior* 78 (2011): 136-148.

③ 马英：《高校辅导员职业价值观与工作绩效关系研究》，博士学位论文，大连理工大学，2017，第69~131页。

角来看，个体朝向目标努力的程度会受到自身心理资源状况的影响。[①] 在众多资源传导变量中，心理授权因其赋能作用而受到研究者和管理者的广泛关注。心理授权（Psychological Empowerment）是个体体验到被授权的一种心理状态或认知综合体，隶属内激励范畴。其核心在于提高员工对于授权的认知进而激发员工内在的工作动力。[②] 心理授权主要由四种认知成分组成：工作意义（work meaning）、自我效能感（self efficacy）、自我决策（self determination）及影响力（impact）。工作意义是指个体遵循自有的价值观而产生的对工作目标或目的的价值感受；自我效能感是个体对自己工作能力的知觉与评价；自我决策反映的是个体在工作上的自主权，是个体对自己工作方式及努力程度的自主判断；影响力则是指个体对自己所从事的工作产生影响的感知。[③]

心理授权作为个人对其工作角色定位的综合认知，是基于个体对工作环境的主观评估。[④] 在心理授权前因变量的探讨上，Thomas 和 Velthouse 主张个体差异会对构成授权感知的主观任务评估产生重要影响。[⑤] 因为 Spreitzer 强调在将心理授权定义为个体相对于其任务环境看待自己的方式时，也采用了明确的互动主义观点。根据这一观点，语境变量和个体特征，特别是反映自我概念的那些变量，都应被视为心理授权感知的先行因素。根据自我验证理论，个体会通过对外界信息进行选择性加工以维持自我一致性。[⑥] 价值观

---

① Hobfoll, S. E., et al., "Conservation of Resources in the Organizational Context: The Reality of Resources and Their Consequences," *Annual Review of Organizational Psychology and Organizational Behavior* 5（2018）：103-128.

② Thomas, K. W., & Velthouse, B. A., "Cognitive Elements of Empowerment: An 'Interpretive' Model of Intrinsic Task Motivation," *Academy of Management Review* 15（1990）：666-681.

③ Seibert, S. E., Wang, G., & Courtright, S. H., "Antecedents and Consequences of Psychological and Team Empowerment in Organizations: A Meta-analytic Review," *Journal of Applied Psychology* 96（2011）：981-1003.

④ 凌俐、陆昌勤：《心理授权研究的现状》，《心理科学进展》2007 年第 4 期。

⑤ Thomas, K. W., & Velthouse, B. A., "Cognitive Elements of Empowerment: An 'Interpretive' Model of Intrinsic Task Motivation," *Academy of Management Review* 15（1990）：666-681.

⑥ Swann, W. B., Jr., & Buhrmester, M. D., "Self-verification: The Search for Coherence," in M. R. Leary & J. P. Tangney eds., *Handbook of Self and Identity*, New York：Guilford Press, 2012b, pp. 405-424.

作为自我概念的核心，个体为了保持自我概念的一致性，会优先注意与职业价值观相吻合的信息，并进行有选择地解读与建构，以提高个体对工作环境的控制感。具体而言，个体为了保持自我一致性，在职业情境中会遵循自有的价值观对工作目的与意义进行价值判断。因此，拥有良好职业价值观的辅导员更倾向于对工作信息进行积极建构，进而更可能发掘工作的意义。而工作意义作为心理授权的引擎，又驱动着辅导员内化组织要求，使用组织赋予的自主权来实现组织目标，并从这些工作中感受到自身的影响力和自我效能感。综上，我们提出如下假设：职业价值观正向影响了个体的心理授权水平（H2）。

心理授权是个体感受到组织传递的各种工作价值信号后形成的与工作有关的心理资源，对个体的工作态度有重要的影响。[1] 心理授权水平高的员工，会为工作赋予更多的意义和价值，开展工作时也会体会到更多的自主性和更高的自我效能感，并相信自己的工作能够产生积极正面的影响。进而激发出更加积极主动的工作表现，以积极适应并塑造相应的职业角色和工作环境。毛成、江忠华、韩云分别通过理论思辨和实证检验证实了心理授权对辅导员职业表现具有良好的激励作用。[2] 既有相关研究也证实，心理授权不仅可提升个体的工作满意度[3]，增强组织承诺[4]，增加组织公民行为[5]，而且还

---

[1] Menon，S，"Employee Empowerment：An Integrative Psychological Approach，" *Applied Psychology* 50（2001）：153-180.

[2] 参见毛成《基于心理授权的高校辅导员激励机制研究》，《思想教育研究》2009 年第 7 期；江忠华、韩云《心理授权理论对高校辅导员激励机制构建的启示》，《苏州大学学报（哲学社会科学版）》2010 年第 4 期。

[3] Aydogmus，C. et al.，"Perceptions of Transformational Leadership and Job Satisfaction：The Roles of Personality Traits and Psychological Empowerment，" *Journal of Management and Organization* 24 （2018）：81-107.

[4] Qing，M.，Asif，M.，Hussain，A.，& Jameel，A.，"Exploring the Impact of Ethical Leadership on Job Satisfaction and Organizational Commitment in Public Sector Organizations：The Mediating Role of Psychological Empowerment，" *Review of Managerial Science* 14（2020）：1405-1432.

[5] 金芳、但菲、陈玲：《心理授权对幼儿园教师组织公民行为的影响：心理契约的中介作用》，《学前教育研究》2020 年第 5 期。

能抑制职业倦怠①及工作偏离行为②。可见，给予个体心理授权，会激发其产生积极的工作态度和行为表现。资源保存理论也主张，个体会获得、保持和培育更多资源，并通过投资已有的资源以获得更多的资源，进而实现资源增益螺旋。③ 因此，良好的心理授权水平能赋予辅导员足够的积极心理资源以激励其朝着理想职业人格努力。具体而言，当辅导员在工作中体会到更多的工作意义，感知到更高的工作效能感与自主性，并认识到自己所从事的工作可能对他人产生影响的时候，这些积极的工作体验就会成为个体重要的心理资源，激励着辅导员主动调节自身在工作情境中的心理与行为反应，以更好地适应辅导员角色要求。综上，我们提出如下假设：辅导员的心理授权水平对其职业人格的发展起着正向促进作用（H3）。

结合假设 H1、H2、H3 预测的关系，以 CAPS 理论为研究框架，以自我验证理论为研究逻辑，以资源保存理论为研究视角，本研究认为在保持自我一致的前提下，持有良好职业价值观的辅导员在自我验证的过程中更易内化辅导员职业目标和角色要求，更易激发个体的心理授权感并诱发个体启动资源投入行为，产生资源增益螺旋，直至最终形成良好的职业人格。综上，我们提出如下假设：心理授权水平在辅导员职业价值观与其职业人格之间发挥着正向中介作用（H4）。

（三）个人成长主动性的中介作用

自我决定理论认为个体拥有一种与生俱来的对成长的渴望。④ 然而，在工作压力与挑战之下，理想职业人格的形成并不是一蹴而就的。从自我决定

---

① 周春燕等：《中小学教师心理授权对职业倦怠的影响：表层行为和深层行为的不同作用》，《中国临床心理学杂志》2022 年第 3 期。

② DziaUddin, D. N. D. U, "Psychological Empowerment, Motivation and Job Performance Amongst 5-Star Hotel Employees in Kuala Lumpur," *Journal of Hospitality and Networks* 1 (2017): 46-58.

③ Hobfoll, S. E., et al., "Conservation of Resources in the Organizational Context: The Reality of Resources and Their Consequences," *Annual Review of Organizational Psychology and Organizational Behavior* 5 (2018): 103-128.

④ Deci, E. L., & Ryan, R. M., "The 'What' and 'Why' of Goal Pursuits: Human Needs and the Self Determination of Behavior," *Psychological Inquiry* 11 (2000): 227-268.

理论视角出发，个人成长主动性作为个体应对压力情境的弹性资源而备受关注，是一种个体在成长过程中积极主动地提升与完善自我的倾向。[①] 具体由以下4个方面组成：计划性（Planfulness，PL）、对改变的准备（Readiness for Change，RC）、资源利用（Using Resources，UR）以及有意的行为（Intentional Behavior，IB）。计划性是指个体有能力为自己的具体改变制订计划；对改变的准备是指个体明晰自己应该在什么时间做好改变的准备；资源利用是指个体为了自我成长去寻找与利用外在资源的程度；有意的行为则是指个体为了促进自身的成长而主动采取具体的行为。其中，对改变的准备和计划性是认知维度，而资源利用和有意的行为则被视为行为维度。[②]

根据资源保存理论的初始资源效应，高职业价值观的个体比低职业价值观的个体具有更多的初始资源，更易进入增益螺旋通道，进而更易激发出辅导员的个人成长主动性，使其有足够的资源应对压力与挑战，并不断完善自我以形成理想的职业人格。反之，那些职业价值观匹配度不高的个体在资源损失情境中会表现得更脆弱，获得资源增长的能力亦更弱。[③] 职业价值观匹配度较低的个体更易在职业情境中感到资源存量匮乏。因此，为了避免资源的进一步损失，他们不得不将更多的意识聚焦于资源的保护而不是对额外资源的寻求，并倾向于通过采取防御态度来保存自己的资源，如通过减少工作投入、拒绝改变等方式避免固有资源的进一步减少及资源损失漩涡（loss spiral）的发生。综上，我们提出如下假设：辅导员职业价值观正向预测了其个人成长主动性水平（H5）。

既有研究表明，个人成长主动性是个体在不确定情境中取胜的关键，与

---

① Robitschek, C., "Personal Growth Initiative: The Construct and Its Measure," *Measurement and Evaluation in Counseling and Development* 30 (1998): 183-198.

② Shorey, H. S. et al., "Hope and Personal Growth Initiative: A Comparison of Positive, Future-Oriented Constructs," *Personality and Individual Differences* 43 (2007): 1917-1926.

③ 廖化化、蕾胡斌：《资源保存理论在组织行为学中的应用：演变与挑战》，《心理科学进展》2022年第2期。

职业成功、工作满意度等积极的结果变量相关。[①] 具体而言，个人成长主动性高的个体在自我验证过程中，会更善于利用资源、制订计划，并倾向于以更加积极的方式改变自己，让自己不断成长与完善。因此，个人成长主动性高的辅导员有更强烈的成长渴望，并将之积极付诸实际行动，主动应对挑战与改变，并在此过程中不断完善自我，最终形成理想的职业人格。综上，我们提出如下假设：个人成长主动性正向促进了辅导员职业人格的发展（H6）。

　　结合假设 H1、H5、H6 预测的关系，以资源保存理论为基础结合自我决定理论，本研究认为持有良好职业价值观的辅导员具有初始资源优势，更不易感受到资源匮乏的威胁，更易于进入资源增益螺旋通道，因此也更愿意进行资源投资以期获得更多的资源为未来的挑战及改变做好充分准备。在此过程中激活了辅导员的个人成长主动性，驱动着辅导员在自我验证的过程中朝着理想职业人格不断努力。综上，我们提出如下假设：个人成长主动性在辅导员职业价值观与其职业人格之间发挥着积极的中介作用（H7）。

（四）心理授权与个人成长主动性的链式中介作用

　　基于上述分析，辅导员的心理授权和个人成长主动性可能在其职业价值观和职业人格之间都存在中介作用，但两者究竟是同时相对独立地起作用（并行中介效应）还是一先一后的方式（链式中介效应）对职业人格的塑造产生影响呢？

　　基于资源保存理论，心理授权与个人成长主动性都是积极的心理资源，都对个体产生了赋能效应，引发了资源增益螺旋。然而，从资源赋权路径来看，心理授权源于个体对工作环境的主观评估而产生的内在工作激励，受到个体所处情境的影响，[②] 更倾向于一种由外至内的赋能；而个人成长主动

---

①　参见 Grant, A. M., & Ashford, S. J., "The Dynamics of Proactivity at Work," *Research in Organizational Behaviour* 28 (2008): 3-34.; Parker, S. K., & Collins, C. G., "Taking Stock: Integrating and Differentiating Multiple Proactive Behaviors," *Journal of Management* 36 (2010): 633-662。

②　Seibert, S. E., Wang, G., & Courtright, S. H, "Antecedents and Consequences of Psychological and Team Empowerment in Organizations: A Meta-analytic Review," *Journal of Applied Psychology* 96 (2011): 981-1003.

性，则是个体积极主动地去提升自我和改进自身问题的意识和心理倾向，是一种源自内在的自发的赋能路径。职业人格是整合职业特殊性与人格差异的构念，其成长过程中不仅需要由外至内赋能的鼓励与肯定，还需要将这种外部赋能转化为内部动机，自主性地发展职业人格。其次，从资源类型来看，心理授权是与工作有关的心理资源，属于"激励性资源"，个人成长主动性属于"成长型资源"，"成长型资源"是比"激励型资源"更高级别的心理资源。[①] 虽然没有关于心理授权与个人成长主动性的直接研究，但既有研究就心理授权相关维度与个人成长主动性的关系进行了探究，发现心理授权中的自我效能感和工作意义对个人成长主动性都有显著预测效应。[②] 所以，从心理资源效能来看，个体可能先形成激励型资源再发展成长型资源。从概念结构来看，心理授权的四个维度以认知为主，个人成长主动性的概念维度中包含认知与行为维度，而"认知-情感-行为意向-行为"四者是一个递进的作用机制，以认知为主的心理授权感会先于个人成长主动性发挥中介效应。综上，我们提出如下假设：心理授权与个人成长主动性在职业价值观与职业人格间发挥着积极的链式中介作用（H8）。

（五）组织支持的调节作用

虽然职业价值观可能会通过直接或间接路径对辅导员职业人格产生影响，但不能忽视这种影响可能存在的边界条件。因此，有必要探讨辅导员职业价值观通过心理授权和个人成长主动性对职业人格产生影响的过程是否受到其他因素的调节。

职业人格是一个整合了职业特殊性与个体人格差异性的概念结构，受到个体与情境因素的共同作用。基于社会交换的组织支持理论，为我们理解工作情境中的激励现象提供了新视角。组织支持感（Perceived Organizational Support，POS）是指个体所感知到的组织对其工作贡献和价值的重视，以及

---

① 伍新春、齐亚静：《职业心理健康视角下教师工作资源的分类及其启示》，《北京师范大学学报（社会科学版）》2021 年第 5 期。

② 孙灯勇等：《个人成长主动性的概念、测量及影响》，《心理科学进展》2014 年第 9 期。

对其切身利益的支持。[1] 根据自我验证理论，个体在自我验证过程中会积极寻求外界反馈。当个体感知到组织对其给予关注、支持与尊重时，个体的积极自我验证感得到强化，作为回馈个体也会倾向于对组织予以积极的回报，如增强实现组织目标的义务感和工作投入水平。[2] 根据资源保存理论，高组织支持感作为一种激励资源会通过满足个体的内在需求来增加个体资源池的存量。具体而言，组织支持会向员工传递认可的信号，并为其成就感到自豪，进而满足员工尊重的需要；组织支持也会传达出组织认为员工是有价值的成员，并以他们与组织的联系为荣，进而满足员工归属的需要；组织支持还会传达出对员工所面临工作压力的理解，并表示愿意在这种情况下帮助员工，进而满足员工情感支持的需求；最后，组织支持会向员工传达其行为符合组织规范和标准，进而满足员工对社会认可的需求。[3] 一项针对教师群体的研究也发现，组织支持感会提升教师的心理资本水平。[4] Wang 等研究发现，组织支持与职员的自我验证感密切关联，积极的组织支持易提升个体对积极自我的验证感，进而产生更多的积极情绪和工作投入。[5] Eisenberger 等的一项元分析也发现，组织支持在员工自我提升过程中发挥着重要作用。[6] 因此，高组织支持会触发资源增益螺旋效应，进而提升职业价值观对职业人格完善的效用水平。综上，我们提出如下假设：组织支持感知在职业价值观

① Eisenberger, R., Huntington, R., Hutchison, S., & Sowa, D, "Perceived Organizational Support," *Journal of Applied Psychology* 71 (1986): 500-507.

② Iqbal, S., & Hashmi, M. S, "Impact of Perceived Organizational Support on Employee Retention with Mediating Role of Psychological Empowerment," *Pakistan Journal of Commerce and Social Sciences* 9 (2015): 18-34.

③ Eisenberger, R., Rhoades Shanock, L., & Wen, X, "Perceived Organizational Support: Why Caring about Employees Counts," *Annual Review of Organizational Psychology and Organizational Behavior* 7 (2020): 101-124.

④ 王静、张志越、陈虹：《中学教师组织支持感与心理授权的关系——心理资本的中介作用》，《教育学术月刊》2022年第5期。

⑤ Wang, J. et al., "The Interplay between Perceived Support and Proactive Personality: Effects on Self-Verification Perceptions and Emotions," *The International Journal of Human Resource Management* (2022): 1-24.

⑥ Eisenberger, R., Huntington, R., Hutchison, S., & Sowa, D., "Perceived Organizational Support," *Journal of Applied Psychology* 71 (1986): 500-507.

与职业人格间发挥正向调节作用（H9）。

心理授权是在特定工作情境下形成的一系列认知，难以具有跨情境的一致性，其水平会随着工作情境的变化而变化。既有研究表明，组织支持感是心理授权的重要的前置变量，① 个体感知到的组织支持会提升个体对工作意义的感知②、角色自我效能③，进而增强其心理授权感。结合假设H8、H9，我们提出如下假设：辅导员的组织支持感通过促进其职业价值观对心理授权的正向影响，进而积极调节了心理授权与个人成长主动性在其职业价值观与职业人格之间的积极链式中介作用（H10）。

综上所述，本研究在 CAPS 的指导框架下，以自我验证理论为逻辑，以资源保存理论为视角，构建了一个有调节的链式中介模型，以考察辅导员职业价值观与其职业人格的关系，以及心理授权和个人成长主动性在两者间的积极中介作用，组织支持感知在其中起到正向调节作用。具体研究假设模型如图 3-2 所示。

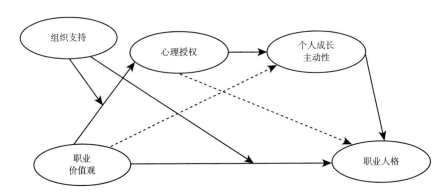

图 3-2　研究假设模型图

① Iqbal, S., & Hashmi, M. S., "Impact of Perceived Organizational Support on Employee Retention with Mediating Role of Psychological Empowerment," *Pakistan Journal of Commerce and Social Sciences* 9 (2015): 18-34.

② 谢玉华、刘晶晶、谢华青：《内外部企业社会责任对员工工作意义感的影响机制和差异效应研究》，《管理学报》2020 年第 9 期。

③ Clarke, N.. & Higgs, M., "Political Skill and Role Overload as Antecedents of Innovative Work Behavior in the Public Sector," *Public Personnel Management* 49 (2020): 444-469.

二 研究方法

（一）研究对象

采用整群抽样法，从北京市、南京市及福建省、河南省、云南省等，共32所高校抽取650名辅导员参与调查。调查采用集体施测方法，利用辅导员所属学院召开工作例会或相关工作会议的时间集体作答。回收问卷，并对问卷进行有效性检测，剔除无效问卷。无效问卷的剔除参考以下两个标准：（1）全卷作答相同选项数量大于70%；（2）问卷作答表现出一定的规律性。参照上述标准进行筛选后，共计取得有效问卷528份，有效回收率为81.23%。在有效被试中，男辅导员236名（44.7%），女辅导员292名（55.3%）；入职0~4年（含4年）的辅导员296名（56.06%），5~8年（含8年）的辅导员167名（31.63%），9年及以上的辅导员65名（12.31%）；初级职称辅导员328名（62.12%），中级职称辅导员183名（34.66%），高级职称辅导员17名（3.22%）。被试的年龄范围为23~50岁（$M = 33.02$岁，$SD = 4.1$）。所有完成调查的被试均获得一定报酬。

（二）研究工具

1. 辅导员职业人格量表

采用自编的《辅导员职业人格量表》，此量表包含有恒性、机谨性、亲和性、激励性、自律性、忠诚性6个维度，共计26个项目，如"我努力成为学生的知心朋友"。采用Likert 6点计分法（从"1"到"6"代表从"完全不符合"到"完全符合"），得分越高，表示辅导员职业人格匹配性越好。本研究中该量表的Cronbach's α系数为0.96，且结构效度良好（$X^2/df = 2.20$，$RMSEA = 0.05$，$CFI = 0.97$，$TLI = 0.96$，$SRMR = 0.03$）。

2. 辅导员职业价值观量表

采用张爱莲编制的《辅导员职业价值观量表》，[①] 该量表包含4个维度：

---

① 张爱莲：《高校辅导员职业价值观与工作幸福感及其相互关系研究》，中国社会科学出版社，2018，第15~47页。

能力发挥、薪资待遇、社会价值、工作环境，共计 23 个项目，如"工作有价值感"。采用 Likert 5 点计分法（从"1"到"5"代表从"非常不符合"到"非常符合"），得分越高，表示职业价值观匹配性越好。本研究中该量表的 Cronbach's α 系数为 0.94，且结构效度良好（χ^2/df = 2.17，$RMSEA$ = 0.05，CFI = 0.96，TLI = 0.95，$SRMR$ = 0.03）。

3. 组织支持感知量表

采用刘智强、邓传军、廖建桥和龙立荣编制的《组织支持感知量表》。[①]该量表是单维度结构，包含 6 个项目。根据辅导员工作实际，将量表里关于组织的指向具体化，如将"组织会考虑我的意见"修改为"学院会考虑我的意见。"采用 Likert 5 点计分法（从"1"到"5"代表从"非常不符合"到"非常符合"），得分越高，表示辅导员感知到的组织支持越强。本研究中该量表的 Cronbach's α 系数为 0.94，且结构效度良好（χ^2/df = 3.78，$RMSEA$ = 0.07，CFI = 0.99，TLI = 0.98，$SRMR$ = 0.01）。

4. 心理授权量表

采用李超平、李晓轩、时勘和陈雪峰等人编制的《心理授权量表》[②]，该量表是对 Spreitzer 的心理授权量表的修订。[③] 该量表包括四部分：工作意义、自我效能、自主性和工作影响，每个部分 3 道题，整个问卷共 12 道题，如"我自己可以决定如何着手来做我的工作"。采用 Likert 5 点计分法（从"1"到"5"代表从"非常不符合"到"非常符合"），得分越高，表示辅导员感知到的心理授权水平越高。本研究中该量表的 Cronbach's α 系数为 0.90，且结构效度良好（χ^2/df = 1.68，$RMSEA$ = 0.04，CFI = 0.99，TLI = 0.98，$SRMR$ = 0.02）。

---

① 刘智强等：《组织支持、地位认知与员工创新：雇佣多样性视角》，《管理科学学报》2015 年第 10 期。

② 李超平、李晓轩、时勘、陈雪峰：《授权的测量及其与员工工作态度的关系》，《心理学报》2006 年第 1 期。

③ Spreitzer, G. M. , "Psychological Empowerment in the Workplace：Dimensions, Measurement, and Validation," *Academy of Management Journal* 38 (1995)：1442-1465.

5. 个人成长主动性量表

采用许丹佳等人修订的《个人成长主动性量表》第二版（PGI-Ⅱ）[①]。该量表由对改变的准备、计划性、资源利用及主动的行为 4 个维度，共 16 个题项组成，如"我知道如何做出一个切实可行的计划来改变自己"。采用 Likert 5 点计分法（从"1"到"5"代表从"非常不符合"到"非常符合"），得分越高，说明个人成长主动性越高。本研究中该量表的 Cronbach's α 系数为 0.92，且结构效度良好（$X^2/df = 2.16$，$RMSEA = 0.06$，$CFI = 0.96$，$TLI = 0.95$，$SRMR = 0.04$）。

（三）数据处理

采用 SPSS 25.0 和 Mplus8.3 软件进行数据处理，并通过 Mplus8.3 软件运用 Bootstrap 法检验假设模型中的中介及调节效应。

三　研究结果

（一）共同方法偏差检验

本研究的研究变量均采用自评方式进行调查，可能会导致存在共同方法偏差问题，所以在此先对本研究可能存在的共同方法偏差问题予以检验。本研究采用 Harman 单因子检验法进行检验，[②] 将研究变量所有题项进行未旋转探索性因子分析之后，特征根大于 1 的因素共有 16 个，共同解释了总变异的 67.82%。其中第一个主成分的变异解释量为 27.83%，小于 40% 的临界值，且小于总变异解释量的一半，意味着本研究不存在单一因子解释所有变量大部分方差的严重共同方法偏差问题。同时，根据验证性因子分析结果可知（详见表 3-5），五因素模型拟合最好（$X^2 = 345.69$，$df = 242$，$X^2/df = 1.45$，$RMSEA = 0.028$，$CFI = 0.99$，$TLI = 0.98$，$SRMR = 0.03$），说明本研究

---

① 许丹佳等：《父母自主支持与青少年未来规划：基本心理需要与个人成长主动性的中介作用》，《心理发展与教育》2019 年 1 期。

② 参见 Podsakoff, P. M. et al., "Common Method Biases in Behavioral Research: A Critical Review of the Literature and Recommended Remedies," *Journal of Applied Psychology* 88 (2003): 879-903；周浩、龙立荣：《共同方法偏差的统计检验与控制方法》，《心理科学进展》2004 年第 6 期。

设计的 5 个构念确实代表了 5 个不同的概念，测量具有良好的区分效度。综上，Harman 单因子检验法和验证性因素分析（CFA）的结果共同表明，本研究可能存在的共同方法偏差处于可接受水平，不会对本研究的结果产生严重影响。

表 3-5　验证性因子分析结果

模型	χ^2	df	χ^2/df	RMSEA（90% C. I.）	CFI	TLI	SRMR
五因素模型	345.69	242	1.45	0.028[0.021,0.035]	0.99	0.98	0.03
四因素模型	906.08	246	3.68	0.071[0.066,0.076]	0.91	0.90	0.05
三因素模型	1366.79	249	5.49	0.092[0.087,0.097]	0.85	0.84	0.07
二因素模型	1663.03	251	6.63	0.103[0.099,0.108]	0.81	0.80	0.07
单因素模型	4188.42	253	16.56	0.172[0.167,0.176]	0.48	0.44	0.17

注：四因素模型：职业人格+职业价值观、心理授权、个人成长主动性、组织支持感知；三因素模型：职业人格+职业价值观+心理授权、个人成长主动性、组织支持感知；二因素模型：职业人格+职业价值观+心理授权+个人成长主动性、组织支持感知；单因素模型：职业人格+职业价值观+心理授权+个人成长主动性+组织支持感知。

（二）研究变量的描述统计分析

本研究涉及变量的均值、标准差和相关系数参见表 3-6。辅导员职业人格与职业价值观显著正相关（$r=0.57$，$p<0.001$），与组织支持感知弱正相关（$r=0.09$，$p<0.05$），与心理授权显著正相关（$r=0.48$，$p<0.001$），与个人成长主动性显著正相关（$r=0.61$，$p<0.001$）；职业价值观与组织支持感知弱正相关（$r=0.12$，$p<0.01$），与心理授权显著正相关（$r=0.42$，$p<0.001$），与个人成长主动性显著正相关（$r=0.42$，$p<0.001$）；心理授权与个人成长主动性显著正相关（$r=0.40$，$p<0.001$），与组织支持弱正相关（$r=0.09$，$p<0.05$）；个人成长主动性与组织支持感知弱正相关（$r=0.10$，$p<0.05$）。研究变量相关分析的结果表明：中介变量心理授权与个人成长主动性与职业价值感知及职业人格都显著正相关，调节变量组织支持感知与各研究变量都显著弱相关，变量间的相关关系为本研究假设的验证提供了初步的证据。

表 3-6　各研究变量的均值、标准差及相关系数

类别	$M \pm SD$	1	2	3	4	5
1. 职业人格	4.60±0.75	1				
2. 职业价值观	3.68±0.69	0.57***	1			
3. 组织支持感知	3.35±0.90	0.09*	0.12**	1		
4. 心理授权	3.12±0.65	0.48***	0.42***	0.09*	1	
5. 个人成长主动性	3.12±0.63	0.61***	0.42***	0.10*	0.40***	1

注：*** 代表 $p<0.001$，** 代表 $p<0.01$，* 代表 $p<0.05$。

（三）中介效应检验

依据温忠麟和叶宝娟建议的中介效应检验程序，[①] 首先以辅导员职业价值观为自变量，辅导员职业人格为因变量构建直接效应模型。模型拟合结果表明："职业价值观→职业人格"模型拟合良好（$\chi^2/df = 2.08$，$RMSEA = 0.05$，$CFI = 0.99$，$TLI = 0.98$，$SRMR = 0.02$），意味着直接效应模型可以接受。路径分析的结果显示，辅导员职业价值观对辅导员职业人格路径系数显著（$\beta = 0.63$，$SE = 0.04$，$t = 15.44$，$p<0.001$），表明辅导员职业价值观能正向预测辅导员的职业人格水平，假设 H1 得到验证。

其次，为了进一步考察辅导员职业价值观对职业人格的预测机制，本研究以直接预测模型为基础，逐次加入中介变量：心理授权、个人成长主动性。在直接效应模型中单独加入中介变量"心理授权"之后，模型拟合结果表明："职业价值观→心理授权→职业人格"模型拟合良好（$\chi^2/df = 1.59$，$RMSEA = 0.03$，$CFI = 0.99$，$TLI = 0.99$，$SRMR = 0.03$），说明心理授权的单独中介模型可以接受。路径分析结果显示，"职业价值观→心理授权"路径系数显著（$\beta = 0.49$，$SE = 0.05$，$t = 10.13$，$p<0.001$），表明辅导员职业价值观能正向预测辅导员的心理授权水平；"心理授权→职业人格"路径系数显著（$\beta = 0.31$，$SE = 0.06$，$t = 5.51$，$p<0.001$），表明辅导员心理

---

① 温忠麟、叶宝娟：《有调节的中介模型检验方法：竞争还是替补》，《心理学报》2014 年第 5 期。

授权水平能正向预测辅导员的职业人格水平；"职业价值观→职业人格"路径系数显著（$\beta=0.47$，$SE=0.06$，$t=8.41$，$p<0.001$），意味着心理授权在辅导员职业价值观与职业人格水平之间发挥部分中介作用，假设 H2-H4 得到验证。

在直接效应模型中单独加入中介变量"个人成长主动性"之后，模型拟合结果表明："职业价值观→个人成长主动性→职业人格"模型拟合良好（$\chi^2/df=2.24$，$RMSEA=0.05$，$CFI=0.98$，$TLI=0.97$，$SRMR=0.03$），说明个人成长主动性的单独中介模型可以接受。路径分析的结果显示，"职业价值观→个人成长主动性"路径系数显著（$\beta=0.50$，$SE=0.06$，$t=8.44$，$p<0.001$），表明辅导员职业价值观能正向预测其个人成长主动性水平；"个人成长主动性→职业人格"路径系数显著（$\beta=0.49$，$SE=0.12$，$t=4.28$，$p<0.001$），表明辅导员个人成长主动性能正向预测辅导员的职业人格水平；"职业价值观→职业人格"路径系数依然显著（$\beta=0.38$，$SE=0.10$，$t=3.86$，$p<0.001$），意味着个人成长主动性在辅导员职业价值观与职业人格水平之间发挥部分中介作用，假设 H5-H7 得到验证。

在直接效应模型中同时加入中介变量"心理授权"和"个人成长主动性"之后，模型拟合结果表明："职业价值观→心理授权→个人成长主动性→职业人格"模型拟合良好（$\chi^2/df=1.64$，$RMSEA=0.04$，$CFI=0.98$，$TLI=0.99$，$SRMR=0.03$），说明心理授权与个人成长主动性的链式中介模型可以接受。路径分析的结果显示两点：首先，"职业价值观→职业人格"路径系数依然显著（$\beta=0.33$，$SE=0.09$，$t=3.67$，$p<0.001$）；其次，"职业价值观→心理授权"路径系数显著（$\beta=0.49$，$SE=0.05$，$t=10.14$，$p<0.001$），"心理授权→职业人格"路径系数显著（$\beta=0.18$，$SE=0.06$，$t=3.11$，$p<0.01$），"职业价值观→个人成长主动性"路径系数显著（$\beta=0.35$，$SE=0.07$，$t=4.95$，$p<0.001$），"心理授权→个人成长主动性"路径系数显著（$\beta=0.30$，$SE=0.06$，$t=5.13$，$p<0.001$），"个人成长主动性→职业人格"路径系数显著（$\beta=0.44$，$SE=0.12$，$t=3.58$，$p<0.001$），表明心理授权和个人成长主

动性在辅导员职业价值观与职业人格水平之间发挥部分正向链式中介作用，假设 H8 得到验证。（详见图 3-3）

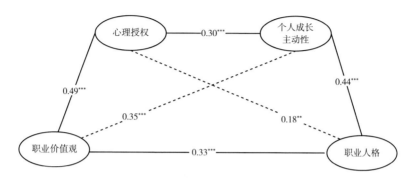

图 3-3　链式中介路径图

进一步采用 Bootstrap 法来有效减少 Ⅱ 类错误。通过重复取样 1000 次，计算出中介效应的 Bootstrap 95% 置信区间，若置信区间不含 0 则意味着中介效应显著。[①] 分析结果如表 3-7 所示，各路径的 Bootstrap 95% 置信区间均不含 0。以上分析结果再次表明，心理授权和个人成长主动性的独立中介和链式中介效应均显著。辅导员职业价值观对辅导员职业人格的直接效应为 0.32，占总效应的 50.79%。在该模型中，心理授权和个人成长主动性在辅导员职业价值观对辅导员职业人格的影响中产生的总间接效应值为 0.31，占辅导员职业价值观对辅导员职业人格影响总效应的 49.21%，具体由三条路径产生的间接效应组成：职业价值观→心理授权→职业人格、职业价值观→个人成长主动性→职业人格、职业价值观→心理授权→个人成长主动性→职业人格，其效应所占比例分别为 14.29%、23.81% 和 11.11%。

[①] 参见 MacKinnon, D. P., Lockwood, C. M., & Williams, J, "Confidence Limits for the Indirect Effect: Distribution of the Product and Resampling Methods," *Multivariate Behavioral Research* 39 (2004): 99-128；方杰、张敏强：《中介效应的点估计和区间估计：乘积分布法，非参数 Bootstrap 和 MCMC 法》，《心理学报》2012 年第 10 期。

表 3-7　职业价值观影响职业人格的路径及效应分解

路　径	效应值（标准化）	SE	95% C. I.		占总效应比%（标准化）
			下　限	上　限	
职业价值观→心理授权→职业人格	0.09	0.03	0.03	0.15	14.29
职业价值观→个人成长主动性→职业人格	0.15	0.07	0.03	0.28	23.81
职业价值观→心理授权→个人成长主动性→职业人格	0.07	0.02	0.02	0.11	11.11
职业价值观→职业人格（直接路径）	0.32	0.10	0.13	0.51	50.79
总间接效应	0.31	0.07	0.18	0.44	49.21
总效应	0.63	0.08	0.05	0.75	100

（四）组织支持的调节效应检验

采用结构方程模型对组织支持感知在职业价值观与职业人格之间的调节效应进行检验。建立结构方程模型对有调节的中介效应进行分析的最大优势在于，潜变量能够有效控制测量误差，对模型的中介与调节效应的估值更准确。因此，本研究遵循方杰和温忠麟在 2018 年及 Stride 等在 2015 年提出的潜调节结构方程模型法（Latent Moderate Structural Equations，LMS）来检验组织支持在本研究中的调节效应。[1]

首先，为降低研究变量间的多重共线性程度，遵循温忠麟等及 Dalal 和 Zickar 的研究建议，[2] 对自变量和调节变量的观测指标均进行了标准化处理。

---

[1] 参见方杰、温忠麟《基于结构方程模型的有调节的中介效应分析》，《心理科学》2018 年第 2 期；Stride, C. B. et al., "Mplus Code for the Mediation, Moderation, and Moderated Mediation Model Templates from Andrew Hayes'PROCESS Analysis Examples," 2015, http://www.figureitout.org.uk。

[2] 参见温忠麟、侯杰泰、Marsh《结构方程模型中调节效应的标准化估计》，《心理学报》2008 年第 6 期；Dalal, D. K., & Zickar, M. J., "Some Common Myths about Centering Predictor Variables in Moderated Multiple Regression and Polynomial Regression," *Organizational Research Methods* 15（2012）：339-362。

模型构建时，对调节变量组织支持的观测指标采取"大配大、小配小"的原则予以配对，[1] 即分别将辅导员职业价值观与组织支持感知进行乘积，形成调节变量的观测指标。建构模型时将人口学变量视为协变量进行控制。调节效应模型拟合良好，模型各拟合指数分别为：$\chi^2/df = 1.42$，$RMSEA = 0.03$，$CFI = 0.99$，$TLI = 0.99$，$SRMR = 0.03$。

其次，在该调节效应模型中，职业价值观与组织支持的交互项对职业人格的影响路径显著（$\beta = 15$，$SE = 0.07$，$t = 2.04$，$p<0.05$），说明辅导员的组织支持感知显著调节了其职业价值观与职业人格之间的关系。职业价值观与组织支持的交互项对心理授权的影响路径显著（$\beta = 0.39$，$SE = 0.07$，$t = 5.96$，$p<0.001$），说明辅导员的组织支持感知显著调节了其职业价值观与心理授权之间的关系。为了进一步解释调节效应，采用 Aiken 和 West 推荐的程序进行简单坡度分析（simple slopes analysis）并绘制调节效应分析图（详见图 3-4）。[2] 即用高于均值的一个标准差和低于均值的一个标准差将调节变量分组，然后分别作回归分析。结果表明，当组织支持感知水平较高时，职业价值观对职业人格的正向影响较强（$\beta = 0.53$，$SE = 0.16$，$t = 3.33$，$p<0.001$）；当组织支持感知水平较低时，职业价值观对职业人格的正向影响减弱至不显著（$\beta = 0.25$，$SE = 0.09$，$t = 2.86$，$p = 0.004<0.01$）。说明当辅导员感知到的组织支持水平较强烈时，职业价值观对职业人格的正向影响也有所增强；当组织支持感知水平降低时，职业价值观对职业人格的正向影响减弱。当组织支持感知水平较高时，职业价值观对心理授权的正向影响较强（$\beta = 1.00$，$SE = 0.10$，$t = 9.91$，$p<0.001$）；当组织支持感知水平较低

①　参见 Bandalos, D. L. & Finney, S. J, "Item Parceling Issues in Structural Equation Modeling," in Marcoulides, G. A. & Schumacker, R. E, eds. *New Developments and Techniques in Structural Equation Modeling*, Hillsdale N. J. : Lawrence Erlbaum Associates, 2001, pp. 269-296；温忠麟、侯杰泰、Marsh：《结构方程模型中调节效应的标准化估计》，《心理学报》2008 年第 6 期；Bandalos, D. L, "Is Parceling Really Necessary? A Comparison of Results from Item Parceling and Categorical Variable Methodology," *Structural Equation Modeling* 15（2008）：211-240。

②　Aiken, L. S., West, S. G., & Reno, R. R, *Multiple Regression：Testing and Interpreting Interactions*, Newbury Park, California：Sage Publications, 1991, pp. 18-92.

时，职业价值观对心理授权的正向影响减弱至不显著（$\beta = 0.19$，$SE = 0.10$，$t = 1.92$，$p > 0.05$）。说明当辅导员感知到的组织支持水平较强烈时，职业价值观对心理授权的正向影响也有所增强；当组织支持感知水平降低时，职业价值观对心理授权的正向影响可能减弱至不显著。

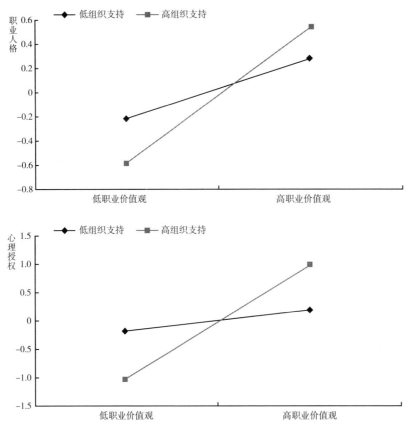

图 3-4　组织支持的调节效应分析图

遵照 Hayes 提出的系数乘积法予以分析，[①] 即通过检验组织支持和职业价值观的交互项与中介变量心理授权之间的路径系数的乘积是否显著，以此

---

① Hayes, A. F., "A Simple Test of Moderated Mediation, Manuscript Submitted for Publication," Retrieved May7, 2013a, http：//www.afhayes.com.

判别这一有调节的中介效应是否显著。同时还遵照 Edwards 和 Lambert 提出的差异分析法进一步进行验证，即通过直接检验中介效应之差的显著性，以判断有调节的中介效应是否显著，从而同步检验组织支持感知对心理授权与个人成长主动性在职业价值观和职业人格之间的链式中介效应的调节作用。[①] 检验结果表明（见表 3-8），当组织支持感知水平较低时（$M-SD$，均值之下一个标准差），心理授权与个人成长主动性的链式中介效应值为 0.03（$p=0.10>0.05$），95% 的偏差校正 Bootstrap 置信区间为 [-0.01，0.05]，包含 0，链式中介效应不显著；当组织支持感知较高时（$M+SD$，均值之上一个标准差），心理授权与个人成长主动性的链式中介效应值为 0.13（$p=0.004<0.01$），95% 的偏差校正 Bootstrap 置信区间为 [0.04，0.21]，不包含 0，链式中介效应显著。说明当辅导员感知到较高的组织支持时，心理授权与个人成长主动性的链式中介效应增强；当感知到的组织支持较弱时，心理授权与个人成长主动性的链式中介效应减弱至不显著。

表 3-8　组织支持调节效应检验结果

路　径	效应值（标准化）	SE	95% C. I.	
			下限	上限
职业价值观×组织支持→职业人格				
高组织支持($M+SD$)	1.00***	0.10	0.80	1.19
低组织支持($M-SD$)	0.19	0.10	-0.01	0.39
高组织支持 VS. 低组织支持	0.80***	0.15	0.51	1.09
职业价值观×组织支持→心理授权→个人成长主动性→职业人格				
高组织支持($M+SD$)	0.13**	0.04	0.04	0.21
低组织支持($M-SD$)	0.03	0.02	-0.01	0.05
高组织支持 VS. 低组织支持	0.10*	0.04	0.02	0.18

---

① Edwards, J. R., & Lambert, L. S., "Methods for Integrating Moderation and Mediation: A General Analytical Framework using Moderated Path Analysis," *Psychological Methods* 12（2007）: 1-22.

四　讨论

本研究以 CAPS 为研究框架，以自我验证理论为主体逻辑，并结合自我决定理论和资源保存理论，揭示了辅导员职业价值观与其职业人格的关系及作用机制。研究发现，辅导员职业价值观通过心理授权与个人成长主动性的中介作用影响辅导员职业人格，这一作用过程还受到组织支持的正向调节。本研究不仅阐明了辅导员职业价值观"怎样起作用"，还剖析了"何时作用更大"，对辅导员职业人格完善具有重要的理论意义和实践价值。

（一）职业价值观与职业人格

首先，本研究得出辅导员职业价值观对其职业人格具有正向预测效应，研究假设 H1 得到证实。说明职业价值观正向影响了个体在职业情境中的心理与行为范式，是辅导员职业人格塑造的积极因素。这与以往关于职业价值观影响效应的相关研究具有一致性，即职业价值观水平高的个体更有可能拥有成功的职业生涯。[1] 究其原因，在于个体都具有追求自我一致性的基本心理需求。[2] 为了规避或控制对未来的不确定性，个体在职业情境中都倾向于通过强化自己的职业价值偏好来进行自我验证，从而产生与之相一致的工作态度和行为以保持自我一致性。具体而言，如果个体的职业价值观是积极的，就倾向于在工作中做出更多的积极行为表现来验证自我对职业的价值判断；若个体的职业价值观是消极的，就倾向于在工作中做出更多的消极行为表现以保持与之一致。[3] 既有研究已证实一般价值观与个体的人格特质存在关联，[4] 本研究则通过对辅导员群体的实证调查得出辅导员职业价值观能有效地促进

① Furnham, A., MacRae, I., & Tetchner, J, "Measuring Work Motivation: The Facets of the Work Values Questionnaire and Work Success," *Scandinavian Journal of Psychology* 62 (2021): 401-408.

② Swann, W. B., Jr., & Buhrmester, M. D, "Self-verification: The Search for Coherence," in M. R. Leary & J. P. Tangney eds., *Handbook of self and identity*, New York: Guilford Press, 2012b, pp. 405-424.

③ 侯烜方、李燕萍、涂乙冬：《新生代工作价值观结构、测量及对绩效影响》，《心理学报》2014 年第 6 期。

④ Furnham, A., MacRae, I., & Tetchner, J, "Measuring Work Motivation: The Facets of the Work Values Questionnaire and Work Success," *Scandinavian Journal of Psychology* 62 (2021): 401-408.

其职业人格的完善。此外，职业价值观对职业人格的正向促进效应还可以从资源保存理论的初始资源效应视角来解释，具有高职业价值观的辅导员具有更丰富的初始资源，比低职业人格辅导员更易进入资源增益状态，进而形成良好的职业人格。这一研究结论也将价值观与人格特质的关系从一般情境拓深至特殊的职业情境中，丰富了价值观的作用领域及其与人格特质关系的研究范围。

（二）心理授权的作用机制

本研究发现辅导员的心理授权感在其职业价值观与职业人格之间发挥中介效应，验证了研究假设 H4。这一研究结论契合了自我验证理论模型，且与以往关于心理授权感的相关研究结果基本一致。[①] 良好的职业价值观会引导个体在工作情境中搜寻与其价值判断相一致的信息，并在工作意义、自我效能、自我决策及影响力等方面进行更加积极的建构，进而产生积极的心理授权感，这种被赋权感作为一种内在动机，又激励着辅导员向理想职业人格发展。虽然心理授权是一种内在动机，但源于个体对领导行为策略和组织情景等方面的认知与评估，是个体与外界环境互动的结果。[②] 本研究经实证检验了辅导员心理授权感是其职业价值观与职业人格的传导机制，将环境的影响与个人的主观能动性有机地整合进职业人格发展中，从认知与动机的整合性视角探究了职业人格的形成机制，丰富了人格发展研究的理论视角。

（三）个人成长主动性的作用机制

本研究还基于自我决定理论和资源保存理论，得出个人成长主动性在职

---

① 参见毛成《基于心理授权的高校辅导员激励机制研究》，《思想教育研究》2009 年第 7 期；江忠华、韩云：《心理授权理论对高校辅导员激励机制构建的启示》，《苏州大学学报（哲学社会科学版）》2010 年第 4 期；Aydogmus, C. et al., "Perceptions of Transformational Leadership and Job Satisfaction: The Roles of Personality Traits and Psychological Empowerment," *Journal of Management and Organization* 24 (2018): 81-107; Qing, M., Asif, M., Hussain, A., & Jameel, A., "Exploring the Impact of Ethical Leadership on Job Satisfaction and Organizational Commitment in Public Sector Organizations: The Mediating Role of Psychological Empowerment," *Review of Managerial Science* 14 (2020): 1405-1432。

② Menon, S., "Employee Empowerment: An Integrative Psychological Approach," *Applied Psychology* 50 (2001): 153-180.

业价值观与职业人格之间发挥了积极中介作用，验证了研究假设 H7。这一研究结论与以往关于个人成长主动性的相关研究基本一致。① 尽管在提出个人成长主动性概念的早期，学者就用其来探讨个人的成长过程，但主要聚焦于青少年群体，并集中于心理健康领域的相关研究。然而成长尤其是人格的发展是一个毕生的过程，个体成年后的继续发展与职业密切相关。本研究通过对辅导员群体的实证调查，在职业情境下探究了个体成长主动性，既丰富了个人成长主动性的影响阶段研究，也丰富了人格发展的前因研究。

（四）心理授权与个人成长主动性的链式中介机制

我们得出心理授权与个人成长主动性这两个动机变量在职业价值观与职业人格关系之间发挥着链式中介效应，验证了假设 H8。这一效应至少存在两方面意义：一方面，心理授权与个人成长主动性的链式关系吻合了"认知—情感—行为意向—行为"的递进发生机制②；另一方面，从资源保存理论视角来解释，从心理授权到个人成长主动性是一个资源螺旋增益的过程。心理授权是源于对工作环境评估的内在动机，属于与工作相关的激励性资源。个人成长主动性则代表个体由内而外的成长渴望，是成长型资源。心理授权与个人成长主动性两者之间的链式中介模式解构了资源螺旋增益的方向。这一增益方向，与伍新春和齐亚静在教师发展研究中发现的"保健型—激励型—成长型"资源转化方向是一致的。③

（五）组织支持的调节作用

研究还发现组织支持感知对辅导员职业人格完善有着强大的影响力，这

---

① 参见 Grant, A. M., & Ashford, S. J., "The Dynamics of Proactivity at Work," *Research in Organizational Behaviour* 28（2008）：3-34；Parker, S. K., & Collins, C. G., "Taking Stock: Integrating and Differentiating Multiple Proactive Behaviors," *Journal of Management* 36（2010）：633-662。

② 姚计海、沈玲、邹弘晖：《教师教学自主权与教师领导力的关系：心理授权和教学自主性的中介作用》，《心理与行为研究》2022 年第 1 期。

③ 伍新春、齐亚静：《职业心理健康视角下教师工作资源的分类及其启示》，《北京师范大学学报（社会科学版）》2021 年第 5 期。

一研究结论与以往相关研究结论一致,① 可以从自我验证理论视角和资源保存的增益与损失机制来解释。根据自我验证理论,个体在自我验证过程中会积极寻求外界反馈。当个体感知到组织对其给予关注、支持与尊重时,个体的积极自我的验证感得到强化,作为回馈,个体也会倾向于对组织予以积极的回报,如增强实现组织目标的义务感和工作投入水平。② 此外,组织支持作为一种重要的外在激励资源,会影响个体对自有资源的感知及使用。当外在的组织支持减弱时,辅导员容易感到资源匮乏危机,进而会通过减少工作投入、拒绝改变等防御性手段保护固有的资源不再丧失。所以当组织支持感知很弱的时候,职业价值观对职业人格的作用也微乎其微,心理授权与个人成长主动性的链式效用也急剧减弱至不显著。当组织支持感较强时,会激励个体进一步投资资源以增加资源池的存量与类型,强化职业价值观对职业人格的正向促进效应,也更好地激活了心理授权与个人成长主动性这一链式路径的传导效用。

（六）研究的理论意义

总的来讲,本研究在理论方面至少具有以下三方面的意义：（1）以职业价值观为出发点,为职业人格的研究提供了新的研究视角,这一研究结论也将价值观与人格特质的关系从一般情境拓深至特殊职业情境,丰富了价值观的作用领域及其与人格特质关系的研究范围；（2）以自我验证理论为主体,并结合自我决定理论和资源保存理论,从心理授权的视角和个人成长主动性视角分析了职业价值观影响职业人格的内部作用机制,并验证了激励性资源（如本研究中的组织支持和心理授权感）会向成长型资源（如本研究中的个人成长主动性）转变与增益,从实证角度解构了工作资源增益螺旋的方向与过程,丰富了资源保存理论的内涵；（3）探索了组织支持感知这

---

① Wang, J. et al. , "The Interplay Between Perceived Support and Proactive Personality: Effects on Self-verification Perceptions and Emotions," *The International Journal of Human Resource Management* (2022): 1–24.

② Iqbal, S. , & Hashmi, M. S. , "Impact of Perceived Organizational Support on Employee Retention with Mediating Role of Psychological Empowerment," *Pakistan Journal of Commerce and Social Sciences* 9 (2015): 18–34.

一情境要素在职业价值观与职业人格间的调节作用，得出心理授权感和个人成长主动性等动机性变量的传导效用都会受到组织支持感知的正向调节。本研究从外在环境与内在心理的交互视角，从认知与动机的整合性视角，探究了职业人格的形成机制，丰富了人格发展研究的理论视角。

（七）研究的实践启示

本研究验证了辅导员职业人格完善的多条路径，获得以下启示。（1）要重视辅导员的职业价值观。现有辅导员的在职培训以提升工作技能为主，很少有从价值观层面出发设计培训课程，未来要重视对辅导员职业价值观的培育，确保辅导员的认知及价值判断与辅导员职业要求相匹配。（2）为辅导员创造一个支持性的工作环境非常重要。本研究发现，组织支持能帮助辅导员感到被理解和自我验证，对辅导员职业人格完善有着广泛的影响力。辅导员个体的职业价值观、心理授权感以及个人成长主动性对辅导员职业人格完善的效用都会受到组织支持的正向调节。但在实践中，辅导员往往由学院和学生处共同管理，同一所学校的辅导员感受到的组织支持也存在差异。因此在管理实践中要提升所属学院对辅导员的支持与关怀，通过提供良好的组织支持以营造参与性的组织氛围，进而增强辅导员对工作的投入度，从而促成其积极主动向理想职业人格发展的意愿。（3）加强对辅导员的赋权赋能。本研究发现心理授权在职业价值观与职业人格之间发挥着积极的中介作用。因此，学校及教育行政部门在构建与完善辅导员激励机制上应着眼于辅导员心理授权水平的提高，关注其核心需求，明确辅导员角色定位以提升其心理授权感，并最终激发其完善职业人格的内在动机。（4）我们还应重点关注工作资源类型之间的转化问题，既要不断提升各种工作资源的水平，也要注重激励型资源到成长型资源的转化，实现从外及内、由物质到精神，去给予辅导员激励，促使他们保持良好的职业状态，促进他们将立德树人的教育目标与个人发展目标相结合，发展并形成良好的职业人格。

（八）研究局限与展望

本书虽然对职业人格的形成机制进行了研究，但仍存在一些不足：（1）本研究是一项横断调查研究，均采用被试自评的方式来收集研究数据，虽经检验未发现显著的共同方法偏差，但并不能完全避免社会赞许性偏差及研究结果的主观性，后续研究应考虑多视角或跨层次收集研究数据，以更加深入和全面地了解辅导员的情况；（2）研究中发现的中介及链式中介都属于部分中介作用，意味着辅导员职业价值观与职业人格的关系还存在其他内在机制，未来需继续探究。

五　结论

根据本节分析，验证得出如下三点结论。

（1）辅导员职业价值观与其职业人格显著正相关，辅导员职业价值观水平正向预测了其职业人格的表现。

（2）心理授权和个人成长主动性对辅导员职业价值观与职业人格发挥积极的链式中介作用。

（3）组织支持在辅导员职业价值观与职业人格之间发挥着积极的调节作用，不仅直接调节二者之间的关系，还调节心理授权与个人成长主动性的链式中介作用；相对于低组织支持，在高组织支持情境下，个人成长主动性的中介效应，以及心理授权与个人成长主动性的链式中介作用都更显著。

第四章

辅导员职业人格与关怀行为的关系研究

习近平总书记在 2019 年召开的学校思想政治理论课教师座谈会上强调，思想政治教育工作者"要有堂堂正正的人格，用高尚的人格感染学生、赢得学生"。[①] 本书第二、三两章探明了辅导员职业人格的心理结构及其形成机制，回答了什么是辅导员"堂堂正正的人格"，但还没有解决以下基本问题，如辅导员职业人格是如何表达和维持的，以及职业人格如何影响辅导员的职业行为表现，如何"感染学生、赢得学生"。因此，本章探究辅导员职业人格的影响效应及其作用机制，旨在回答辅导员职业人格何以"感染学生、赢得学生"。《普通高等学校辅导员队伍建设规定》（教育部第 43 号令）中强调"辅导员应当努力成为学生成长成才的人生导师和健康生活的知心朋友"，本书也将围绕"知心朋友"和"人生导师"，从师生互动中的关怀行为及思政教育中的失范行为来探讨辅导员职业人格的影响效应。

本章首先从辅导员关怀行为这一积极视角切入，以认知—情感人格系统理论为研究框架，以行为发生场域为研究逻辑，通过 3 个研究（对应本章第一至三节）分别揭示职业人格如何影响辅导员对学生的外显关怀行为倾向、网络关怀行为及其内隐关怀倾向，以期通过横断调查和行为实验手段，

---

① 习近平：《论党的青年工作》，中央文献出版社，2022，第 190 页。

从外显和内隐层面，现实和网络视角，综合解析职业人格如何影响辅导员对"知心朋友"这一职业画像的塑造。

第一节　辅导员职业人格与关怀行为倾向的关系

夫然，故安其学而亲其师，乐其友而信其道，是以虽离师辅而不反也。

——西汉·戴圣《礼记·学记》

让学生"信其道"是提升思想政治教育实效性的重要抓手。然而，欲让学生"信"其道必先让学生"亲"其师。辅导员作为与青年学生最贴近的思想政治工作者，在赢得学生、感染学生上，有着得天独厚的优势和不可或缺的作用。本书第二章第一节通过对年度人物事迹文本的分析、与一线辅导员的访谈，发现辅导员多以"亲人"或"朋友"来类比自己与学生之间的关系。对此，周谷平和王胡英也在第一至第六届辅导员年度人物的事迹文本中发现，辅导员都认为自己是学生的知心朋友，而且有近半数年度人物还将学生亲切地称呼为自己的孩子、弟弟或妹妹。[1] 那么，辅导员为何能成为学生的知心朋友，他们如何做到与学生的关系如此亲近呢？本书第二章第一节的研究发现，"关心""爱护""关爱"等关怀性词语是历届辅导员年度人物事迹文本中的高频词汇。顾倩和杨继平主张关怀行为是辅导员职业胜任力的组成要素，[2] 而吴秋翔和崔盛对首都大学生进行为期 4 年的追踪研究后也发现，辅导员的关怀有助于学生积极适应大学生活，是辅导员赢得学生的利器所在。[3] 徐丹和徐慧则从学生视角，对"双一流"建设高校 503 名本

---

① 周谷平、王胡英：《高校优秀辅导员基本角色形象及其特征——基于全国高校辅导员年度人物评选事迹的文本分析》，《高等教育研究》2015 年第 1 期。

② 顾倩、杨继平：《大学辅导员胜任力的现状研究》，《中国健康心理学杂志》2006 年第 5 期。

③ 吴秋翔、崔盛：《鲤鱼跃龙门：农村学生的大学"逆袭"之路——基于首都大学生成长跟踪调查的实证研究》，《华东师范大学学报（教育科学版）》2019 年第 1 期。

科生进行问卷调查，结果发现辅导员与学生的互动能显著提升学生的自我价值感，并因此提升学生的归属感。[①] 既有以教师群体为研究对象的研究也支持，教师的关怀行为能有效提高学生的信任感[②]、社会适应[③]、自我效能感[④]、自尊[⑤]，以及身份认同感和自我价值感[⑥]，是学生成长的激励性因子，师生关系的保护性因子。可见，从"关怀行为"的视角去探究辅导员何以成为学生的"知心朋友"，何以让学生"亲其师"，就显得尤为必要与重要。

"关怀行为"的概念始于 Noddings 对关怀教育实践的思考，是指个体做出的满足他人需求，对他人有益且促进他人成长的行为。[⑦] 此后，研究者在此基础上不断丰富"关怀行为"的概念范围与内涵，[⑧] 比较有代表性的是雷浩将"关怀行为"概念具化到教师群体，将"教师为了建构一种良好的师生关系，在教育教学过程中尽职尽责地完成教学任务，投入时间来

① 徐丹、徐慧：《同伴·教师·辅导员：各类人际互动如何影响"双一流"高校本科生的院校归属感?》，《大学教育科学》2021 年第 6 期。

② Bryk, A., & Schneider, B., "Trust in Schools: A Core Resource for Improvement," in *American Sociological Associations Rose Series in Sociology*, New York: Russell Sage Foundation, 2002, p. 217.

③ 参见廖雅琼、叶宝娟、李爱梅《教师关怀行为对汉区少数民族预科生社会适应的影响》，《中国临床心理学杂志》2019 年第 1 期；叶宝娟等《教师关怀行为对青少年网络成瘾的影响：领悟社会支持与学业自我效能感的链式中介效应》，《中国临床心理学杂志》2017 年第 6 期。

④ Lewis, J. L. et al., "Con Cariño: Teacher Caring, Math Self-efficacy, and Math Achievement among Hispanic English Learners," *Teachers College Record* 114 (2012): 1-42.

⑤ Lavy, S., & Naama-Ghanayim, E., "Why Care About Caring? Linking Teachers' Caring and Sense of Meaning at Work with Students' Self-esteem, Well-being, and School Engagement," *Teaching and Teacher Education* 91 (2020): 3-46.

⑥ 徐丹、徐慧：《同伴·教师·辅导员：各类人际互动如何影响"双一流"高校本科生的院校归属感?》，《大学教育科学》2021 年第 6 期。

⑦ Noddings, N., *Caring: A Feminine Approach to Ethics and Moral Education*, Berkeley: University of California Press, 1984, p. 3.

⑧ 参见梁明伟《论教育关怀的制度安排》，《教育科学》2006 年第 1 期；雷浩：《教师关怀行为三维模型的建构，国家教育行政学院学报》2014 年第 2 期；Lavy, S., & Naama-Ghanayim, E., "Why Care about Caring? Linking Teachers' Caring and Sense of Meaning at Work with Students' self-esteem, Well-being, and School Engagement," *Teaching and Teacher Education* 91 (2020): 3-46。

支持学生发展，并且包容学生等诸多行为活动的综合体现"界定为"教师关怀行为"。[①] 这一概念蕴含了三层含义：一是行为的属性，教师关怀行为是一种关系性行为，其初衷也是为了建构良好的师生关系；二是对象的特殊性，教师关怀行为旨在满足学生的成长需求，因此是对需要帮助学生的关怀；三是行为的代价，教师实施关怀行为需要付出时间等资源。

　　既有研究或基于辅导员理应成为学生"知心朋友"的职能要求与角色定位进行质性探究，强调辅导员对学生的关怀行为是其职业特征的应然表征；[②] 或基于对特殊案例及学生群体的调查，探讨辅导员关怀行为的实然表征，[③] 但囿于针对性测量工具的匮乏，目前始终缺乏从实证角度对辅导员关怀行为的概念及影响因素进行考察，这也限制了辅导员关怀行为应然与实然的融合。本研究借鉴雷浩对教师关怀行为的概念，[④] 结合辅导员职业特征，将辅导员关怀行为界定为：辅导员在教育管理过程中，为了建构与保持良好的师生关系，通过付出时间、物质等资源来支持和促进学生成长的行为。据此，辅导员对困难学生的关心与帮助、对学生想法的倾听与尊重、对学生潜能的挖掘与支持等均隶属于对学生关怀行为的范畴。

　　认知—情感人格系统理论强调个体的人格差异会导致人们处理信息方式的不同，继而形成不同的认知—情感单元，而这些单元又会与情境交互作用共同塑造我们的行为。[⑤] 从认知—情感人格系统理论视角出发，辅导员对学生的关怀行为可能会受到其在职业情境中特定的认知—情感人格系统的影响。

---

① 雷浩：《教师关怀行为三维模型的建构》，《国家教育行政学院学报》2014 年第 2 期。
② 参见闪茜菁《辅导员工作视域下的大学生健康人格塑造》，《思想理论教育导刊》2012 年第 1 期；王鸣晖、李雁冰：《贴近青年学生：新时代高校辅导员的主体意识自觉》《思想教育研究》2019 年第 6 期，第 98~100 页；唐萍、肖肖：《论辅导员人格的生态取向》，《江苏高教》2022 年第 7 期。
③ 周谷平、王胡英：《高校优秀辅导员基本角色形象及其特征——基于全国高校辅导员年度人物评选事迹的文本分析》，《高等教育研究》2015 年第 1 期。
④ 雷浩：《教师关怀行为三维模型的建构》，《国家教育行政学院学报》2014 年第 2 期。
⑤ 于松梅、杨丽珠：《米契尔认知情感的个性系统理论述评》，《心理科学进展》2003 年第 2 期。

基于自我验证理论，持有良好职业人格的辅导员更倾向于在自我验证过程中内化"学生健康成长的知心朋友"这一角色要求，并通过对学生表现出更多的关怀行为来增强师生良性互动，以营造良好职业人格的验证环境。综上，我们提出如下假设：辅导员职业人格会正向促进关怀行为的产生（H1）。

基于关怀行为概念的内涵，关怀行为本身就是一种关系性行为，是师生关系的重要表现形式。① Ogolsky 研究发现个体对关系维护的感知与其对双方关系的承诺水平呈现正相关倾向。② 关系承诺是解释人际关系维持的一个核心要素，高关系承诺中的个体，侧重考虑双方的共同目标，将满足对方的需求和利益置于首位；反之，低关系承诺个体在人际互动中，将自身需求的满足置于首位，且只有在自己受益之后，才会考虑满足对方需求。③ 在师生关系场域，教师对师生关系的长期维持倾向以及维持这种关系的意图被界定为"师生关系承诺"。据此，基于自我验证理论，对良好师生关系有更高承诺的辅导员会通过表现出与之相匹配的认知和行为表现来营造自我验证的环境，比如更愿意支持学生成长，对学生成长成才表现出更强的责任感与关怀倾向。此外，雷浩在对教师关怀行为概念进行界定时，也将关系承诺中"良好师生关系"的期望涵括其中。④ 综上，我们提出如下假设：良好的关系承诺会催生辅导员的关怀行为（H2）。

既有研究发现，个体在一段人际关系中投入越多，对这段关系的承诺水平也越高。从社会互动关系的角度，辅导员职业人格表现出的人际互动行为会影响师生关系。⑤ 基于自我验证理论，具备良好职业人格的辅导员更能内化"知心朋友"这一职业角色要求，产生对良好师生关系的期待，进而促

---

① 雷浩、李静：《社会经济地位与教师关怀行为关系：主观幸福感的中介作用》，《教师教育研究》2018 年第 5 期。

② Ogolsky, B.G., "Deconstructing the Association between Relationship Maintenance and Commitment: Testing Two Competing Models," *Personal Relationships* 16（2009）：99-115.

③ Chen, F., & Cui, Y., "Investigating the Relation of Perceived Teacher Unfairness to Science Achievement by Hierarchical Linear Modeling in 52 Countries and Economies," *Educational Psychology* 40（2020）：273-295.

④ 雷浩：《教师关怀行为三维模型的建构》，《国家教育行政学院学报》2014 年第 2 期。

⑤ 章凯、孙雨晴：《公平领导行为的构成与测量研究》，《管理学报》2020 年第 5 期。

进辅导员在师生互动中对学生表现出更多的关怀行为，以营造相应的自我验证环境。综上，我们提出如下假设：辅导员职业人格会对师生关系承诺产生正向影响（H3）。

良好的职业人格有助于激发辅导员的师生关系承诺水平，进而催生其对学生的关怀行为。综上，我们提出如下假设：关系承诺在职业人格与辅导员关怀行为之间发挥积极中介作用（H4）。本研究假设模型详见图4-1。

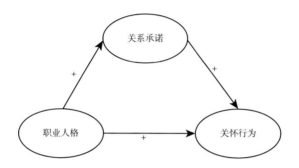

图4-1　职业人格影响辅导员关怀行为的假设模型图

一　研究方法

（一）研究对象

采用整群抽样法，从北京市及福建省、河南省、河北省，共30所高校抽取590名辅导员参与调查。调查采用集体施测方法，利用辅导员所属学院召开工作例会或相关工作会议的时间集体作答。回收问卷，并对问卷进行有效性检测，剔除无效问卷。参考以下两个标准剔除无效问卷：（1）全卷作答相同选项数量大于70%；（2）问卷作答表现出一定的规律性。最终获得有效问卷512份，有效回收率为86.78%。在有效被试中，男辅导员228名（44.53%），女辅导员284名（55.47%）；入职0~4年（含4年）的辅导员288名（56.25%），入职5~8年（含8年）的辅导员165名（32.23%），入职9年及以上的辅导员59名（11.52%）；初级职称辅导员312名（60.94%），中级职称辅导员183名（35.74%），高级职称辅导员17名

（3.32%）。被试的平均年龄 31.19 岁 （$SD = 5.36$，年龄范围为 24~52 岁）。所有完成问卷的被试均获得一定报酬。

（二）研究工具

1. 辅导员职业人格问卷

同第二章第二节，该问卷在本研究中的 Cronbach's α 系数为 0.94，且结构效度良好 （$\chi^2/df = 2.21$，$RMSEA = 0.05$，$CFI = 0.96$，$TLI = 0.95$，$SRMR = 0.03$）。

2. 关系承诺问卷

修订了 Rusbult 等编制的《关系承诺问卷》，[1] 共 7 个题项，如 "我承诺要和我的学生们建立良好的关系"。采用 Likert 9 点计分 （从 "1" 到 "9"，意味着从 "完全不同意" 到 "完全同意"），得分越高，说明辅导员越倾向于承诺良好的师生关系。在本研究中，该问卷的内部一致性 Cronbach's α 系数为 0.85，且结构效度良好 （$\chi^2/df = 4.90$，$RMSEA = 0.08$，$CFI = 0.96$，$TLI = 0.94$，$SRMR = 0.04$）。

3. 关怀行为问卷

修订了雷浩编制的教师关怀行为问卷，[2] 该问卷由尽责性、支持性和包容性 3 个维度，共 18 个题项组成，如 "我经常对学生有亲切的动作，如微笑、点头等"。采用 Likert 5 点计分 （从 "1" 到 "5"，意味着从 "完全不符合" 到 "完全符合"），得分越高则表明辅导员对学生的关怀水平越高。在本研究中，该问卷的 Cronbach's α 系数为 0.92，且结构效度良好 （$\chi^2/df = 3.54$，$RMSEA = 0.07$，$CFI = 0.93$，$TLI = 0.92$，$SRMR = 0.05$）。

二 研究结果

（一）共同方法偏差检验

由于本研究是一项横断调查研究，采用辅导员自评的方式收集研究数

---

① Rusbult C. E, Martz J. M., Agnew C. R., "The Investment Model Scale: Measuring Commitment Level, Satisfaction Level, Quality of Alternatives, and Investment Size," *Personal Relationships* 5 (1998): 357-387.

② 雷浩：《教师关怀行为三维模型的建构》，《国家教育行政学院学报》2014 年第 2 期。

据，可能会导致存在共同方法偏差问题，所以在此先对这一问题予以检验。本研究采用 Harman 单因子检验法进行检验,[①] 将研究变量所有题项进行未旋转探索性因子分析之后，特征根大于 1 的因素共有 10 个，共同解释了总变异的 65.45%。其中第一个主成分的变异解释量为 30.02%，小于 40% 的临界值，且小于总变异解释量的一半，意味着本研究不存在单一因子解释所有变量大部分方差的严重共同方法偏差问题。同时，根据验证性因子分析（CFA）的结果可知（见表 4-1），三因素模型拟合最好（$\chi^2/df = 3.32$，$RMSEA = 0.067$，$CFI = 0.96$，$TLI = 0.95$，$SRMR = 0.04$），说明本研究设计的 3 个构念确实代表了 3 个不同的概念，测量具有良好的区分效度。综上，Harman 单因子检验法和验证性因素分析（CFA）的结果共同表明，本研究可能存在的共同方法偏差处于可接受水平，不会对本研究的结果产生严重影响。

表 4-1　职业人格影响辅导员关怀行为研究的验证性因子分析结果

模型	χ^2	df	χ^2/df	$RMSEA(90\%\ C.I.)$	CFI	TLI	$SRMR$
三因素模型	136.30***	41	3.32	0.067[0.055,0.080]	0.96	0.95	0.04
双因子模型 M_1	303.26***	43	7.05	0.109[0.097,0.120]	0.89	0.86	0.07
双因子模型 M_2	457.88***	43	10.65	0.137[0.126,0.149]	0.82	0.77	0.08
双因子模型 M_3	241.46***	43	5.62	0.095[0.083,0.107]	0.92	0.9	0.06
单因子模型	534.64***	44	12.15	0.148[0.137,0.159]	0.79	0.74	0.08

注：双因子模型 M_1：将关系承诺与关怀行为合并为一个潜在因子；双因子模型 M2：将职业人格与关怀行为合并为一个潜在因子；双因子模型 M3：将职业人格与关系承诺合并为一个潜在因子；单因子模型：将所有变量合并为一个潜在因子。

（二）辅导员职业人格、关系承诺与关怀行为的相关分析

本研究中涉及变量的均值、标准差和相关系数参见表 4-2。据表 4-2 可知，辅导员职业人格与关系承诺显著正相关（$r = 0.53$，$p < 0.001$）、与关怀行为显著正相关（$r = 0.47$，$p < 0.001$），关系承诺与关怀行为也显著正相关

① 参见 Podsakoff, P. M. et al., "Common Method Biases in Behavioral Research: A Critical Review of the Literature and Recommended Remedies," *Journal of Applied Psychology* 88 (2003): 879-903; 周浩、龙立荣《共同方法偏差的统计检验与控制方法》，《心理科学进展》2004 年第 6 期。

（$r=0.41$，$p<0.001$），研究变量相关性分析的结果为关系承诺中介作用假设的验证提供了初步的证据。

表4-2　研究变量的均值、标准差及相关系数

变量	M	SD	1	2	3
1. 职业人格	4.68	0.62	1		
2. 关系承诺	6.1	0.68	0.53 ***	1	
3. 关怀行为	4.74	1.3	0.47 ***	0.41 ***	1

注：*** 代表 $p<0.001$，** 代表 $p<0.005$，* 代表 $p<0.01$。

（三）辅导员职业人格与关怀行为的中介效应模型检验

采用结构方程模型检验关系承诺对辅导员职业人格与关怀行为关系的中介作用。依据温忠麟和叶宝娟建议的中介效应检验程序，[①] 首先以职业人格为自变量，辅导员关怀行为作因变量构建直接效应模型。模型拟合结果表明："职业人格→关怀行为"模型拟合良好（$X^2/df=3.77$，$RMSEA=0.07$，$CFI=0.95$，$TLI=0.94$，$SRMR=0.05$），说明直接效应模型可以接受。路径分析的结果显示，辅导员职业人格对关怀行为的路径系数显著（$\beta=0.57$，$SE=0.04$，$t=12.75$，$p<0.001$），表明辅导员职业价值观能正向预测辅导员的职业人格水平，假设 H1 得到验证。

其次，在直接效应模型中加入中介变量"关系承诺"之后，模型拟合结果表明："职业人格→关系承诺→关怀行为"模型拟合良好（$X^2/df=3.32$，$RMSEA=0.07$，$CFI=0.96$，$TLI=0.95$，$SRMR=0.04$），说明关系承诺的中介模型可以接受。路径分析的结果显示，"职业人格→关怀行为"路径系数依然显著（$\beta=0.33$，$SE=0.10$，$t=2.66$，$p<0.01$）说明，关系承诺在职业人格与关怀行为之间可能发挥的是部分中介作用；"关系承诺→关怀行为"路径系数显著（$\beta=0.66$，$SE=0.08$，$t=7.81$，$p<0.001$），表明辅导员关系承诺水平能

---

①　温忠麟、叶宝娟：《有调节的中介模型检验方法：竞争还是替补》，《心理学报》2014年第5期。

正向预测辅导员的关怀行为水平，假设 H2 得到验证。"职业人格→关系承诺"路径系数显著（$\beta=0.34$，$SE=0.12$，$t=2.90$，$p<0.01$），表明职业人格能显著正向预测辅导员的关系承诺水平，假设 H3 得到验证。（详见图 4-2）

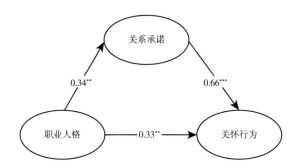

图 4-2　关系承诺在辅导员职业人格与关怀行为之间的中介作用

进一步采用 Bootstrap 法来有效减少Ⅱ类错误。通过重复取样 1000 次，计算出中介效应的 Bootstrap 95% 置信区间，若置信区间不含 0 则意味着中介效应显著。[①] 分析结果如表 4-3 所示，各路径的 Bootstrap 95% 置信区间均不含 0。综上，关系承诺中介效应显著，假设 H4 得到验证。具体而言，辅导员职业人格对关怀行为的直接效应为 0.33，占总效应的 60%。关系承诺产生的间接效应值为 0.22，占辅导员职业人格对关怀行为总效应的 40%。

表 4-3　职业人格影响关怀行为的路径及效应分解

路　径	效应值（标准化）	SE	95% C. I.		占总效应的比例（标准化）%
			下限	上限	
职业人格→关系承诺→关怀行为	0.22	0.04	0.10	0.49	40
职业人格→关怀行为（直接路径）	0.33	0.13	0.03	0.64	60
总效应	0.55	0.12			100

① 参见 MacKinnon，D. P.，Lockwood，C. M.，& Williams，J.，"Confidence Limits for the Indirect Effect: Distribution of the Product and Resampling Methods，" *Multivariate Behavioral Research* 39 (2004): 99-128；方杰、张敏强《中介效应的点估计和区间估计：乘积分布法，非参数 Bootstrap 和 MCMC 法》，《心理学报》2012 年第 10 期。

三 讨论

本研究首次探究了辅导员职业人格与关怀行为的关系及其传导机制。研究得出：职业人格对辅导员的关怀行为有显著正向作用，其直接效应值为0.33，占辅导员职业人格对关怀行为总效应的60%，假设 H1 得到验证。具体而言，辅导员职业人格水平越高，辅导员表现出的关心学生的行为也就越多，说明职业人格是影响辅导员对学生做出关怀行为的一个重要因素，也是预测师生关系的良好指标。

研究还发现，职业人格通过辅导员师生关系承诺的中介作用影响其对学生的关怀行为。辅导员职业人格可以显著预测关系承诺，关系承诺也可以正向作用于关怀行为，关系承诺的间接效应为0.22，占辅导员职业人格对关怀行为总效应的40%，假设 H2～H4 得到验证。这一结果也强调了辅导员职业人格对良好师生关系承诺的重要性，这与以往关于人格特质与承诺关系研究的结论基本一致。[1] 辅导员的师生关系承诺作为其与学生联结的纽带，影响着辅导员与学生的互动模式，也影响着思想政治教育管理的氛围。职业人格高的辅导员，在自我验证过程中倾向于内化角色要求，进而对建立良好且持久的师生关系持有更加积极的认知与期待，并通过关心关爱困难学生、倾听并尊重学生的想法、鼓励并支持学生的潜能发挥等实际行动来实现师生关系的和谐。

本研究通过横断调查对辅导员职业人格与辅导员关怀行为倾向的关系进行了探究，得出关系承诺在这二者间发挥着积极的介导作用。这些发现对辅导员关怀行为的发生机制提供了更深入的理解。本研究对促进辅导员建立良好师生关系的干预具有一定的理论指导意义。即我们应重视辅导员职业人格和师生关系承诺间的积极关系，着力培育良好的职业人格，同时提升辅导员的师生关系承诺水平，以增强辅导员建立和维护良好师生关系的内在动机。

---

① 武云鹏等：《职业高校教师组织承诺在人格特征和工作倦怠间的中介效应》，《中国心理卫生杂志》2011 年第 7 期。

四　结论

根据本节分析，验证得出如下两点结论。

（1）职业人格对辅导员关怀行为倾向具有显著促进效应：辅导员职业人格水平越高，对学生的关怀行为倾向也越高。

（2）职业人格会通过辅导员师生关系承诺的积极中介作用催生其对学生的关怀行为。

第二节　辅导员职业人格与网络关怀
行为的关系研究

本章第一节通过问卷调查方式得出辅导员职业人格对关怀行为的促进作用，以及关系承诺在两者间的传导效用。该研究使用的测量工具聚焦辅导员线下对学生的关怀行为，然而随着网络的迅速发展与普及，辅导员与学生的互动也呈现出"线下+线上"的特点。那么在网络场域，辅导员对学生的关怀行为又是怎样的呢？目前还未有研究对此进行探究。本章第一节通过自我报告的方式收集数据，相较于实验研究，更容易受到社会赞许性的干扰，故本节将基于关怀行为的概念，通过情境实验探究辅导员对学生网络求助的反应，将辅导员对学生的关怀倾向从现实生活拓展到网络空间。

网络关怀行为作为关怀行为在网络场域的特殊表达，既具有关怀行为的一般内涵，也具有网络场域的特殊性。目前还没有"网络关怀行为"的概念与实证研究，但是基于教师关怀行为本质上是一种教师对学生的亲社会性行为，旨在促进学生的全面发展。[1] 据此，本节将从"网络利他行为"或"网络亲社会行为"的相关研究汲取理论依据和方法借鉴。郑显亮对网络利

---

[1]　洪幼娟：《中小学教师公平倾向：结构、影响因素及作用机制》，博士学位论文，福建师范大学，2021，第77~85页。

他行为进行了系统研究,将在网络环境中表现出的有益于他人与社会且不期回报的自觉自愿行为界定为网络利他行为,并将网络利他行为归为以下四类:网络支持、网络指导、网络分享、网络提醒。① 基于对"网络利他行为"研究的梳理,我们发现网络场域下利他行为的资源传递类型具有物质性与非物质性并存的特征。我们熟知的网络捐赠属于物质层面的资源支援,而网络信息的传递则属于非物质层面的支援与帮助。网络的共享性及信息化特征,使得信息的分享与传递已经成为网络利他行为的主要表现形式。② 对网络利他行为的实验研究主要聚焦于网络捐赠行为,但近年来也逐渐开始关注信息流动形式的利他行为。如岳玉洁根据张显亮网络利他行为的构念,创设了网络信息转发的情境实验,③ 张和云、许燕、赵欢欢则通过设计网络调查问卷求助场景来评估个体的网络利他倾向。④ 综上,本研究参照传统的网络捐赠行为范式,设计学生网络筹款求助情境,探究辅导员的捐赠意愿与捐赠金额,并结合真实网络筹款的转发情境及网络信息传递的实验范式,探究辅导员对学生网络筹款求助信息的转发意愿与转发次数,以从物质与非物质资源付出的角度,探究辅导员在网络场域下对学生的关怀行为。

既有研究还未就辅导员网络关怀行为展开实证研究,主要集中于对辅导员"网络育人"主题的探讨。依据辅导员关怀行为的定义特征,结合网络助人、网络利他行为的定义,本研究将辅导员网络关怀行为界定为:辅导员在网络环境中给予学生支持、帮助学生解惑、促进学生成长的行为。既有研究表明助人者的特征是影响个体网络助人行为或网络利他行为的重要前置因

① 郑显亮:《网络利他行为的理论与实证研究》,中国社会科学出版社,2013,第16页。

② 参见彭庆红、樊富珉《大学生网络利他行为及其对高校德育的启示》,《思想理论教育导刊》2005年第12期;丁迈、陈曦:《网络环境下的利他行为研究》,《现代传播》2009年第3期。

③ 岳玉洁:《特质移情和同情情绪对大学生网络利他行为的影响》,硕士学位论文,华中师范大学,2015,第15~25页。

④ 张和云、许燕、赵欢欢:《善良人格与网络利他行为的关系:有调节的中介模型》,《心理科学》2021年第3期。

素，如助人者的善良人格[①]、自尊[②]、道德认知[③]等都会对个体的网络助人行为产生显著影响。综合本章第一节的研究结论，我们提出如下假设：辅导员职业人格会正向影响其对学生的网络关怀行为（H1）；关系承诺在职业人格与网络关怀行为之间发挥积极的中介作用（H2）。

从互动视角出发，除了助人者自身特质会影响其助人行为的产生，求助信息的来源或者说求助者的特征也是影响助人者施助行为产生的重要因素之一。林荣茂通过行为实验发现，求助信息来源会影响大学生的捐赠意愿，大学生倾向于对熟人发布的求助信息表达出更强烈的捐赠意愿。[④] 在教育管理情境中，依据期望效用理论，教师对学生的期望影响了他们对待学生的态度与方式。[⑤] 洪幼娟在教师群体的行为实验中发现教师关怀行为会受到求助学生学业成绩影响，与成绩差的学生相比，教师对成绩好的学生有更强烈的辅导与帮助的意愿。[⑥] Schreiner 等主张还可从人际距离的角度来解释教师对成绩好的学生的更多关怀行为。[⑦] 成绩好的学生一般与教师关系更和谐，互动更多，因而教师对成绩好的学生做出利他行为或帮助行为的可能性就越强。那么，辅导员在校承担着思想政治教育管理工作，他对学生的关怀或求助行为的反应是否会受到学生在校表现的影响呢？目前，尚未有研究具体探讨学生在校表现对辅导员关怀行为的影响。因此，本研究的情境材料中增加了求助信息来源这一变量，以探究不同职业人格辅导员在网络上遇到在校综合表现良好与表现一般

[①]　张和云、许燕、赵欢欢：《善良人格与网络利他行为的关系：有调节的中介模型》，《心理科学》2021 年第 3 期。

[②]　刘勤为等：《大学生网络社会支持与网络利他行为的关系：一个有调节的中介模型》，《心理发展与教育》2016 年第 4 期。

[③]　马晓辉、雷雳：《青少年网络道德与其网络偏差行为的关系》，《心理学报》2010 年第 10 期。

[④]　林荣茂：《大学生敬畏感及其与亲社会行为的关系》，博士学位论文，福建师范大学，2019，第 181~215 页。

[⑤]　张日昇、王琨：《国外关于教师期望与差别行为的研究》，《河北大学学报（哲学社会科学版）》2003 年第 2 期。

[⑥]　洪幼娟：《中小学教师公平倾向：结构、影响因素及作用机制》，第 85~93 页。

[⑦]　Schreiner, N., Pick, D., & Kenning, P., "To Share or Not to Share? Explaining Willingness to Share in the Context of Social Distance," *Journal of Consumer Behaviour* 17（2018）：366-378.

的学生的求助时，其关怀行为是否存在差异。依据以往文献，我们假设：学生类别调节了职业人格与辅导员对学生的网络关怀行为间的关系，面对表现不佳的学生，高职业人格组比低职业人格组辅导员有显著更多的关怀行为（H3）。

一　研究方法

（一）实验设计

本研究参照网络利他行为研究范式，根据辅导员工作实际修订实验材料，测量辅导员对学生的关怀行为。采用 2（职业人格水平：高、低）×2（求助者特征：综合表现良好、综合表现不佳）混合实验设计。其中，辅导员职业人格水平为被试间变量，求助者特征为被试内变量，因变量是辅导员对学生网络求助的捐赠意愿、捐赠金额、转发意愿、转发次数。

（二）研究对象

采用自编的《辅导员职业人格量表》来筛选被试，该量表在本研究中的 Cronbach's α 系数为 0.93。遵循自愿原则，从福建福州、泉州共 9 所高校招募了 270 名辅导员，参与本研究的问卷调查，对回收的问卷进行数据整理，将全卷作答相同选项数量大于 70% 的问卷剔除，获得有效问卷 238 份，问卷有效率为 88.15%。对被试的辅导员职业人格总分由高至低排序，取得分在前 27% 的 64 人为高职业人格组，得分在后 27% 的 64 人为低职业人格组。通过电话联系等方式邀请得分位于高、低组中的这 128 位辅导员参加实验，最终共 120 位辅导员同意参与本实验，其中高、低职业人格组各 60 人。本实验中被试年龄段为 25~41 岁（$M=30.62$，$SD=3.87$），被试均为右利手者，视力或其矫正视力均为正常水平，无色盲色弱。独立样本 T 检验结果显示，在辅导员职业人格总得分上，高、低职业人格组差异显著，高分组得分（$M=142.87$，$SD=5.87$）显著高于低分组（$M=105.53$，$SD=11.77$），$t(118)=21.98$，$p<0.001$，Cohen's $d=4.05$，结果表明本研究分组有效。实验前均征得被试同意，实验结束后均获得一定报酬。

（三）实验材料

1. 问卷材料

同研究五，采用 Rusbult 等编制的《关系承诺问卷》测量辅导员对师生关系的承诺水平。[①] 在本研究中，该问卷的内部一致性 Cronbach's α 系数为 0.85。

2. 关怀行为情境测验

本研究中情境测验分三部分，其内容是根据网络利他定义并结合研究初期对辅导员的访谈资料而编制的。其中第一部分是对情境事件的基本描述，具体如下：

您有位学生因家人重病陷入贫困，这位学生通过水滴筹平台为家人募集治疗费用。

情境刺激的第二部分是对学生类别的操作，具体有如下两点。

（1）综合表现良好的学生：您的这位学生，名叫张三，在校表现突出，上学期综合测评位列专业前10%。

（2）综合表现不佳的学生：您的这位学生，名叫李四，在校表现不佳，上学期综合测评位列专业倒数10%。

情境测验的第三部分是要求被试对捐赠意愿、捐赠金额、转发意愿、转发次数做出反应。

（1）您是否愿意给您的这位学生捐款？请对您的捐款意愿进行评分。"1"分表示"非常不愿意"，"7"分表示"非常愿意"。

（2）您愿意将微信钱包或支付宝里的1000元中的多少钱捐赠给这位学生？请您直接输入愿意捐赠的金额。

（3）您愿意帮这位学生在网络社交平台（如微信、QQ、微博等）转发扩散筹款信息，以尽可能让更多的人帮助这位学生吗？请对您的转发意愿进行评分。"1"分表示"非常不愿意"，"7"分表示"非常愿意"。

---

① Rusbult C. E., Martz J. M., Agnew C. R., "The Investment Model Scale: Measuring Commitment Level, Satisfaction Level, Quality of Alternatives, and Investment Size," *Personal Relationships* 5 (1998): 357–387.

（4）如果愿意，请您直接输入帮助这位学生转发求助信息的次数。

正式实验实施之前，研究者针对上述情境材料进行了预研究，目的是考察如下两个问题：（1）实验情境是否接近辅导员工作的现实；（2）实验情境中的行为能否反映辅导员对学生的关怀。参加者为福建省某高校的 10 名在职辅导员和 10 名在读学生（与后续正式实验中的被试分属不同学校），采用 Likert 7 点评分法予以评估（从"1"到"7"，意味着从"非常不同意"到"非常同意"）。预研究结果显示，对于"我能很容易地想象自己身处上述情境中"这一描述，90% 的辅导员参加者选择了"非常同意"或"比较同意"，这为实验材料的现实性提供了证据。针对"帮助学生转发筹款信息的行为体现了辅导员对学生的关怀""通过网络捐赠帮助困难学生体现了辅导员对学生的关怀"这两项描述均有 90% 的学生参加者选择了"非常同意"或"比较同意"。这些结果进一步验证了本研究所编制的实验情境可以较好测量辅导员对学生的关怀行为水平。

（四）实验程序

实验整体分为两个阶段（见图 4-3）。第一阶段，辅导员被试完成《关系承诺问卷》测试。第二阶段，主试告诉辅导员被试将参与一个情境想象实验，并说明他们将会读到一个工作案例，请辅导员认真阅读这则案例，并尽可能想象自己正实际面临案例中描述的情境。然后，请他们依照自身真实想法或感受回答随后的相关问题。为控制求助者特征的顺序影响，施测时还平衡了两种求助者特征情境呈现的顺序。整个实验过程约 5 分钟，被试完成后获得一定报酬，并向想要了解研究目的的辅导员被试做简要的说明和解释。

（五）统计与数据处理

对实验数据进行整理，运用 SPSS 25.0 对数据进行统计分析。

二 研究结果

（一）本研究变量的描述性统计

据表 4-4 可知，辅导员的捐赠意愿均分为 5.30，介于"愿意"到"非常愿意"之间，意味着辅导员面对学生的网络求助，倾向于"愿意"提供

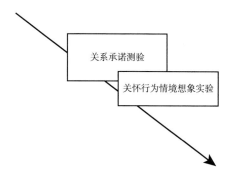

图 4-3 职业人格影响辅导员网络关怀行为的实验流程图

物质上的帮助。辅导员平均捐赠金额为 556.04 元，标准差为 216.75，表明辅导员之间捐赠金额差别较大；在转发求助信息方面，辅导员的转发意愿均分为 5.16，介于"愿意"与"非常愿意"之间，在转发次数上，辅导员的平均转发次数为 2.2 次。转发意愿与转发次数共同说明辅导员在面对学生网络求助时，倾向于"愿意"帮助实现信息扩散，以更强有力地推动问题解决。

表 4-4 辅导员关系承诺与网络关怀行为变量的描述性统计

变量	Min	Max	M	SD	Skewness	Kurtosis
1. 关系承诺	2.57	8.86	6.16	1.83	−0.22	−1.36
2. 捐赠意愿	1.00	7.00	5.30	1.13	−0.36	−0.44
3. 捐赠金额	200.00	1000.00	556.04	216.75	0.30	−0.70
4. 转发意愿	2.00	7.00	5.16	1.30	−0.52	−0.60
5. 转发次数	1.00	4.00	2.2	1.04	0.33	−1.09

（二）高、低职业人格辅导员的差异性分析

不同职业人格水平及面对不同求助者条件下，辅导员捐赠意愿、捐赠金额、转发意愿及转发次数详见表 4-5。在此基础上，采用多元重复测量方差分析法，对高、低职业人格组对不同网络求助者的捐赠意愿、捐赠金额、转发意愿及转发次数进行比较。

表 4-5 高、低职业人格组辅导员网络关怀行为差异性的描述性统计

测量指标	学生类型	低职业人格组(n=60)		高职业人格组(n=60)	
		M	SD	M	SD
捐赠意愿	表现不佳的学生	4.32	0.87	5.87	0.93
	表现良好的学生	5.03	0.84	5.97	0.99
捐赠金额	表现不佳的学生	406.67	226.14	611.67	171.82
	表现良好的学生	568.33	225.86	637.50	160.94
转发意愿	表现不佳的学生	3.80	0.95	5.88	0.92
	表现良好的学生	4.95	1.03	6.02	0.93
转发次数	表现不佳的学生	1.2	0.40	2.90	0.82
	表现良好的学生	1.65	0.61	3.05	0.79

研究结果发现，在捐赠意愿上，辅导员职业人格水平的主效应显著，高职业人格组整体捐赠意愿显著高于低职业人格组，$F(1, 118) = 73.26$，$p<0.001$，$\eta_p^2 = 0.38$；求助者特征的主效应显著，对于表现良好学生的求助，辅导员具有更强烈的捐赠意愿，$F(1, 118) = 25.23$，$p<0.001$，$\eta_p^2 = 0.18$；求助者特征和职业人格水平的交互效应显著，$F(1, 118) = 14.39$，$p<0.001$，$\eta_p^2 = 0.11$；进一步简单效应分析表明，面对表现良好学生的求助，高职业人格组捐赠意愿显著高于低职业人格组，$F(1, 118) = 88.67$，$p<0.001$，$\eta_p^2 = 0.43$；对于表现不佳学生的求助，高职业人格组捐赠意愿显著高于低职业人格组，$F(1, 118) = 30.88$，$p<0.001$，$\eta_p^2 = 0.21$。低职业人格组在面对表现良好学生求助时，其捐赠意愿显著高于对表现不佳学生，$F(1, 118) = 38.86$，$p<0.001$，$\eta_p^2 = 0.25$；高职业人格组则对表现良好与表现不佳学生的捐赠意愿不存在显著差异，$F(1, 118) = 0.76$，$p = 0.39>0.05$，$\eta_p^2 = 0.01$。

在捐赠金额上，职业人格水平的主效应显著，高职业人格组的捐赠金额显著多于低职业人格组，$F(1, 118) = 14.83$，$p<0.001$，$\eta_p^2 = 0.11$；求助者特征的主效应显著，面对表现良好学生的求助，辅导员愿意捐赠更多的钱，$F(1, 118) = 190.21$，$p<0.001$，$\eta_p^2 = 0.62$；求助者特征和职业人格

水平的交互效应显著，F (1, 118) = 99.83，$p<0.001$，$\eta_p^2 = 0.46$；进一步简单效应分析表明，低职业人格组辅导员的捐赠金额受求助学生在校表现的影响，即对表现良好学生的捐赠金额显著多于对表现一般的学生，F (1, 118) = 282.82，$p<0.001$，$\eta_p^2 = 0.71$；高职业人格组辅导员的捐赠金额受求助学生类型的影响比低职业人格组要小，F (1, 118) = 7.22，$p = 0.008<0.01$，$\eta_p^2 = 0.06$；面对表现良好学生的求助，高、低职业人格组辅导员捐赠金额差异接近边缘显著，F (1, 118) = 3.73，$p = 0.06>0.05$，$\eta_p^2 = 0.03$；面对表现不佳学生的求助，高、低职业人格组辅导员捐赠金额差异显著，F (1, 118) = 31.26，$p<0.001$，$\eta_p^2 = 0.21$。

在转发意愿上，职业人格水平的主效应显著，高职业人格组转发意愿显著高于低职业人格组，F (1, 118) = 99.61，$p<0.001$，$\eta_p^2 = 0.46$；求助者特征的主效应显著，面对表现良好学生的求助，辅导员具有更强烈的转发意愿，F (1, 118) = 70.60，$p<0.001$，$\eta_p^2 = 0.37$；求助者特征和职业人格水平的交互效应显著，F (1, 118) = 44.31，$p<0.001$，$\eta_p^2 = 0.27$；进一步简单效应分析表明，面对表现良好学生的求助，高职业人格组的转发意愿高于低职业人格组，F (1, 118) = 35.38，$p<0.001$，$\eta_p^2 = 0.23$；面对表现不佳学生的求助，高职业人格组转发意愿显著高于低职业人格组，F (1, 118) = 148.05，$p<0.001$，$\eta_p^2 = 0.56$。低职业人格组对表现良好学生求助信息的转发意愿显著高于对表现不佳学生，F (1, 118) = 113.38，$p<0.001$，$\eta_p^2 = 0.49$；高职业人格组对表现良好与表现不佳学生求助信息的转发意愿不存在显著差异，F (1, 118) = 1.52，$p = 0.22>0.05$，$\eta_p^2 = 0.01$。

在转发次数上，职业人格水平的主效应显著，高职业人格组转发次数显著多于低职业人格组，F (1, 118) = 201.89，$p<0.001$，$\eta_p^2 = 0.63$；求助者特征的主效应显著，面对表现良好学生的求助，辅导员的转发次数更多，F (1, 118) = 27.41，$p<0.001$，$\eta_p^2 = 0.19$；求助者特征和职业人格水平的交互效应显著，F (1, 118) = 6.85，$p = 0.01<0.05$，$\eta_p^2 = 0.05$；进一步简单效应分析表明，面对表现良好学生的求助，高职业人格组的转发次数多于低职业人格组，F (1, 118) = 208.79，$p<0.001$，$\eta_p^2 = 0.64$；面对表现不佳学生

的求助，高职业人格组转发次数显著多于低职业人格组，F（1，118）=
119.61，$p<0.001$，$\eta_p{}^2=0.50$。低职业人格组对表现良好学生求助信息的转发
次数显著多于对表现不佳学生，F（1，118）= 30.83，$p<0.001$，$\eta_p{}^2=0.21$；
高职业人格组对表现良好与表现不佳学生求助信息的转发次数不存在显著差
异，F（1，118）= 3.43，$p=0.07>0.05$，$\eta_p{}^2=0.03$。（详见图4-4）

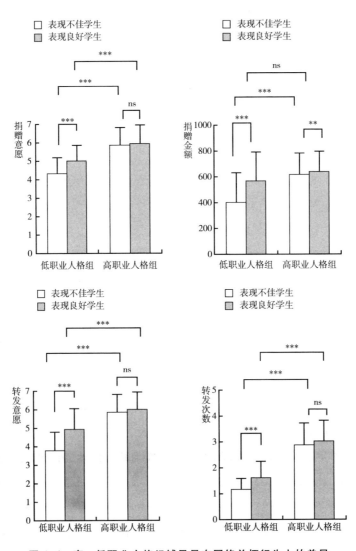

图4-4 高、低职业人格组辅导员在网络关怀行为上的差异

（三）关系承诺的中介效应分析

由上述结果可知，职业人格水平主效应在捐赠意愿、捐赠金额、转发意愿、转发次数上都显著，说明职业人格水平对这些变量都有显著影响，变量间的进一步相关分析结果表明（详见表4-6），关系承诺与捐赠意愿显著正相关（$r=0.64$，$p<0.001$），与捐赠金额显著正相关（$r=0.19$，$p<0.05$），与转发意愿显著正相关（$r=0.75$，$p<0.001$），与转发次数显著正相关（$r=0.50$，$p<0.001$）。研究变量相关性分析的结果为关系承诺中介作用假设的验证提供了初步的证据。

表4-6　辅导员关系承诺与网络关怀行为变量间的相关分析

变量	1	2	3	4	5
1. 关系承诺	1				
2. 捐赠意愿	0.64***	1			
3. 捐赠金额	0.19*	0.14	1		
4. 转发意愿	0.75***	0.85***	0.11	1	
5. 转发次数	0.50***	0.55**	0.31***	0.54***	1

注：*** 代表 p<0.001，** 代表 p<0.01，* 代表 p<0.05。

本研究自变量职业人格水平是两水平（高、低）的类别变量，虚拟化处理后，高职业人格组编码为"2"、低职业人格组编码为"1"。本研究以低职业人格组为参照，根据 Hayes 编制的 SPSS 宏中的 Model4，[①] 结合方杰、温忠麟和张敏强所总结的类别变量中介效应分析方法依次来检验关系承诺在职业人格水平与捐赠意愿、捐赠金额、转发意愿、转发次数关系间的中介效应。[②]

对关系承诺在职业人格与捐赠意愿间的中介效应进行检验，结果发现职业人格对捐赠意愿的直接预测作用显著（$\beta=0.72$，$t=4.05$，$p<0.001$），将

[①] Hayes, A. F., "A Simple Test of Moderated Mediation, Manuscript Submitted for Publication," Retrieved May7, 2013a, http://www.afhayes.com.

[②] 方杰、温忠麟、张敏强：《类别变量的中介效应分析》，《心理科学》2017年第2期。

辅导员职业人格与其关系承诺变量共同放入模型作为预测源时，职业人格能显著正向预测关系承诺（$\beta = 2.37$，$t = 6.50$，$p < 0.001$）；关系承诺也能显著预测捐赠意愿（$\beta = 0.22$，$t = 4.57$，$p < 0.001$）。因此，关系承诺在职业人格对捐赠意愿的影响中起部分中介作用。通过抽取 5000 个样本，采用 Bootstrap 法进行检验，结果表明，关系承诺在职业人格与捐赠意愿之间的中介效应显著，95% 的置信区间为 [0.08，0.94]，不包含 0。具体而言，相对于低职业人格水平的辅导员，高职业人格水平的辅导员对师生关系持有更积极的关系承诺（$\beta = 2.37 > 0$），也因此具有更强烈的捐赠意愿（$\beta = 0.22 > 0$）。关系承诺在职业人格与捐赠意愿之间起部分中介作用，相对于低职业人格组，高职业人格对捐赠意愿的相对直接效应的效果量为 57.60%，关系承诺的相对中介效应的效果量为 42.4%（详见表 4-7 和表 4-8）。

对关系承诺在职业人格与捐赠金额间的中介效应进行检验，结果表明，关系承诺对捐赠金额的直接预测作用不显著（$\beta = -5.18$，$t = -0.40$，$p = 0.69 > 0.05$）。因此，关系承诺在职业人格与捐赠金额关系中不发挥中介作用。

对关系承诺在职业人格与转发意愿间的中介效应进行检验，结果发现职业人格对转发意愿的直接预测作用显著（$\beta = 0.77$，$t = 4.40$，$p < 0.001$），当职业人格与关系承诺共同放入模型作为预测源时，职业人格能显著正向预测关系承诺（$\beta = 2.37$，$t = 6.50$，$p < 0.001$）；关系承诺也能显著预测转发意愿（$\beta = 0.34$，$t = 7.09$，$p < 0.001$）。因此，关系承诺在职业人格对转发意愿的影响中起部分中介作用。通过抽取 5000 个样本，运用 Bootstrap 法检验表明，关系承诺在职业人格与转发意愿之间的中介效应显著，95% 的置信区间为 [0.43，1.19]，不包含 0。具体而言，相对于低职业人格水平的辅导员，高职业人格水平的辅导员对师生关系持有更积极的关系承诺（$\beta = 2.37 > 0$），也因此具有更强烈的转发意愿（$\beta = 0.34 > 0$）。关系承诺在职业人格与转发意愿之间起到部分中介作用，相对于低职业人格组，高职业人格对转发意愿的相对直接效应的效果量为 48.73%，关系承诺的相对中介效应的效果量为 51.27%（详见表 4-7 和 4-8）。

对关系承诺在职业人格与转发次数间的中介效应进行检验，结果表明，关系承诺对转发次数的直接预测作用不显著（$\beta = -0.02$，$t = -0.49$，$p = 0.63 > 0.05$）。因此，关系承诺在职业人格与捐赠金额关系中不起中介作用。

表4-7 关系承诺的中介效应检验（以低职业人格组为参照）

回归方程		整体拟合指数			（非标准化）回归系数显著性		
结果变量	预测变量	R	R^2	F	β	SE	t
关系承诺	职业人格	0.65	0.42	86.77	2.37	0.40	6.50***
捐赠意愿	职业人格	0.69	0.48	53.21	0.72	0.18	4.05***
	关系承诺	—	—	—	0.22	0.49	4.57***
关系承诺	职业人格	0.65	0.42	86.77	2.37	0.40	6.50***
转发意愿	职业人格	0.79	0.62	95.76	0.77	0.17	4.40***
	关系承诺	—	—	—	0.34	0.05	7.09***

表4-8 职业人格影响网络关怀行为的效应分解表（以低职业人格组为参照）

路 径	效应值（标准化）	SE	95% C.I.		占总效应的比例（标准化）%
			下限	上限	
职业人格→关系承诺→捐赠意愿	0.53	0.22	0.08	0.94	42.40
职业人格→捐赠意愿（直接路径）	0.72	0.18	0.01	0.37	57.60
总效应	1.25	0.15			
职业人格→关系承诺→转发意愿	0.81	0.19	0.43	1.19	51.27
职业人格→转发意愿（直接路径）	0.77	0.17	0.42	1.11	48.73
总效应	1.58	0.16			

三 讨论

辅导员对学生网络筹款求助的捐赠与转发行为是其在网络场域中对学生关怀的一种典型表现形式。本节在研究五（本章第一节）横断调查的基础上，运用行为实验法，进一步探讨高、低职业人格辅导员面对学生网络求助时的行为差异，以期将辅导员职业人格对学生关怀行为的影响及其作用机制从现实生活场域拓展到网络空间。

研究结果表明，不论求助学生在校表现如何，高职业人格辅导员对学生的网络筹款求助都具有强的捐赠意愿与转发意愿，且捐赠金额和转发次数都更多，表明职业人格对辅导员在网络场域的关怀行为具有显著影响。高职业人格辅导员倾向于在网络场域中给予学生更多的帮助，表现出更多的网络关怀行为，研究假设 H1 获得验证。本研究结果与研究五基于问卷调查来探究二者关系的结论一致。即无论是在现实场景还是网络空间，无论是一般化还是具体的关怀行为，无论是基于问卷调查还是行为实验，辅导员职业人格对关怀行为都具有显著的正向影响。

本研究还检验了关系承诺在职业人格与辅导员网络关怀行为之间的中介作用。研究结果发现，虽然在职业人格与具体的捐赠金额、转发次数的关系间，关系承诺的中介效应并不显著，但职业人格会通过关系承诺的积极传导效应正向促进辅导员的捐赠意愿和转发意愿，因此研究假设 H2 获得基本验证。由此，关系承诺对职业人格与关怀行为的中介作用，也从一般情境拓展到具体网络求助情境。此外，本研究还发现关系承诺对网络中的典型的非物质帮助行为（信息转发意愿）的中介效应要大于对物质帮助行为（捐赠意愿）的中介效用（51.27%＞42.40%），这一研究发现丰富了关系承诺中介机制的研究范围。

本研究同时还探讨了求助学生特征对职业人格与网络关怀行为的影响。我们采用学生综合测评表现来区分学生类别。在辅导员日常工作中，综合测评表现突出与综合测评表现不佳的学生，都是辅导员工作对象中的关键少数。本研究结合利他行为人际距离的研究，创设学生类型情境，以进一步探究辅导员职业人格如何影响辅导员对这两类关键少数人群的关怀行为。结果发现，在关怀行为意愿上，不论是捐赠意愿还是转发意愿，高职业人格辅导员都不受学生类型的影响，对综合测评良好与不佳的学生表现出一致的关怀意愿；而低职业人格辅导员不论是捐赠意愿还是转发意愿都受到求助学生在校综合测评表现的影响，对表现良好的学生表现出更多的关怀意愿。在具体的关怀行为的表达上，高职业人格辅导员受学生在校综合测评表现的影响与给予支持的资源类型有关。当付出的是物质类资源时，高职业人格辅导员对表现良好学生的捐赠金额略高于表现不佳学生。但当付出的是信息类资源时，高职业人格辅导员对表现良好与表现不佳学生的求助信息转发次数不存在显著差异。低职业人格辅导员不论是捐赠金额还是信息转发次数都受到求助学生类型的显著影响，倾向于对综合测评良好的学生给予更多的资源支持。这一研究结论表明，相比低职业人格辅导员，高职业人格辅导员更能做到关心关爱每一个学生，更愿意为了学生的成长付出，更愿意提供不论是物质还是非物质层面的资源。

总之，本研究不仅在辅导员网络捐赠与转发行为这一特殊的网络助人行为中验证了辅导员职业人格对网络关怀行为的积极效应和作用机制，还更加明确了职业人格影响辅导员关怀行为的边界条件，即在面对表现良好学生的求助时，低职业人格辅导员对学生的关怀行为的干扰或影响更为明显。本研究对干预和指导辅导员对学生的关爱行为上具有一定的现实意义，即培育辅导员良好的职业人格，强化辅导员对良好师生关系的意识与承诺，强调每个学生都是辅导员关心爱护的对象，减少学生在校表现对辅导员关怀行为的影响。

四　结论

根据本节分析，验证得出如下三点结论。

（1）职业人格对辅导员网络关怀行为倾向具有显著促进效应：辅导员职业人格水平越高，对学生网络求助的反应越积极。

（2）职业人格会通过辅导员师生关系承诺的积极中介作用催生其对学生的网络关怀意愿。

（3）低职业人格辅导员对学生的网络关怀行为易受到学生在校综合表现的影响，倾向于对在校表现良好的学生给予更多的关怀意愿和资源支持，而高职业人格辅导员对学生的网络关怀行为则不易受到学生在校表现的影响。

第三节　辅导员职业人格与内隐关怀倾向的关系研究

本章第一节、第二节分别通过横断调查、行为实验获得职业人格影响辅导员对学生关怀行为的实证证据，但两者都只是从外显的角度，对辅导员自身能够意识到的、明确表露的关怀行为进行剖析。在那些意识不到却在不经意间表露的内隐关怀倾向方面，不同职业人格水平的辅导员是否也存在差异？或者说，职业人格对辅导员关怀行为的影响效应是否会从外显意识层面拓深至内隐无意识层面呢？目前尚未有研究对此问题进行探讨。然而，已有研究发现个体内隐态度的测量比外显测验可能具有更高的生态效度，[1] 对辅导员在真实教育管理情境下的关怀行为倾向具有更精准的预测效用。基于此，本节进一步探讨职业人格对辅导员内隐关怀倾向的作用效应，以期更精准地把握职业人格对辅导员关怀行为的影响机制。

双过程加工理论主张人类具有理性和直觉两种信息加工系统，理性的信息加工系统主要以语言为媒介，有意识地推理，直觉的信息加工系统则是指非语言的、发生于前意识层面的内隐心理活动。[2] 据此，个体行为既有意识层面的外显行为，也有前意识层面的内隐倾向，亲社会行为也包含外显与内隐两个层面。[3] 外显亲社会行为是指在社会交往中，个体自发表现出的帮助、谦让、分享及为了他人利益而做出自我牺牲，进而有助于促进社会和谐的行为，多采用直接自我报告法进行测量。[4] 内隐亲社会倾向则是指个体非自觉的一种亲社会倾向，是个体内化的、自己不一定能够意识到的支持他人

① 参见 Perugini, M., & Leone, L., "Implicit Self-concept and Moral Action," *Journal of Research in Personality* 43 (2009)：747-754；Hahn, A., & Gawronski, B., "Implicit Social Cognition," in J. D. Wright, eds., *International Encyclopedia of the Social and Behavioral Sciences* (2nd ed.), Amsterdam, Netherlands：Elsevier, 2015, p. 11；Jost, J. T., "The IAT is Dead, Long Live the IAT：Context-sensitive Measures of Implicit Attitudes are Indispensable to Social and Political Psychology," *Current Directions in Psychological Science* 28 (2019)：10-19。

② Klaczynski, P. A., "Analytic and Heuristic Processing Influences on Adolescent Reasoning and Decision-making," *Child Development* 72 (2001)：844-861.

③ 参见蒋达、王歆睿、傅丽、周仁来《内隐利他行为的实验研究》，《心理科学》2008 年第 1 期；吴睿、郭庆科、李芳：《内隐和外显测量对利他行为的预测：来自 IAT 和 BIAT 的证据》，《心理学探新》2018 年第 4 期；Dovidio, J. F. et al., *The Social Psychology of Prosocial Behavior*, London：Psychology Press, 2012, pp. 65-105。

④ 杨超等：《不同社区责任感水平的居民对利他信息内隐认知加工的差异》，《心理科学》2022 年第 2 期。

成长、满足他人需求，甚至为了他人利益而做出自我牺牲的亲社会行为[①]，多采用间接的内隐联想测验法[②]。据此，辅导员关怀行为作为辅导员在教育情境中对学生的亲社会行为，可能也存在外显关怀行为和内隐关怀倾向。洪幼娟将教师内隐关怀倾向界定为 "教师内化的、自己不一定能够意识到的尽责、包容、支持、帮助学生，为学生利益考虑的亲社会行为"。[③] 相较外显关怀行为，内隐关怀倾向源于个体经验性的内隐社会信息加工，是个体在无意识或前意识状态下的行为和判断。通过借鉴洪幼娟对教师内隐关怀倾向的界定并结合辅导员的工作特征，本研究将辅导员内隐关怀倾向界定为：辅导员内化的、自我不一定能够意识到的对学生的支持与关怀。与外显关怀行为不同，内隐关怀倾向源于内隐性的个体经验，是发生于前意识层面的心理活动。

基于自我验证理论，[④] 具备良好职业人格的辅导员为了保持其自我一致性，会在日常工作中更多地去验证其职业人格的适恰性，如通过关怀学生去寻求良好师生关系的反馈与验证。联结—推理评价模型强调人们对情境中的刺激进行加工时，首先进行的是联结的认知过程。[⑤] 这是一种迅速的无意识加工过程，而且这种无意识的认知加工过程与人们的先验经验密切相关。因此，高职业人格辅导员在对关怀词进行联结认知加工的过程中，可能与积极关怀词有更强的自动联结；而低职业人格辅导员，为了保持自我一致性，在自我验证的过程中可能会与学生保持疏离感，甚至可能

---

① 蒋达、王歆睿、傅丽、周仁来：《内隐利他行为的实验研究》，《心理科学》2008 年第 1 期；Penner, L. A. et al., "Prosocial Behavior: Multilevel Perspectives," *Annual Review of Psychology* 56 (2004): 365-392。

② 杨超等：《不同社区责任感水平的居民对利他信息内隐认知加工的差异》，《心理科学》2022 年第 2 期。

③ 洪幼娟：《中小学教师公平倾向：结构、影响因素及作用机制》，第 101~109 页。

④ Swann, W. B., & Buhrmester, M. D, "Self as Functional Fiction," *Social Cognition* 30 (2012a): 415-430.

⑤ Gawronski, B., & Hahn, A., "Implicit Measures: Procedures, Use, and Interpretation," in Blanton, H., LaCroix, J. M., and Webster, D. G. eds., *Measurement in Social Psychology*, New York: Taylor& Francis, 2019, pp. 29-55.

对学生产生消极关怀行为。因而低职业人格辅导员在对关怀词进行联结加工时，可能对消极关怀行为有相对更强的联结。此外，何宁和朱云莉也研究发现积极的人格特质可以促进内隐亲社会倾向。[①] 基于上述分析，以及本章第一节和第二节对辅导员职业人格与关怀行为关系的探讨，本节进一步探究职业人格对辅导员内隐关怀倾向的影响，以探讨职业人格对辅导员关怀行为的作用机制是否可以从外显意识层面拓深至内隐无意识层面，并提出如下假设：（1）职业人格对辅导员内隐关怀倾向起着正向促进作用，即高职业人格辅导员的内隐关怀效应高于低职业人格辅导员（H1）；（2）师生关系承诺在职业人格与辅导员内隐关怀倾向间发挥着积极中介作用（H2）。

一 研究方法

（一）实验被试

采用 G ∗ Power 3.1 计算本研究所需要的样本量。[②] 根据 Cohen 的建议，[③] 对于本研究适用的独立样本 T 检验分析（Statistical Test = Means：Difference between two independent means（two groups）），在组间样本比率为 1，显著性水平 $\alpha = 0.05$，且中等效应（$f = 0.25$）时，预测达到 80%（$1 - \beta = 0.80$）的统计检验力水平所需样本量至少为 102 人（平均每组样本量为 51 人）。

实际取样时，采用自编的《辅导员职业人格量表》来筛选被试，本研究中该问卷的 Cronbach's α 系数为 0.94。遵循自愿原则，从福建福州、泉州共 9 所高校招募了 270 名辅导员参与本研究的问卷调查。对回收的问卷

① 何宁、朱云莉：《自爱与他爱：自恋、共情与内隐利他的关系》，《心理学报》2016 年第 2 期。

② Erdfelder, E., Faul, F., & Buchner, A, "GPOWER: A General Power Analysis Program," *Behavior Research Methods, Instruments, & Computers* 28 (1996): 1–11.

③ 参见 Cohen, J, "A Power Primer," in A. E. Kazdin eds., *Methodological Issues and Strategies in Clinical Research* (4th), Washington, DC: American Psychological Association, 2016, pp. 279–284; Cohen, J, "A Power Primer," *Psychological Bulletin* 112 (1992): 155–159。

进行数据整理，将全卷作答相同选项数量大于 70% 的问卷剔除，获得有效问卷 238 份，问卷有效率为 88.15%。对被试的辅导员职业人格总分由高至低排序，取得分在前 27% 的 64 人为高职业人格组，得分在后 27% 的 64 人为低职业人格组。通过电话联系等方式邀请得分位于高、低组中的这 128 位辅导员参加实验。最终，共 106 位辅导员同意参与本实验，其中高、低职业人格组各 53 人。实验被试年龄段为 25~41 岁（$M = 31.07$，$SD = 3.84$）。独立样本 T 检验结果显示，在辅导员职业人格总得分上，高、低职业人格组差异显著，高分组得分（$M = 140.58$，$SD = 4.02$）显著高于低分组（$M = 106.47$，$SD = 11.29$），$t(104) = 20.73$，$p < 0.001$，$Cohen's\ d = 4.07$，表明本研究分组有效。实验前均征得被试同意，实验结束后，被试获得一定报酬或等价礼品。

（二）实验设计

本实验采用单因素被试间实验设计，以辅导员职业人格得分为自变量，分为高、低两组，因变量为辅导员的内隐关怀性，以被试在内隐关怀联想测验中的 IAT 效应值为具体测量指标。

（三）实验材料

1. 关系承诺问卷

同本章第一节和第二节，采用 Rusbult 等编制的《关系承诺问卷》测量辅导员对良好师生关系的承诺水平。[①] 在本节研究中，该问卷的内部一致性 Cronbach's α 系数为 0.90。

2. 内隐关怀测验

采用内隐联想测验（Implicit Association Test，IAT）来测量被试的内隐关怀倾向。[②] 内隐联想测验是以反应时为指标，通过测量概念词与属性词的

---

① Rusbult C. E., Martz J. M., Agnew C. R., "The Investment Model Scale: Measuring Commitment Level, Satisfaction Level, Quality of Alternatives, and Investment Size," *Personal Relationships* 5 (1998): 357-387.

② Greenwald, A. G., McGhee, D. E., & Schwartz, J. L., "Measuring Individual Differences in Implicit Cognition: The Implicit Association Test," *Journal of Personality and Social Psychology* 74 (1998): 1464-1480.

自动化联结强度来实现对内隐态度的探测。IAT 测验范式下的内隐关怀是指个体自动联结关怀概念词与自我属性词的强度，二者之间的联结强度越大，意味着个体的内隐关怀倾向性就越高。

实验材料包括 10 个目标词和 10 个属性词。目标词包含 10 个关怀词（积极与消极各 5 个），属性词则包含 5 个描述"自我"的词和 5 个描述他人的"非自我"词。首先，从《现代汉语常用词表》收集 40 个关怀词（积极关怀词与消极关怀词各 20 个）；再请 20 名辅导员（与后续正式实验中的被试分属不同学校），参照 Gonzalez-Mendez 等的研究建议[1]让辅导员分别对词汇的效价（从 1～9，分数越高表示越积极）以及相关度、熟悉度、唤醒度进行赋值（从 1～9，分数越高表示程度越高），按赋值分数由高至低排列；最终，依据赋值选出总得分最高的 5 个积极关怀词（即爱护、照顾、关心、关爱、关切）与总得分最低的 5 个消极关怀词（即冷漠、忽视、漠视、忽略、冷落）为本实验用词。目标词的配对样本 T 检验结果显示：在笔画数上，积极关怀词笔画数（$M = 15.20$，$SD = 5.45$）与消极关怀词笔画数（$M = 19.00$，$SD = 1.87$）不存在显著差异（$t(4) = -1.21$，$p = 0.29 > 0.01$）；在效价上，积极关怀词效价（$M = 7.68$，$SD = 0.60$）与消极关怀词效价（$M = 2.92$，$SD = 0.75$）存在显著差异（$t(4) = 9.75$，$p = 0.001 < 0.005$）；在相关度上，积极关怀词的相关度（$M = 7.53$，$SD = 0.39$）和消极关怀词的相关度（$M = 7.32$，$SD = 0.31$）不存在显著差异（$t(4) = 2.00$，$p = 0.12$）；在熟悉度上，积极关怀词的熟悉度（$M = 7.43$，$SD = 0.52$）和消极关怀词的熟悉度（$M = 7.27$，$SD = 0.35$）不存在显著差异（$t(4) = 0.82$，$p = 0.46$）；在唤醒度上，积极关怀词的唤醒度（$M = 6.86$，$SD = 0.53$）和消极关怀词的唤醒度（$M = 6.52$，$SD = 0.96$）不存在显著差异（$t(4) = 0.81$，$p = 0.46$）。本实验中 5 个"自我词"为：我的、我们、

① Gonzalez-Mendez, R., Yagual, S. N., & Marrero, H., "Attentional Bias Towards Resilience-related Words is Related to Post-traumatic Growth and Personality Traits," *Personality and Individual Differences* 155 (2020): 109715.

自己、自个、咱们；5个描述他人的"非自我词"为：他人、她们、他们、外人、别人[①]。

（四）实验程序

实验程序如图4-5所示，被试先填写《关系承诺问卷》，然后在电脑上完成IAT实验。采用E-prime 2.0编制内隐联想关怀测验，该测验共7个实验步骤，每步的执行任务和相应按键反应详见表4-9。首先，要求被试先阅读电脑屏幕上的实验指导语，明确之后按空格键开始实验。本研究IAT测验包括10个目标词和10个属性词，其中目标词包括5个自我词（我的、我们、自己、自个、咱们）与5个非自我词（他人、她们、他们、外人、别人），属性词包括5个积极关怀词（爱护、照顾、关心、关爱、关切）和5个消极关怀词（冷漠、忽视、漠视、忽略、冷落）。为消除实验中可能存在的顺序效应，奇数组被试先完成相容任务，再完成不相容任务；反之，偶数组则先完成不相容任务，再完成相容任务。

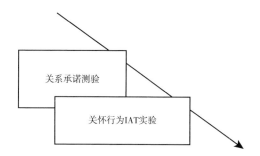

图4-5　辅导员职业人格影响内隐关怀倾向的实验流程

（五）数据处理

对实验数据进行整理，运用SPSS 25.0对数据进行统计分析。对内隐关怀测验的实验数据进行清洗，参照Greenwald等的处理方式进行数据整理：

---

① Perugini, M., Conner, M., & O'Gorman, R., "Automatic Activation of Individual Differences: A Test of the Gatekeeper Model in the Domain of Spontaneous Helping," *European Journal of Personality* 25 (2011): 465-476.

表 4-9 内隐联想关怀测验的实验程序

阶段	试次	实验任务	J 键反应	K 键反应
1	20	初始目标概念辨别	自我词	非自我词
2	20	联想属性概念辨别	积极关怀词	消极关怀词
3	20	相容任务（练习）	自我词+积极关怀词	非自我词+消极关怀词
4	40	相容任务（测试）	自我词+积极关怀词	非自我词+消极关怀词
5	20	相反目标概念辨别	非自我词	自我词
6	20	不相容任务（练习）	非自我词+积极关怀词	自我词+消极关怀词
7	40	不相容任务（测试）	非自我词+积极关怀词	自我词+消极关怀词

删除错误率超过 20% 的被试和反应时超过 10000ms 的反应。[①]

采用 D 分数（不相容任务测验和相容任务测验平均反应时之差除以这两部分所有反应时的标准差）作为 IAT 效应值，即内隐关怀水平指标。若 D>0，则表示存在内隐积极关怀倾向，且 D 分数越高，内隐积极关怀性越高；若 D<0，则表示存在内隐消极关怀倾向，且 D 分数越低，内隐消极关怀性越高。

二 研究结果

（一）内隐关怀倾向效应

辅导员内隐关怀行为的 IAT 结果见表 4-10。配对 T 检验结果表明，辅导员在不相容、相容任务测验中反应时差异显著（$t = 11.91$，$p < 0.001$，Cohen's $d = 2.34$），辅导员完成不相容任务显著快于相容任务，且辅导员内隐关怀倾向的 IAT 效应值（D 值）为 0.75，大于 0，这也验证了辅导员内隐关怀倾向的存在。

---

① Greenwald, A.G., Nosek, B.A., & Banaji, M.R., "Understanding and Using the Implicit Association Test: I. An Improved Scoring Algorithm," *Journal of Personality and Social Psychology* 85 (2003): 197-216.

表 4-10　辅导员内隐关怀 IAT 测验反应时（*ms*）和效应值

项目	相容任务		不相容任务		内隐关怀（D 值）	
	M	*SD*	*M*	*SD*	*M*	*SD*
反应时	709.99	167.53	1009.88	332.49	0.75	0.53

（二）高、低职业人格水平被试的差异性分析

以辅导员职业人格水平为自变量（高、低职业人格水平），分别以反应时、内隐关怀倾向效应值（D 值）、关系承诺为因变量进行独立样本 T 检验，结果见表 4-11 和图 4-6。据表 4-11 可知，（1）在反应时方面，高、低职业人格组在相容任务上的反应时差异不显著（$t = 0.90$，$p > 0.05$，*Cohen's d* = 0.18），但在不相容任务上的反应时差异显著（$t = 2.11$，$p < 0.001$，*Cohen's d* = 0.42）。（2）在效应值方面，高职业人格组的内隐关怀效应均值为 0.85>0（$SD = 0.59$），低职业人格组的内隐关怀效应均值为 0.50>0（$SD = 0.26$），高、低职业人格组辅导员在内隐关怀效应值上具有显著差异（$t = 4.01$，$p < 0.001$，*Cohen's d* = 0.79）。以上结果表明，高、低职业人格组辅导员都存在内隐关怀倾向，但相较于低职业人格组，高职业人格组辅导员具有更高水平的内隐关怀倾向，更倾向于将"自我"属性词和"积极关怀"词相联结，更不易于将"自我"属性词与"消极关怀"词相联结。（3）在关系承诺方面，高、低职业人格组辅导员在关系承诺上的差异显著（$t = 3.73$，$p < 0.001$，*Cohen's d* = 0.74），高职业人格组辅导员的关系承诺得分为 6.83（$SD = 1.72$），低职业人格组的关系承诺得分为 5.67（$SD = 1.48$），表明与低职业人格组相比，高职业人格组辅导员对良好师生关系的承诺水平显著更高。

表 4-11　高、低职业人格水平辅导员内隐联想关怀测验结果的差异性分析

项　目	高职业人格组（*n* = 53）		低职业人格组（*n* = 53）		*t*	*Cohen's d*
	M	*SD*	*M*	*SD*		
相容任务反应时	695.75	163.20	725.05	171.12	0.90	0.18
不相容任务反应时	1068.50	371.43	932.21	287.54	2.11 ***	0.42
内隐关怀效应值	0.85	0.59	0.50	0.26	4.01 ***	0.79
关系承诺	6.83	1.72	5.67	1.48	3.73 ***	0.74

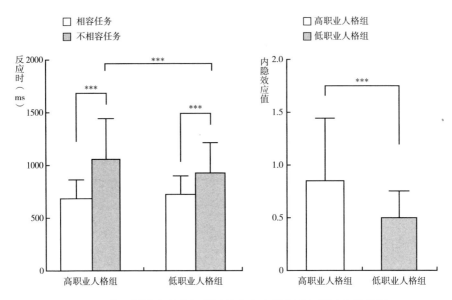

图4-6 高、低职业人格组辅导员在内隐联想关怀测验上的差异

（三）关系承诺的中介效应分析

本研究中的辅导员职业人格是两水平（高、低）的类别变量，虚拟化处理后，高职业人格组编码为"2"、低职业人格组编码为"1"，以低职业人格组为参照。根据Hayes编制的SPSS宏中的Model 4,[1] 采用方杰等人所总结的类别变量中介效应分析方法来检验关系承诺在职业人格水平与内隐关怀倾向间的中介效应。[2]

对关系承诺在职业人格与内隐关怀倾向间的中介效应进行检验，结果发现辅导员的职业人格对其内隐关怀倾向的直接预测作用显著（$\beta = 0.26$，$t = 2.68$，$p < 0.001$）；当辅导员职业人格与师生关系承诺共同放入模型作为预测源时，辅导员职业人格能显著正向预测师生关系承诺（$\beta = 1.76$，$t = 5.04$，

① Hayes, A. F., "A Simple Test of Moderated Mediation, Manuscript Submitted for Publication," Retrieved May7, 2013a, from http://www.afhayes.com.

② 方杰、温忠麟、张敏强：《类别变量的中介效应分析》，《心理科学》2017年第2期。

$p<0.001$），师生关系承诺也能显著预测辅导员的内隐关怀倾向（$\beta=0.05$，$t=2.18$，$p<0.05$）。因此，师生关系承诺在职业人格对辅导员内隐关怀倾向的影响中发挥部分中介作用。通过抽取 5000 个样本，运用 Bootstrap 法进行检验，结果表明：师生关系承诺在辅导员的职业人格与其内隐关怀倾向之间的中介效应显著，95%的置信区间为 [0.01, 0.19]，不包含 0。具体而言，相对于低职业人格水平的辅导员，高职业人格水平的辅导员对师生关系持有更积极的关系承诺（$\beta=1.76>0$），也因此具有更强烈的内隐关怀倾向（$\beta=0.26>0$）。相对于低职业人格组，高职业人格对内隐关怀的相对直接效应的效果量为 74.29%，关系承诺的相对中介效应的效果量为 25.71%（详见表4-12 和表 4-13）。

表 4-12 关系承诺的间接效应检验（以低职业人格组为参照）

回归方程		整体拟合指数			（非标准化）回归系数显著性		
结果变量	预测变量	R	R^2	F	β	SE	t
关系承诺	职业人格	0.45	0.20	3.18	1.76	0.35	5.04***
内隐关怀倾向	职业人格	0.42	0.17	10.69	0.26	0.10	2.68***
	关系承诺	—	—	—	0.05	0.02	2.18*

表 4-13 相对总效应、直接效应及间接效应分解表（以低职业人格组为参照）

路 径	效应值（标准化）	SE	95% C. I.		占总效应的比例（标准化）%
			下限	上限	
职业人格→关系承诺→内隐关怀倾向	0.09	0.05	0.01	0.19	25.71
职业人格→内隐关怀倾向（直接路径）	0.26	0.20	0.06	0.45	74.29
总效应	0.35	0.09			100

三 讨论

本研究以自我验证理论为框架，以联结—推理评价模型为基础，验证了辅导员的职业人格对其内隐关怀倾向的影响及其作用机制。结果发现，辅导员关怀行为的 IAT 效应显著，证明了辅导员内隐关怀倾向的存在，意味着辅导员更倾向于把积极关怀词与自我词相联结，而非将消极关怀词与自我词相联结。辅导员内隐关怀效应的存在，表明辅导员在无意识情况下也具有关怀学生的属性，在师生互动中能快速、自动地加工与积极关怀相关的信息，表现出积极的内隐关怀倾向。

对高、低职业人格组辅导员内隐关怀倾向的 IAT 效应值进行差异分析，结果发现，高职业人格组辅导员 IAT 效应显著高于低职业人格组辅导员，说明高职业人格辅导员的内隐关怀倾向更明显，即高职业人格辅导员对积极关怀词与自我词有更强的自动联结，表现出更强的内隐关怀自我概念评价效应，研究假设 H1 获得验证。本研究表明，职业人格不仅在意识层面显著影响辅导员的关怀行为，也在内隐无意识层面对辅导员的关怀行为产生显著的影响。本研究首次探讨职业人格对辅导员内隐关怀倾向的影响，为职业人格与辅导员关怀行为的关系提供了更为深入的证据。这一研究结论与已有的关于积极人格特质对利他、助人行为的影响相一致。[①] 由此可见，职业人格作为一种适应性的积极人格能够对辅导员关怀学生的行为产生多层次的影响。本节进一步检验了关系承诺在辅导员职业人格与其内隐关怀倾向间的积极中介作用，研究结果表明，职业人格可通过辅导员的师生关系承诺来影响其内隐关怀倾向，研究假设 H2 得到验证。本研究将关系承诺对职业人格与关怀行为的介导作用从外显的意识层面拓深至内隐无意识层面。

此外，基于本研究结论，在实践层面，未来研究应着眼于辅导员关怀行为联结的强化。教育管理者可通过提高辅导员工作群、学习平台等媒介中有关良好师生关系信息或者年度人物师生关系故事的传播率，增进辅导员浏览与学习的兴趣，进而强化辅导员与关怀行为信息的内隐联结。

[①] 参见孙俊才等《高善良特质在情绪调节行动控制中的内隐优势》，《心理学报》2019 年第 7 期；巫江丽、李占星、倪晓莉、伊心阳《大学生的共情、道德认同和利他倾向的关联》，《中国心理卫生杂志》2020 年第 3 期。

四　结论

根据本节分析，验证得出如下三点结论。

（1）辅导员存在内隐关怀倾向。

（2）职业人格对辅导员内隐关怀倾向有显著积极影响，高职业人格辅导员内隐关怀水平显著高于低职业人格辅导员。

（3）关系承诺在职业人格与辅导员关怀行为之间发挥积极中介作用，职业人格可以通过关系承诺的积极影响催生辅导员的内隐关怀。

第五章

辅导员职业人格对关怀信息
认知加工偏向的影响

第四章用三个研究从现实场域、网络空间、内隐视域逐层验证了辅导员职业人格对关怀行为的促进效应及其作用机制，为我们理解职业人格对辅导员关怀行为的影响提供了一个全局视野。然而，在关怀行为产生过程中辅导员职业人格又发挥着怎样的作用？图式理论主张，个体对事件的情绪及行为反应会受到个体对自我、他人和世界的认知结构的影响。[①] 认知行为理论（Cognitive-behavior theory）则进一步强调个体行为与偏向性的认知加工模式密切相关，行为的发生过程也就是信息的认知加工过程。[②] 但迄今为止尚未有研究从认知加工的角度探讨职业人格影响职业行为的内部机制。然而，对这个问题的深入研究有助于了解不同职业人格辅导员形成关怀行为的内部过程，也可以从信息加工过程对辅导员开展关怀行为的干预工作，明晰职业人格水平在辅导员信息加工过程中发挥的作用。

据此，本章以图式理论为视角，以信息的加工过程为整体逻辑，采用情绪 Stroop 任务、学习—再认任务、词句联想任务三种实验范式，从个体

[①] Beck, A. T., *Cognitive Therapy and the Emotional Disorders*, New York: International Universities Press, 1976, pp. 15-60.

[②] Williamson, D. A. et al., "Cognitive-behavioral Theories of Eating Disorders," *Behavior Modification* 28 (2004): 711-738.

对关怀信息的注意、记忆及思维阶段去探究辅导员职业人格对关怀信息加工过程的影响，以进一步从形成关怀行为的内在认知视角来阐释"为什么高职业人格辅导员比低职业人格辅导员倾向于拥有更高的关怀水平"这一问题。

第一节 辅导员职业人格对关怀信息注意偏向的影响

注意是认知加工过程的第一步，也是外界刺激进入个体大脑的初始窗口和首要环节。被个体注意到的刺激往往能获得更快速的感知与更深刻的加工。因此，个体在注意阶段的偏向性选择对个体整个认知加工过程都会产生重要影响。注意偏向（Attentional Bias）是指在信息加工的编码阶段，个体对环境中的某些特定刺激存在高度的敏感性，并伴随着对其进行选择性注意的一种心理现象，是认知加工偏向中的一种。[1] 注意偏向产生的原因主要有两方面，一方面源于人的注意资源的有限性，另一方面源于外界的刺激的无限性，所以当个体在对外界信息进行加工处理时，受限于个体自身认知资源的有限性进而无法对外界的所有信息都进行加工，只能有选择地对部分信息进行偏向性加工，由此便产生了注意偏向。[2] 因此，注意偏向也具有筛选信息的功能，可以直接决定个体的心理资源指向，进而对个体后续的行为反应产生影响，[3] 是我们理解个体心理行为的重要视角[4]。

注意偏向最早由 Meathod 和 Mathews 于 1955 年在使用情绪 Stroop 研究范式时发现。情绪 Stroop 任务是探测个体注意偏向的经典实验范式。在情绪

---

① MacCoun, R. J., "Biases in the Interpretation and Use of Research Results," *Annual Review of Psychology* 49 (1998): 259-287.

② Williams, J. M. G., Mathews, A., & MacLeod, C., "The Emotional Stroop Task and Psychopathology," *Psychological Bulletin* 120 (1996): 3-24.

③ Crick, N. R., & Dodge, K. A., "A Review and Reformulation of Social Information Processing Mechanisms in Children's Social Adjustment," *Psychological Bulletin* 115 (1994): 74-101.

④ 朱雅雯、余萌、徐慊、王建平：《注意偏向矫正对强迫症状干预效果及展望》，《中国临床心理学杂志》2022 年第 3 期。

Stroop 任务范式中，个体被要求忽略刺激的含义，而仅对刺激的颜色尽快做出反应。倘若个体难以抑制对某类刺激的注意偏向，则个体对此类刺激做出颜色判断的反应时会延长；反之，若个体对此类刺激不存在注意偏向，那么个体对该类刺激和其他刺激（常以中性词为参照）的反应时便不存在显著差异。因为根据并行式加工模型（Parallel Distributed Processing，PDP），Stroop 任务涉及的加工刺激颜色信息的通道和加工刺激意义信息的通道汇集于一个共同的反应机制上，① 所以个体对刺激意义的加工就会影响到他们对刺激颜色的加工。因此，我们可以从个体对刺激颜色的加工受干扰的情况来推测个体是否对刺激的意义产生了注意偏向。在人格特质注意偏向的系列研究中都发现了 Stroop 效应，如毕翠华在对拖延特征被试对拖延刺激注意偏向的探究中发现了 Stroop 效应，② 即高拖延组被试对拖延词汇的颜色判断反应时显著长于低拖延组；孙俊才等在高善良特质被试的注意偏向研究中也发现，高善良特质个体在对积极人际关系词的加工中也产生了 Stroop 效应，即高善良特质个体对积极人际关系词的颜色判断显著慢于低善良特质个体。③ 综上，本研究也将采用 Stroop 任务范式来探究不同职业人格辅导员的注意偏向。

图式理论对个体的注意偏向进行了解释，主张个体在理解、吸收外界纷繁复杂的信息时，首先会将外界输入的信息与个体已获得的信息进行关联。④ 因此，在信息的注意阶段，那些与个体已有图式相一致的信息更容易被注意捕捉，进而得到更深的加工，反之那些与个体图式不一致的信息则更不易被注意捕获。⑤ 图式是社会认知理论中的核心概念，是个体根据过往经

---

① 王爱平、张厚粲：《关于 RB 效应加工水平的研究》，《心理科学》2004 年第 6 期。
② 毕翠华：《拖延刺激对注意偏向的影响及过程》，《心理学探新》2018 年第 1 期。
③ 孙俊才等：《高善良特质在情绪调节行动控制中的内隐优势》，《心理学报》2019 年第 7 期。
④ Beck, A. T, *Cognitive Therapy and the Emotional Disorders*, New York：International Universities Press, 1976, pp. 15–60.
⑤ 白学军、贾丽萍、王敬欣：《抑制范式下的情绪注意偏向》，《心理科学进展》2013 年第 5 期。

验，形成的一套用以解释世界的心理认知结构。[1] 根据第四章的研究结论，高职业人格辅导员在自我验证的过程中更易于对师生关系持有良好的期待与承诺，在师生活动中表现出更多的积极关怀行为，高职业人格辅导员也因此累积了更多积极关怀图式。反之，低职业人辅导员在自我验证的过程中，倾向于对良好师生关系持有相对更低的期待和承诺，进而在师生互动过程中对学生表现出更少的积极关怀，甚至表现出消极关怀，低职业人格辅导员也因此累积了更多的消极关怀图式。在前述研究基础上，结合图式理论，我们提出如下假设：高、低职业人格辅导员对不同效价关怀词的注意偏向存在差异（H1）；高职业人格辅导员更易于对积极关怀信息线索产生选择性注意（H2）；低职业人格辅导员则更倾向于对消极关怀信息线索产生选择性注意（H3）。

一　研究方法

（一）实验被试

采用 G＊Power 软件估算本实验的样本量。[2] 根据本研究的实验设计，在中等效应量（0.25）下，Ⅰ类错误的概率 α 水平为 0.05，统计检验效力为 0.90 时，所需的样本量至少为 36 人。

实际取样时，采用自编的《辅导员职业人格量表》筛选被试，本研究中该量表的 Cronbach's α 系数为 0.93。遵循自愿原则，从福建福州共 8 所高校招募了 210 名辅导员，参与本研究的问卷调查，对回收的问卷进行数据整理，剔除无效问卷（规律性作答、漏答等），获得有效问卷 191 份，问卷有效率为 88.15%。对被试的辅导员职业人格总分由高至低排序。鉴于以往有关人格认知加工偏向的研究都集中于临床被试，为了保证高、低职业人格组

---

① Sherman, S. J., Judd, C. M., & Park, B, "Social Cognition," *Annual Review of Psychology* 40 (1989): 281-326.

② Faul, F., Erdfelder, E., Buchner, A., & Lang, A. G. (2009), "Statistical Power Analyses Using G＊Power 3.1: Tests for Correlation and Regression Analyses," *Behavior Research Methods*, 41 (4): 1149-1160.

在本研究中的区分度，本研究取得分在前15%的29人为高职业人格组，得分在后15%的29人为低职业人格组。通过电话联系等方式邀请得分位于高、低组中的这58位辅导员参加实验，最终共54位辅导员同意参与本实验，其中高、低职业人格组各27人。实验被试年龄段为25～41岁（$M=32.73$，$SD=4.0$），视力或矫正视力均为正常，无色盲、色弱，均为右利手者，均熟悉电脑基本操作。独立样本T检验结果显示，在辅导员职业人格总得分上，高、低职业人格组差异显著，高分组得分（$M=143.74$，$SD=2.81$）显著高于低分组（$M=98.22$，$SD=9.38$），$t(52)=24.16$，$p<0.001$，$Cohen's\ d=6.70$，表明本研究分组有效。实验前征得被试同意，实验结束后，被试获得一定报酬或等价礼品。

（二）实验设计

采用2（职业人格水平：高、低）×3（关怀线索类型：积极关怀词、消极关怀词、中性词）两因素混合实验设计，其中职业人格水平为组间变量，关怀线索类型为组内变量，被试的Stroop效应值为因变量。

（三）实验材料

采用汉语双字词为实验材料，基于《中国汉语词典（第六版）》并结合研究一（本书第二章第一节）中辅导员年度人物的事迹文本及对辅导员的访谈，选择与辅导员职业场景相关的90个人际关怀效价词（积极、消极、中性词各30个）。并参照Gonzalez-Mendez等建议的处理方法，[①]对词的笔画数、情绪效度、相关度进行评估。邀请10名心理学专业的研究生和10名辅导员（未参与本次研究），采用9点评分法对词的情绪效价（1至9代表从消极到积极，即"1"代表"完全消极"到"9"代表"完全积极"）及与关怀行为的关联程度（1至9代表从无关到相关，即"1"代表"完全无关"到"9"代表"完全相关"）进行评估。根据评分结果，最终获得积极关怀词10个（爱护、帮助、仁爱、包容、体贴、关爱、尊重、关心、

---

① Gonzalez-Mendez, R., Yagual, S. N., & Marrero, H, "Attentional Bias Towards Resilience-related Words is Related to Post-traumatic Growth and Personality Traits," *Personality and Individual Differences* 155（2020）：Article：109715.

鼓励、操心），消极关怀词 10 个词（辱骂、淡漠、冷淡、刁难、刻薄、冷落、无视、冷漠、忽视、冷血），中性词 10 个（范围、系统、地址、电话、窗户、物品、阳台、马路、名单、教室）作为 Stroop 实验刺激材料。具体而言，在笔画数上，单因素方差分析结果表明，积极关怀词的笔画数（$M = 16.5$，$SD = 3.27$）与消极关怀词的笔画数（$M = 17.70$，$SD = 4.45$）及中性词笔画数（$M = 15.10$，$SD = 2.51$）差异不显著，$F_{(2, 27)} = 1.37$，$p = 0.27 > 0.05$；在词汇效价上，单因素方差分析结果表明，积极关怀词的效价（$M = 7.29$，$SD = 0.55$）与消极关怀词的效价（$M = 2.77$，$SD = 0.64$）及中性词效价（$M = 4.60$，$SD = 0.15$）差异显著，$F_{(2, 27)} = 233.31$，$p < 0.001$，且事后多重比较表明三类词汇效价两两差异显著，$p_s < 0.001$；在与师生关怀情境的关联度上，配对样本 t 检验结果表明，积极关怀词（$M = 7.45$，$SD = 0.7$）与消极关怀词（$M = 7.22$，$SD = 0.37$）差异不显著，$t_{(9)} = 1.85$，$p = 0.10 > 0.05$。

（四）实验程序

采用 Eprime 2.0 编写实验程序和收集数据。首先，在电脑屏幕中央呈现一个持续 250ms 的注视点"+"，之后于相同位置呈现实验词直至被试做出按键反应。被试反应后即呈现 200ms 的白屏，随后自动进入下一试次。被试的任务是"判断词汇颜色：红色按'D'键，黄色按'F'键，蓝色按'J'键，绿色按'K'键"。要求被试忽略词义，对词汇颜色做出准确且快速的反应。实验包括 2 个阶段，共 140 个试次：练习阶段（20 个试次）和测验阶段（120 个试次）。练习阶段，5 个练习词分别以红、黄、蓝、绿四种颜色随机呈现，共计 20 个试次，每个试次都给予反馈（正确 or 错误）；测验阶段，30 个词（积极、消极、中性各 10 个）分别以红、黄、蓝、绿四种颜色随机呈现，共计 120 个试次，不反馈按键结果。具体实验流程见图 5-1。

为了让被试快速准确地做出反应，实验前被试将"红-D、黄-F、蓝-J、绿-K"提示牌置于电脑键盘前，并要求被试于整个实验过程中一直将左手食指与中指分别放置于 F 键和 D 键上，右手食指与中指分别放置于 J 键和

K 键上。实验指导语如下：

> 这是一个词汇颜色判断实验。屏幕中央会出现"+"注视点，之后于相同位置会随机出现带有颜色的词汇。请忽略词义，直接判断词汇的颜色。若为红色，请按 D 键；若为黄色，请按 F 键；若为蓝色，请按 J 键；若为绿色，请按 K 键。请在保持正确的情况下尽可能快速地对词汇颜色做出按键反应。

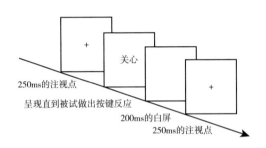

图 5-1 关怀信息 Stroop 任务流程

二 研究结果

（一）高、低职业人格组被试的词汇判断概况

首先参照 Lamers 和 Roelofs 的研究建议，[①] 剔除正确率低于 85% 的被试数据。删除 3 名被试的数据后，本研究最终有效被试人数 51 名（高分组 26 人，低分组 25 人）。然后，剔除错误反应试次（1.97%）及每个被试超过自身平均反应时正负 3 个标准差的试次（4.31%）。最后将余下试次纳入分析，计算不同条件下的平均反应时。高、低职业人格组被试在 Stroop 任务中对积极关怀词、消极关怀词、中性词的平均反应时和标准差详见表 5-1。

---

① Lamers, M. J. , & Roelofs, A, "Attentional Control Adjustments in Eriksen and Stroop Task Performance can be Independent of Response Conflict," *The Quarterly Journal of Experimental Psychology* 64 (2011): 1056-1081.

表 5-1 高、低职业人格组被试 Stroop 任务的反应时（*M±SD*）*ms*

关怀线索类型	高职业人格组（*n* = 26）		低职业人格组（*n* = 25）	
	M	*SD*	*M*	*SD*
积极关怀词	1155.71	374.59	1067.67	351.01
消极关怀词	974.58	350.16	1084.04	417.89
中性词	1038.20	352.27	1017.31	405.87

在反应时上，重复测量方差分析的结果表明，词汇类型主效应不显著（$F(2，48) = 1.20$，$p = 0.31 > 0.05$，$\eta_p^2 = 0.02$）；职业人格水平主效应不显著（$F(1，49) = 0.01$，$p = 0.93 > 0.05$，$\eta_p^2 = 0.01$）；职业人格水平与词汇类型的交互作用不显著（$F(1，49) = 1.31$，$p = 0.26 > 0.05$，$\eta_p^2 = 0.03$）。

（二）高、低职业人格组被试的注意偏向分析

参照以往研究的处理方法，[1] 计算被试在 Stroop 任务中的效应量以作为被试的注意偏向得分，具体而言"积极关怀词的 Stroop 效应量 = 积极关怀词反应时 - 中性词反应时，消极关怀词的 Stroop 效应量 = 消极关怀词反应时 - 中性词反应时"。Stroop 任务中，对词汇的加工与对字体颜色的加工相冲突，Stroop 效应量据此以中性词反应时为基准，当 Stroop 效应量大于 0 时，表明对相应效价的词汇产生了注意偏向；当 Stroop 效应量小于 0 时，则表明对相应效价的词汇产生了注意回避。[2] 高、低职业人格组被试对关怀词的 Stroop 效应量详见表 5-2。

---

① 任志洪等：《睾酮素与反社会倾向未成年犯的攻击行为：敌意注意偏向的中介和皮质醇的调节作用》，《心理学报》2020 年第 11 期。

② 参见 Domes, G., Mense, J., Vohs, K., & Habermeyer, E., "Offenders with Antisocial Personality Disorder Show Attentional Bias for Violence-related Stimuli," *Psychiatry Research* 209 (2013): 78-84；任志洪等《睾酮素与反社会倾向未成年犯的攻击行为：敌意注意偏向的中介和皮质醇的调节作用》，《心理学报》2020 年第 11 期。

表 5-2 高、低职业人格组被试对关怀词的 Stroop 效应量

效应量类型	高职业人格组(n=26)		低职业人格组(n=25)	
	M	SD	M	SD
积极词 Stroop 效应量	110.05	97.90	19.59	55.42
消极词 Stroop 效应量	−42.73	120.95	66.73	58.48

以被试类别为自变量、Stroop 效应量为因变量进行重复测量方差分析，结果发现，效应类型主效应显著（$F(1, 49) = 10.26$，$p = 0.002 < 0.005$，$\eta_p^2 = 0.17$），即积极关怀词对辅导员整体的干扰效应大于消极关怀词。职业人格水平主效应不显著（$F(1, 49) = 0.29$，$p = 0.6 > 0.05$，$\eta_p^2 = 0.01$），但是职业人格水平与效应类型的交互作用显著（$F(1, 49) = 34.14$，$p < 0.001$，$\eta_p^2 = 0.41$）。

对效应类型与职业人格水平交互作用进行简单效应分析。结果显示，在高职业人格组，效应类型主效应显著，积极关怀词对高职业人格辅导员的干扰效应显著大于消极关怀词（110.05 $VS.$ −42.73），$F(1, 49) = 40.67$，$p < 0.001$，$\eta_p^2 = 0.45$；在低职业人格组，效应类型主效应边缘显著，消极关怀词对低职业人格辅导员的干扰效应边缘性显著大于积极关怀词（19.59 $VS.66.73$），$F(1, 49) = 3.72$，$p = 0.05 < 0.1$，$\eta_p^2 = 0.07$。在积极关怀词 Stroop 效应值上，高职业人格组显著大于低职业人格组，即高职业人格组比低职业人格组辅导员更易受到积极关怀词的干扰（110.05 $VS.19.59$），$F(1, 49) = 16.31$，$p < 0.001$，$\eta_p^2 = 0.25$；在消极关怀词 Stroop 效应值上，高职业人格组显著小于低职业人格组，即高职业人格组比低职业人格组辅导员更不易受到消极关怀词的干扰（−42.73.05 $VS.66.73$），$F(1, 49) = 26.78$，$p < 0.001$，$\eta_p^2 = 0.25$。高、低职业人格组被试在关怀词 Stroop 效应量上的差异详见图 5-2。

三 讨论

本研究采用情绪 Stroop 任务范式，用与辅导员职业情境相关的不同效价

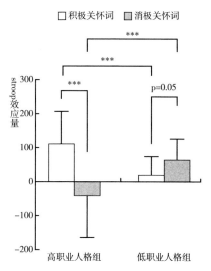

图 5-2 高、低职业人格组被试在关怀词
Stroop 效应量上的差异

的关怀词作为刺激材料，探讨高、低职业人格水平辅导员对关怀信息注意偏向的特点。

本研究发现，高、低职业人格辅导员对不同效价关怀词的注意偏向存在差异；高职业人格组辅导员在积极效价关怀词上产生了比低职业人格组更显著的 Stroop 干扰效应；低职业人格组辅导员则在消极效价关怀词上产生了比高职业人格组更显著的 Stroop 干扰效应，假设 H1—H3 得到验证。这一研究结论验证了图式理论，丰富了个体图式对认知加工影响的研究，与已有相关研究结论基本一致。[①] 究其原因，研究者认为情绪 Stoop 干扰效应的产生可能与刺激信息对个体的重要性或个体对刺激信息的敏感性程度有关。即当刺激信息对个体越重要，个体对其敏感性也就越高，这种敏感性干扰了个体的认知资源分配，导致对该刺激信息加工偏向的产生。结合本书第四章的研究

---

① Gower, T., Pham, J., Jouriles, E. N., Rosenfield, D., & Bowen, H. J., "Cognitive Biases in Perceptions of Posttraumatic Growth: A Systematic Review and Meta-analysis," in *Clinical Psychology Review*, *94*, 2022, pp. 102–159.

结论，高职业人格辅导员倾向于持有更高的师生承诺，对师生关系有更积极的预期，对学生表现出更多的关怀行为，且不易受学生在校表现、能力等因素的影响。因此，高职业人格辅导员在师生互动过程中形成了更多的积极关怀图式。所以从图式理论视角出发，对高职业人格辅导员而言，具有积极效价的关怀信息与其固有经验及内在认知结构更吻合。所以，相较关怀刺激的消极信息，以及关怀刺激的颜色信息，高职业人格辅导员对关怀刺激的积极信息更为敏感。因此，关怀刺激的积极信息也更容易获得高职业人格辅导员的注意，使其对积极关怀信息进行优先加工。然而基于并行式加工模型（Parallel Distributed Processing，PDP），本研究中 Stroop 任务涉及的加工刺激颜色信息和刺激意义信息的通道同属一个反应机制。[①] 所以辅导员对关怀信息积极意义的偏向性加工挤占了其用于加工关怀刺激颜色信息的认知资源，进而对颜色判断任务产生了干扰，高职业人格辅导员也因此在积极关怀词上产生了更多的 Stroop 效应。这与高善良特质被试在 Stroop 任务中受积极效价的人际关系词干扰更大，高拖延被试在情绪 Stroop 任务中受拖延词干扰更大等研究结论类似。[②] 本研究从图式理论视角，验证了职业人格对个体选择性注意偏向的影响，既丰富了个体信息加工注意偏向的前因研究，又拓展了职业人格的研究领域和作用范围。

本研究不仅验证了研究假设，还通过设置中性词控制组，对注意偏向进行了更细致的分解。结果发现高职业人格辅导员在消极关怀词上注意偏向更弱是因为产生了注意回避，导致高职业人格辅导员在消极关怀词上的 Stroop 效应不仅小于积极效应条件，还小于中性条件。可能有两个原因导致了这一研究结果。首先在研究设计上，既有研究发现注意回避发生在威胁刺激呈现时间较长的研究设计中的情况下，[③] 本研究在呈现刺激信息的时候没有设置

① 王爱平、张厚粲：《关于 RB 效应加工水平的研究》，《心理科学》2004 年第 6 期。
② 参见孙俊才等《高善良特质在情绪调节行动控制中的内隐优势》，《心理学报》2019 年第 7 期；毕翠华《拖延刺激对注意偏向的影响及过程》，《心理学探新》2018 年第 1 期。
③ Calvo, M. G., & Avero, P., "Time Course of Attentional Bias to Emotional Scenes in Anxiety: Gaze Direction and Duration," *Cognition and Emotion* 19（2005）：433–451.

时间限制，在被试反应之后才呈现下一个词，给予被试足够的反应时间，所以被试有充足的时间完成注意的转移与回避，完成从自下而上的注意到自上而下的调节过程；其次，从自我验证理论视角出发，高职业人格面对消极关怀信息时，因消极关怀信息与其固有的自我概念及认知图式不一致，易引发个体的焦虑情绪。既有研究发现，对威胁刺激的注意回避有助于降低个体的焦虑情绪水平。① 因此，为了缓解焦虑，高职业人格辅导员对消极关怀信息产生了注意回避。研究发现，对敌意刺激的注意回避不仅可以缓解个体焦虑情绪，还可以有效降低其交感神经系统的唤醒度，② 进而降低个体的反应性攻击行为。③ 所以，对威胁信息的注意回避是抑制个体产生偏离行为的关键原因。据此，本研究发现的高职业人格辅导员对消极关怀信息的注意回避可能还是其在师生互动过程中不易产生消极关怀行为的重要认知机制。

此外，本研究还发现，低职业人格组辅导员对积极关怀信息也产生了注意偏向，但是注意偏向的强度仅边缘性弱于消极关怀信息。这一结果可能源于低职业人格辅导员在师生互动中并不是绝对的消极关怀模式，这一点在本书第四章的研究中也有体现和验证。低职业人格辅导员对学生的关怀行为会受学生在校表现的影响，对于在校表现好的学生也会表现出相对较高的关怀水平。而且在内隐关怀倾向层面，在将自我与积极关怀词联结的任务中，低职业人格辅导员与高职业人格辅导员并无显著差异。但是，在将自我与消极关怀词自动联结的任务中，低职业人格组辅导员表现出更快的联结态势。前述这些研究的结果共同表明，低职业人格辅导员关怀行为水平更低的根本原

① Wald.. Lubin, et al., "Battefield-like Stress Following Simulated Combat and Suppression of Attenton Bias to Threat," *Psychological Medicine* 41 (2011)：699-707.

② Gross, J. J, "Emotion Regulation in Adulthood：Timing is Everything," *Current Directions in Psychological Science* 10 (2001)：214-219.

③ 参见任志洪等《睾酮素与反社会倾向未成年犯的攻击行为：敌意注意偏向的中介和皮质醇的调节作用》，《心理学报》2020 年第 11 期；Vasquez, E. A. et al., "Lashing Out After Stewing over Public Insults：The Effects of Public Provocation, Provocation Intensity, and Rumination on Triggered Displaced Aggression," *Aggressive Behavior* 39 (2013)：13-29。

因可能不是缺乏积极关怀图式，而是存在相对更强更稳固的消极关怀图式。所以在 Stroop 任务中，低职业人格辅导员也会对积极的关怀信息敏感，但是不及对消极关怀信息的敏感程度，以至于在进行颜色判断任务时，积极关怀词也对低职业人格辅导员产生了干扰，但是干扰效应不及消极关怀词。这一结果也启示我们，未来要顺势增强与稳固低职业人格辅导员的积极关怀图式，强化低职业人格辅导员对正性关怀信息的注意偏向，着力弱化其对负性关怀信息的注意偏向，消解消极关怀图式，促进低职业人格辅导员关怀行为的产生。

四　结论

根据本节分析，验证得出如下三点结论。

（1）整体而言，高职业人格组被试对积极关怀信息的注意偏向大于低职业人格组，低职业人格组被试对消极信息的注意偏向大于高职业人格组。

（2）高职业人格组被试对积极关怀信息具有难以抑制的注意偏向，对消极关怀信息则表现出显著的注意回避。

（3）低职业人格组被试对积极关怀信息和消极关怀信息都产生了难以抑制的注意偏向，但对消极关怀信息的注意偏向边缘性大于积极关怀信息。

第二节　辅导员职业人格对关怀信息记忆偏向的影响

本章第一节已得出高、低职业人格辅导员对积极、消极关怀信息的注意偏向存在差异。注意偏向反映的是个体对线索的早期的选择性加工，记忆偏向则反映了个体对线索刺激的晚期的选择性加工。[1] 本节探讨在认知加工更高级的记忆阶段是否也会表现出与注意阶段相一致的加工偏向，以期进一步解构辅导员职业人格对关怀行为内在发生过程的影响。

---

[1] Israeli, A. L., & Stewart, S. H., "Memory Bias for Forbidden Food Cues in Restrained Eaters," *Cognitive Therapy and Research* 25 (2001): 37-48.

　　基于信息加工视角，记忆即人脑对外界输入的信息进行编码、存储和提取的过程。[①] 然而，记忆并非是一个完全独立的心理过程，除却个人记忆能力因素外，还受到个体人格、情绪状态及所处情境特征等因素的影响，[②] 并在此基础上形成记忆偏向。记忆偏向作为认知加工偏向的一种，也是个体记忆系统认知特征的重要指标。记忆偏向反映了个体记忆的选择性，个体因对一些特定的刺激信息更加敏感，继而更易在记忆、回忆或再认过程中被优先编码、存储和提取。

　　对于个体记忆的偏向性，图式理论主张，人们记忆的是输入信息和预先存在的"图式"之间相互作用的结果。图式在记忆过程的不同阶段以多种方式影响输入和记忆材料之间的对应关系。整体而言，与图式无关的信息相比，可以被同化到图式模式中的信息更容易被记忆。在编码期间缺乏相关激活图式或背景知识的情况下，信息的编码效率较低，而且不太可能被成功提取，但对激活模式更为重要的信息则又比不太重要的信息更易于被提取。与此观点类似，Swann 和 Read 强调人们回忆的其实只是用于确认他们自我概念的那些信息，[③] 任何与自我概念不一致的痕迹要么被忽略，要么被遗忘。系列研究也表明，人们在记忆过程中会更倾向于优先回忆和提取与自身特质相一致或相似的信息，[④] 如高感觉寻求者会更有可能回忆与感觉寻求有关的情绪词汇，[⑤] 高特质焦虑者则会更倾向于记住环境中的消极信息[⑥]。虽然既

[①] Schwartz, B. L., *Memory: Foundations and Applications*, Newbury Park, CA: Sage Publications, 2020, p. 237.

[②] 参见 Bradley, B. P., Mogg, K., & Williams, R., "Implicit and Explicit Memory for Emotion Congruent Information in Clinical Depression and Anxiety," *Behaviour Research and Therapy* 33 (1995): 755-770; 郭君君等《情绪效价的记忆增强效应：存储或提取优势?》，《心理学探新》2022 年第 1 期。

[③] Swann, W. B., Jr., & Read, S. J., "Self-verification Processes: How We Sustain Our Self-Conceptions," *Journal of Experimental Social Psychology* 17 (1981): 351-372.

[④] Von Hippe, W, Hawkins; C., &Narayan, S. (1994), "Personaity and Perceptual Experise. Individual Differences in Perceptual Identification," *Psychological Science*, 5 (6), pp. 401-406.

[⑤] Smith, B. D. et al., "Sensation Seeking: Differential Effects of Relevant, Novel Stimulation on Electrodermal Activity," *Personality and Individual Differences* 7 (1986): 445-452.

[⑥] Reidy, J., & Richards, A., "Anxiety and Memory: A Recall Bias for Threatening Words in High Anxiety," *Behaviour Research and Therapy* 35 (1997): 531-542.

往的这些研究主要在临床研究情境中进行，但是 Maheshwari 及其同事最近的一项研究表明,[1] 正常人群在正常情况下为了保持自我图式的一致性也会产生偏向性记忆。这一研究结论与关于自我概念对信息加工注意、记忆和解释的自我验证研究结论一致，即个体在自我验证过程中会对外界信息进行选择性加工，如具有积极自我观的个体会倾向于回忆更多的积极信息、更少的消极信息。[2] 基于图式理论，结合本书前述研究结论可知，高职业人格辅导员具有更多的积极关怀行为图式和脚本，因而对积极关怀信息更加敏感，更倾向于将积极关怀信息同化到现有认知图式中。反之，低职业人格组有相对更多的消极关怀行为图式与脚本，对消极关怀信息更加敏感，在编码加工过程中更倾向于将消极关怀信息同化到现有认知图式中。高、低职业人格辅导员在信息的编码与提取阶段也因此表现出不同的偏向性。

个体的记忆偏向性常用记忆保持量和判断反应时进行检测，其中学习—再认范式是研究外显记忆偏向问题的经典范式。[3] 在该任务范式中，首先向被试呈现系列刺激（图片或词汇）让被试观看或学习；其次，让被试完成与记忆任务不相关的干扰任务（如让被试完成三分钟的数学运算）；最后，给被试呈现系列刺激，让被试判断哪些刺激是先前阶段里呈现过的，哪些刺激是新呈现的。该范式假设，如果个体对某类信息的记忆保持量更大，则说明个体对这类信息产生了记忆偏向，所以学习—再认任务范式通常以被试对每类词汇的保持量及正确判断反应时作为测查指标。

此外认知联结理论也强调,[4] 个体对刺激的选择性注意会影响记忆的编

① Maheshwari, S., Kurmi, R., & Roy, S, "Does Memory Bias Help in Maintaining Self-esteem? Exploring the Role of Self-verification Motive in Memory Bias," *Journal of Cognitive Psychology* 33 (2021): 549-556.

② Swann, W. B., Jr., & Buhrmester, M. D, "Self-verification: The Search for Coherence," in M. R. Leary & J. P. Tangney eds., *Handbook of Self and Identity*, New York: Guilford Press, 2012b, pp. 405-424.

③ Schwartz, B. L., *Memory: Foundations and Applications*, Newbury Park, CA: Sage Publications, 2020, p. 166.

④ Hirsch, C. R., Clark, D. M., & Mathews, A, "Imagery and Interpretations in Social Phobia: Support for the Combined Cognitive Biases Hypothesis," *Behavior Therapy* 37 (2006): 223-236.

码与存取，对刺激在注意阶段投入越多心理资源，刺激的记忆效果可能越好。[①] 本章第一节已得出高、低职业人格辅导员对积极、消极关怀信息的注意偏向存在系统差异，高职业人格辅导员对积极关怀信息投入了更多的认知注意，低职业人格辅导员对消极关怀信息分配了更多的认知注意。

综上，我们提出如下假设：高、低职业人格辅导员对不同效价关怀词的记忆偏向存在差异（H1）；高职业人格辅导员易对积极关怀信息刺激产生记忆偏向（H2），低职业人格辅导员易对消极关怀信息产生记忆偏向（H3）。

一　研究方法

（一）实验被试

采用 G＊Power 软件估算本实验的样本量。[②] 根据本研究的实验设计，在中等效应量（0.25）下，I 类错误的概率 α 水平为 0.05，统计检验效力为 0.90 时，所需的样本量至少为 36 人。实际取样时，采用自编的《辅导员职业人格量表》筛选被试，本研究中该量表的 Cronbach's α 系数为 0.93。遵循自愿原则，从福建福州、南平共 10 所高校招募了 240 名辅导员，参与本研究的问卷调查，对回收的问卷进行数据整理，剔除无效问卷（规律性作答、漏答等），获得有效问卷 213 份，问卷有效率为 88.75%。对被试的辅导员职业人格总分由高至低排序，考虑以往有关人格认知加工偏向的研究都集中于临床被试，为了保证高、低职业人格组在本实验中的区分度，本实验取得分在前 15% 的 32 人为高职业人格组，得分在后 15% 的 32 人为低职业人格组。通过电话联系等方式邀请得分位于高、低组中的这 64 位辅导员参加实验，最终共 52 位辅导员同意参与本实验，其中高、低职业人格组各 26 人。实验被试年龄段为 25～40 岁（$M=32.37$，$SD=4.12$）。独立样本 T 检验结果

① Everaert, J., Duyck, W., & Koster, E.H., "Attention, Interpretation, and Memory Biases in Subclinical Depression: A Proof-of-principle Test of the Combined Cognitive Biases Hypothesis," *Emotion* 14 (2014): 331–340.

② Faul, F., Erdfelder, E., Buchner, A., & Lang, A.G. (2009), Statistical Power Analyses Using G＊Power 3.1: Tests for Correlation and Regression Analyses, *Behavior Research Methods*, 41 (4): 1149–1160.

显示，在辅导员职业人格总得分上，高、低职业人格组差异显著，高分组得分（$M = 145.08$，$SD = 3.76$）显著高于低分组（$M = 100.35$，$SD = 9.28$），$t(49) = 22.39$，$p < 0.001$，$Cohen's\ d = 6.39$，表明本研究分组有效。实验前征得被试同意，实验结束后，被试获得一定报酬或等价礼品。

（二）实验设计

采用 2（职业人格水平：高、低）×3（词汇类型：积极关怀词、消极关怀词、中性词）两因素混合实验设计。其中，职业人格水平为组间变量，词汇类型为组内变量。本研究参照江沂芯和陈红的研究建议，使用被试对词汇的记忆保持量及反应时来展示被试的记忆偏向。[①] 其中，记忆保持量的计算公式如下：

记忆保持量 =（正确判断次数 - 错误判断次数）÷ 呈现材料的总次数

（三）实验程序

采用 E-prime 2.0 编制实验程序并收集数据。实验程序自动呈现刺激，并记录反应时和正确率。实验由两部分组成：练习部分和正式实验部分。在练习部分，被试进行至少 10 个练习试次（trail）以熟悉实验程序和要求。熟悉之后，进入正式实验部分。正式实验由以下三阶段组成。

1. 语义判断任务阶段

首先在电脑屏幕中央呈现一个持续 500ms 的注视点"+"，而后于相同位置呈现一个实验词。请被试就该词的愉悦度做出主观判断，愉悦按"D"键，不愉悦按"K"键，中性按"空格"键。按键后词即消失。三种类型的 48 个词随机呈现，每个词仅呈现一次，所以本阶段被试共需完成 48 个试次。

---

① 江沂芯、陈红：《自我客体化的女性对身体线索的注意和记忆偏向》，《心理科学》2019 年第 6 期。

2. 干扰任务阶段

被试完成 3 分钟两位数加减法运算。

3. 再认任务阶段

再认任务阶段共有 96 个词，包括旧词与新词各 48 个，"旧词"即在语义判断任务阶段出现的词，"新词"则是在语义判断任务阶段未出现过的词汇。请被试对词的新、旧做出判断，若认为词在之前任务阶段出现过按"F"键，未出现过按"J"键（任务流程见图 5-3）。实验指导语如下：

屏幕中央会出现"＋"，随后会出现词汇图片，其中一部分词汇是之前词汇愉悦度判断实验阶段里出现过的，一部分是未出现过的。请您尽量辨认出刚才呈现过的词汇。若在之前实验阶段出现过，请按"F"键；若认为在之前实验阶段未出现过，请按"J"键。请在保持正确的情况下尽快做出判断。请您坐好，将双手置于电脑键盘上，按"出现过——F 键""未出现过——J 键"的要求做出相应按键反应。准备好后，请您按"空格"键开始实验。

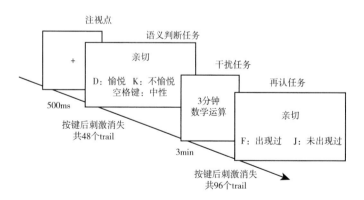

图 5-3 关怀词学习—再认任务的流程

（四）实验材料

采用汉语双字词为实验材料，基于《中国汉语词典（第六版）》并结合本书第二章第一节研究中对辅导员的访谈及优秀辅导员事迹文本的分析，选择与辅导员职业场景相关的 150 个关怀信息词（积极、消极、中性词各50个），抽取某高校 10 名心理学专业研究生和 10 名辅导员（未参与本次研究）对词汇的情绪效价及与关怀行为的关联程度进行 9 点评估（1 至 9 代表从消极到积极，即"1"代表"完全消极"到"9"代表"完全积极"；1 至9 代表从无关到相关，即"1"代表"完全无关"到"9"代表"完全相关"）。根据评分结果选择 32 个积极关怀词、32 个消极关怀词、32 个中性词为实验刺激材料。具体而言，在笔画数上，单因素方差分析结果表明，积极关怀词的笔画数（$M = 16.66$，$SD = 3.92$）与消极关怀词的笔画数（$M = 17.22$，$SD = 4.28$）及中性词笔画数（$M = 16.69$，$SD = 3.90$）差异不显著，$F(2, 93) = 0.21$，$p = 0.81 > 0.05$；在词汇效价上，单因素方差分析结果表明，积极关怀词的效价（$M = 7.55$，$SD = 0.44$）与消极关怀词的效价（$M = 2.65$，$SD = 0.61$）及中性词效价（$M = 4.63$，$SD = 1.63$）差异显著，$F(2, 93) = 971.58$，$p < 0.001$，且事后多重比较表明三类词效价两两差异显著，$p_s < 0.001$；在与师生关怀情境的关联度上，配对样本 T 检验结果表明，积极关怀词（$M = 7.64$，$SD = 0.50$）与消极关怀词（$M = 7.49$，$SD = 0.37$）差异不显著，$t(9) = 1.14$，$p = 0.26 > 0.05$。此外，还从《现代汉语分类词典》选取了 20 个植物类名词（如"植被"）作为练习实验的材料。

（五）数据分析

参照江沂芯和陈红研究，[①] 筛选并删除反应时小于 200ms 及每个被试超过自身平均反应时正负 3 个标准差的试次。

二 研究结果

（一）高、低职业人格组被试的记忆保持量

高、低职业人格组对实验词汇的记忆保持量见表 5-3 和图 5-4。职业人格水平的主效应不显著，$F(2, 49) = 0.07$，$p = 0.79 > 0.05$，$\eta_p^2 =$

---

① 江沂芯、陈红：《自我客体化的女性对身体线索的注意和记忆偏向》，《心理科学》2019 年第 6 期。

0.001，即高、低职业人格组被试在记忆保持量上没有显著差异，表明高、低职业人格组被试在一般记忆能力方面不存在显著差异；职业人格水平与词汇类型交互作用显著，$F_{(2, 49)} = 105.34$，$p < 0.001$，$\eta_p^2 = 0.68$，说明不同职业人格水平的辅导员对不同效价的关怀信息产生了不同的记忆偏向。

对关怀词类型与职业人格水平交互作用进行简单效应分析，结果表明，在积极关怀词的记忆保持量上，高职业人格组显著大于低职业人格组（51.92% VS. 24.04%），$F_{(2, 49)} = 34.88$，$p < 0.001$，$\eta_p^2 = 0.41$；在消极关怀词的记忆保持量上，高职业人格组显著小于低职业人格组（23.08% VS. 52.88%），$F_{(2, 49)} = 41.30$，$p < 0.001$，$\eta_p^2 = 0.45$；在中性词的记忆保持量上，高、低职业人格组无显著差异（32.45% VS. 33.89%），$F_{(2, 49)} = 0.08$，$p > 0.05$，$\eta_p^2 = 0.002$。其次，在高职业人格组内，被试对积极关怀词的记忆保持量显著大于中性词及消极关怀词（51.29% > 32.45% > 23.08%），且对消极关怀词的记忆保持量显著小于中性词，$p_s < 0.05$；在低职业人格组内，被试对消极关怀词的记忆保持量显著大于中性词和积极关怀词（52.88% > 33.89% > 24.04%），且对中性词的记忆保持量显著大于积极关怀词。

（二）高、低职业人格组被试的再认反应时

高、低职业人格组在再认任务中的判断反应时见表5-3和图5-4。重复测量方差分析结果表明，关怀词类型的主效应不显著，$F_{(2, 49)} = 1.31$，$p = 0.27 < 0.05$，$\eta_p^2 = 0.02$；职业人格水平的主效应不显著，高、低职业人格组被试在记忆判断任务的总反应时上没有显著差异，$F_{(2, 49)} = 0.36$，$p = 0.56 > 0.05$，$\eta_p^2 = 0.01$；但是，职业人格水平与词汇类型交互作用显著，$F_{(2, 49)} = 5.92$，$p = 0.004 < 0.01$，$\eta_p^2 = 0.11$。事后检验结果表明，高职业人格组对积极关怀词的记忆判断反应时显著低于对消极关怀词（1160.97ms VS. 1403.14ms），$p = 0.002 < 0.01$；其余主效应或交互效应在再认判断反应时上均不显著，$p_s > 0.05$。

表 5-3　高、低职业人格组对关怀词的记忆保持量和再认反应时

	词汇类型	高职业人格组（n＝26）		低职业人格组（n＝26）	
		M	SD	M	SD
记忆保持量（%）	积极关怀词	51.92	16.66	24.04	17.38
	消极关怀词	23.08	14.34	52.88	18.81
	中性词	32.45	18.37	33.89	17.69
再认反应时（ms）	积极关怀词	1160.97	257.68	1288.90	326.73
	消极关怀词	1403.14	501.70	1203.93	262.21
	中性词	1313.35	428.16	1219.30	472.29

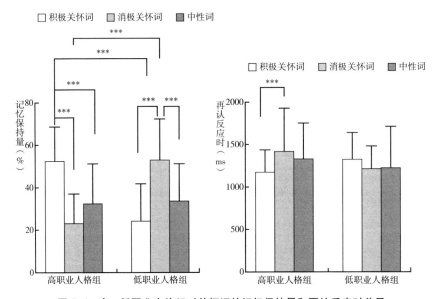

图 5-4　高、低职业人格组对关怀词的记忆保持量和再认反应时差异

三　讨论

本研究采用学习—再认任务范式，用与辅导员职业情境相关的不同效价的关怀词作为刺激材料，探讨高、低职业人格水平辅导员对关怀信息的记忆偏向。结果发现，高职业人格组辅导员对积极效价关怀词的记忆保存量显著大于中性词和消极关怀词，而低职业人格辅导员对消极关怀词的记

忆保存量则显著大于中性词和积极关怀词。根据学习—再认任务范式的假设，这一研究结果表明：高、低职业人格被试对积极、消极关怀信息记忆偏向存在差异，假设 H1 得到验证；高职业人格辅导员对积极关怀词产生了记忆偏向，假设 H2 得到验证；低职业人格辅导员对消极关怀词产生了记忆偏向，假设 H3 得到验证。本研究发现与已有关于人格对记忆偏向影响的研究结论基本一致，[①] 即个体倾向于对与自己人格倾向相一致的信息进行更深的加工和更成功的提取，[②] 丰富了非临床情境下人格对记忆加工偏向影响的研究。

高、低职业人格辅导员在不同效价关怀信息记忆保持量上的差异至少可以从两个方面解释。首先，从图式理论出发，基于本书第四章的研究结论，高职业人格辅导员具有更多积极关怀行为图式和脚本，因而相较于消极关怀信息和中性信息，高职业人格辅导员对积极关怀信息更加敏感，更倾向于将积极关怀信息编入已有认知图式，并在后续的再认环节成功提取出来；而低职业人格辅导员具有相对更消极的关怀行为图式与脚本，因而相较于积极关怀信息和中性信息，低职业人格辅导员对消极关怀信息更加敏感，更倾向于将消极关怀信息整合进已有的认知图式，并更倾向于在后续的再认任务中成功提取出消极关怀词。其次，还可以从认知加工过程视角，基于认知联结理论来解释。个体在认知加工的过程中，注意偏向和记忆偏向密不可分，只有那些能够引起个体注意并被及时识别的信息，才有机会进入记忆加工阶段。[③] 反之，那些未被充分注意的信息则会很快消失，无法进入更深层次的加工。根据本章第一节的研究结论，我们得知高职业人格个体倾向于对积极

---

① 参见 Zajenkowski, M. et al., "Narcissus Locked in the Past: Vulnerable Narcissism and the Negative Views of the Past," *Journal of Research in Personality* 93 (2021): 104123; 石国兴、赵海第《高特质焦虑高中生对消极信息的注意和记忆偏向》，《心理与行为研究》2015 年第 4 期。

② Mathews, A., & MacLeod, C., "Cognitive Approaches to Emotion and Emotional Disorders," *Annual Review of Psychology* 45 (1994): 25-50.

③ Everaert, J., Duyck, W., & Koster, E.H., "Attention, Interpretation, and Memory Biases in Subclinical Depression: A Proof-of-principle Test of the Combined Cognitive Biases Hypothesis," *Emotion* 14 (2014): 331-340.

关怀信息进行自动化加工，对积极关怀信息的注意控制能力则较弱。而这种较弱的注意控制能力又进一步导致个体在记忆的中央认知系统出现认知资源竞争时，对积极关怀信息难以控制地分配了更多的认知资源，在更深层次的信息加工阶段对该类信息产生了偏向性加工与存储，进而使高职业人格辅导员对积极关怀信息产生记忆偏向。反之，低职业人格辅导员倾向于对消极关怀信息产生难以抑制的加工倾向，导致低职业人格辅导员在记忆资源发生竞争时，仍倾向于对消极关怀信息分配更多的认知资源，在更深层次的加工与存储环节对其进行偏向性加工，最终导致低职业人格辅导员对消极关怀信息产生记忆偏向。

本研究还发现，在对关怀词进行再认判断时，高职业人格辅导员对积极关怀词的再认反应时显著少于消极关怀词，而低职业人格辅导员对积极、消极关怀词及中性词的再认判断反应时均不存在显著差异。这一研究发现至少存在两种不同层面的理论意义。一方面，可以从记忆的加工深度理论来解释，记忆的提取是信息编码精细程度的函数，编码程度越深的信息越容易被提取。[1] 高职业人格辅导员对积极关怀信息进行了更深的加工，所以相较于消极关怀信息，高职业人格辅导员可以在再认任务中更快速地从记忆中把积极关怀信息成功提取出来。另一方面，依然可从图式理论视角出发，[2] 高职业人格辅导员能更快速而准确地加工和提取积极关怀词，可能是因为高职业人格辅导员日常对学生有更多的关怀行为，因而拥有比低职业人格辅导员相对更稳固的积极关怀图式和更多的积极关怀脚本。所以相对于消极关怀词，当高职业人格辅导员遇到积极关怀词时，能快速激活相应图式并提取积极关怀信息。而低职业人格辅导员对积极、消极关怀词及中性词的判断反应时都没有显著差异，这一结果表明低职业人格辅导员虽然对消极关怀词有更大的记忆保持量，但是还

---

① Craik, F. I., & Lockhart, R. S., "Levels of Processing: A Framework for Memory Research," *Journal of Verbal Learning and Verbal Behavior* 11 (1972): 671-684.

② Beck, A. T, *Cognitive Therapy and the Emotional Disorders*, New York: International Universities Press, 1976, pp. 15-60.

尚未形成稳定的消极关怀图式和行为脚本。这一研究结论与本章第一节研究中发现的低职业人格辅导员同时对积极、消极关怀信息存在注意偏向相吻合。说明低职业人格辅导员的消极关怀图式还未完全稳固，未来可以通过重构低职业人格辅导员的师生关怀图式，解构他们的消极关怀图式，并从强化积极关怀图式的角度对低职业人格辅导员进行关怀表现干预。

本研究结果表明，高、低职业人格辅导员对关怀信息的记忆偏向可能存在系统性差异，高职业人格倾向于对积极关怀信息存在记忆偏向，且具有更快速的提取反应。低职业人格辅导员则倾向于对消极关怀信息产生记忆偏向，但是在消极关怀信息提取速度上与积极、中性词没有显著差异。本研究结果将特质对记忆偏向的影响从一般人格领域拓展至职业人格领域，从临床情境丰富至健康人格研究，并且还通过结合本章第一节中注意偏向研究的相关结论，从侧面验证了认知联结理论。回答了"高职业人格辅导员为什么比低职业人格辅导员有更多的积极关怀行为"，也回答了"为什么高职业人格辅导员比低职业人格辅导更不易于产生消极关怀行为"，从正反两方面解析了辅导员职业人格对关怀行为的影响。

四　结论

根据本节分析，验证得出如下三点结论。

（1）高职业人格辅导员对积极关怀词存在记忆偏向，低职业人格辅导员对消极关怀词存在记忆偏向。

（2）在对关怀词的记忆保持量上，高职业人格辅导员对积极关怀词的记忆保持量显著大于低职业人格辅导员，对消极关怀词的记忆保持量显著少于低职业人格辅导员。

（3）对关怀词的再认反应时上，高职业人格辅导员对积极关怀词的再认显著快于对消极关怀词的再认。

第三节 辅导员职业人格对关怀信息解释偏向的影响

解释偏向（Interpretation bias），是指个体以一种习惯的方式对模棱两可的信息做出解释的倾向。[①] 既有研究发现，解释偏向对个体的态度与行为有重要影响，如消极的解释偏向在对个体的社交障碍，[②] 焦虑、抑郁等情绪障碍[③]及攻击性行为[④]等的发生和维持中发挥着重要作用。本章第一节和第二节的研究已证实，高、低职业人格辅导员在对关怀信息的注意偏向和外显记忆偏向上都存在显著差异。作为认知加工偏向的一种，辅导员对模糊人际互动情境的解释偏向是否也受到其职业人格水平的影响？对此问题进行探讨有助于更深入和完整地阐释辅导员职业人格对关怀行为发生内在过程的作用机制。

解释偏向研究中的模糊信息既可是言语、文字，也可用图片、表情、行为等方式建构。[⑤] 然而既有研究发现，不同的刺激呈现方式会对个体解释偏向产生影响。与言语文字建构的模糊情境相比，使用视觉刺激来测量的解释偏向对个体行为的预测作用较小或没有效果，[⑥] 如 Lobbestael 等人在言语情

① MacCoun, R. J., "Biases in the Interpretation and Use of Research Results," *Annual Review of Psychology* 49 (1998)：259-287.

② Amin, N., Foa, E. B., & Coles, M. E, "Negative Interpretation Bias in Social Phobia," *Behaviour Research and Therapy* 36 (1998)：945-957.

③ Hirsch, C. R., Clark, D. M., & Mathews, A, "Imagery and Interpretations in Social Phobia：Support for the Combined Cognitive Biases Hypothesis," *Behavior Therapy* 37 (2006)：223-236.

④ 参见 Stoddard, J., Sharif-Askary, B., Harkins, E. A., Frank, H. R., Brotman, M. A., Penton539 Voak, I. S., Maoz, K., Bar-Haim, Y., Munafo, M., Pine, D. S., (2016), "An Open Pilot Study of Training Hostile Interpretation Bias to Treat Disruptive Mood Dysregulation Disorder," *Journal of Child and Adolescent Psychopharmacology*, 26 (1)：49-57；张丽华、苗丽：《敌意解释偏向与攻击的关系》，《心理科学进展》2019 年第 27 (12) 期，第 2097~2108 页。

⑤ Schoth, D. E., & Liossi, C. (2017), A Systematic Review of Experimental Paradigms for Exploring Biased Interpretation of Ambiguous Information with Emotional and Neutral Associations, *Frontiers in Psychology*, 8, 171.

⑥ De Castro, B. O., Veerman, J. W., Koops, W., Bosch, J. D., & Monshouwer, H. J. (2002), "Hostile Attribution of Intent and Aggressive Behavior：A Metanalysis, " *Child Development*, 73 (3)：916-934.

境下测量的敌意解释偏向能够预测个体的攻击行为,[1] 而在图片建构的模糊情境下测量的敌意解释偏向对个体的反应性攻击行为却没有显著影响。研究者认为,这可能是因为言语比图片刺激对与自我相关的认知图式激活效能更大,也可能是因为图片信息分散了被试对目标事件的注意力,没有被进行充分加工。由此,为了更有效地激活个体的认知图式,本节将采用言语方式建构模糊情境。在言语模糊情境建构范式中,词句联想范式(Word Sentence Association Paradigm,WSAP)是解释偏向较为常用的研究范式。在 WSAP 任务中,被试要决定一个词(暗示着积极或消极解释)是否与一个模棱两可的句子相关。为了检验个体固有的积极和消极信念对模糊信息解释的影响,积极或消极词要在模糊句子之前先呈现。词句联想范式通过在模糊刺激之前呈现消极词(如尴尬)或积极词(如有趣),可以更好地模拟被试预先存在的信念对解释过程的启动效应。然后再给被试呈现一个模糊语句(如你说完后人们开始大笑),并在句子消失后要求被试对诱导词与模糊语句的关联程度(有关、无关)进行判断反应。如果被试选择"有关",则表示被试接受用这个积极或消极词来解释任务中的模糊情境。词句联想范式任务产生了两种类型的解释偏向指标:(1)对模糊情境做出积极和消极关联解释的认可率;(2)将判断反应时与解释认可率结合起来的解释偏向指数。词句联想范式是一种同时产生自我报告和反应时数据的范式,能比单独采用自我报告或反应延迟的任务范式对解释偏向提供更加全面的评估。[2]

图式理论[3]认为个体在信息解释过程中的差异是由个体内在图式导致的,个体倾向于以一种与其内在图式一致的方式来解释模糊信息。具体而

① Lobbestael, J., Cima, M., & Arntz, A. (2013), "The Relationship between Adult Reactive and Proactive Aggression, Hostile Interpretation Bias, and Antisocial Personality Disorder," *Journal of Personality Disorders*, 27 (1), p. 53.

② Beard, C., Amir, N, "Interpretation in Social Anxiety: When Meaning Precedes Ambiguity," *Cognitive Therapy and Research* 33 (2009): 406-415.

③ Beck, A. T, *Cognitive Therapy and The Emotional Disorders*, New York: International Universities Press, 1976, pp. 15-60.

言，与个体内在图式一致的信息会被优先编码加工。个体在对模糊信息进行解释的过程中，个体内在"特定的图式与图式集"会被激活，进而直接影响个体对模糊信息做出的解释。① 既有研究发现社交焦虑个体对模糊情境信息存在消极的解释偏向②；高心理素质水平大学生对模糊情境有更多的积极解释，低心理素质水平大学生则有更多的消极解释③；羞怯个体易对模糊情境中产生更多的威胁性解释偏向④。基于以上，高职业人格辅导员拥有更加积极的关怀图式，在对模糊情境信息进行解释的过程中，积极关怀图式更容易被激活，进而更容易对模糊情境做出积极解释；低职业人格辅导员拥有相对更加消极的关怀图式，在对模糊情境信息进行解释的过程中，消极关怀图式更容易被激活，进而可能更倾向于对模糊情境做出消极解释。综上，我们提出如下假设：高、低职业人格组的辅导员对模糊情境的解释偏向存在差异（H1）；高职业人格组辅导员更倾向于对模糊情境做出积极解释（H2）；低职业人格组辅导员更可能对模糊情境做出消极解释（H3）。

一　研究方法

（一）实验被试

采用 G * Power 软件估算本实验的样本量。⑤ 根据本研究的实验设计，在中等效应量（0.25）下，I 类错误的概率 α 水平为 0.05，统计检验效力为

① Beck, A. T., Haigh, E. A., "Advances in Cognitive Theory and Therapy: The Generic Cognitive Model," *Annual Review of Clinical Psychology* 10 (2014): 1-24.

② Hertel, P., Mor, N., Ferrari, C., Hunt, O., & Agrawal, N. (2014), Looking on the Dark Side: Rumination and Cognitive-bias Modification, *Clinical Psychological Science*, 2 (6): 714-726.

③ 张娟、张大均：《不同心理素质水平大学生对模糊情境的解释偏向》，《中国临床心理学杂志》2018 年第 26 (5) 期。

④ 向碧华等：《不同亚型社会退缩个体对社会/非社会模糊情境的解释偏向》，《中国临床心理学杂志》2022 年第 2 期。

⑤ Faul, F., Erdfelder, E., Buchner, A., & Lang, A. G. (2009), "Statistical Power Analyses using G * Power 3.1: Tests for Correlation and Regression Analyses," *Behavior Research Methods*, 41 (4): 1149-1160.

0.90 时，所需的样本量至少为 36 人。

实际取样时，采用自编的《辅导员职业人格量表》来筛选被试，本研究中该量表的 Cronbach's α 系数为 0.93。遵循自愿原则，从福建福州、南平、泉州共 13 所高校招募了 300 名辅导员，参与本研究的问卷调查。对回收的问卷进行数据整理，剔除无效问卷（规律性作答、漏答等），获得有效问卷 268 份，问卷有效率为 89.33%。对被试的辅导员职业人格总分由高至低排序，考虑以往有关人格认知加工偏向的研究都集中于临床被试，为了保证高、低职业人格组在本实验中的区分度，本实验取得分在前 15% 的 40 人为高职业人格组，得分在后 15% 的 40 人为低职业人格组。通过电话联系等方式邀请得分位于高、低组中的这 80 位辅导员参加实验，最终共 62 位辅导员同意参与本实验。其中，高职业人格组 32 人，低职业人格组 30 人。实验被试年龄段为 26 至 40 岁（$M = 32.84$，$SD = 4.08$）。独立样本 T 检验结果显示，在辅导员职业人格总得分上，高、低职业人格组差异显著，高分组得分（$M = 145.37$，$SD = 3.77$）显著高于低分组（$M = 100$，$SD = 12.35$），$t(60) = 19.84$，$p < 0.001$，$Cohen's\ d = 5.12$，表明本研究分组有效。实验前征得被试同意，实验结束后，被试获得一定报酬或等价礼品。

（二）实验设计

采用 2（职业人格水平：高、低）×2（启动词汇类型：积极关怀词、消极关怀词）两因素混合实验设计，其中职业人格水平为组间变量，启动词汇类型为组内变量，被试对词汇与句子关系做出不同判断（接受或拒绝）的频数和反应时为因变量。

（三）实验材料

在本书第二章第一节对优秀辅导员事迹文本及与辅导员访谈材料分析的基础上，我们创设了 50 个描述辅导员与学生互动情境的模糊语句（例如"学生来请假"），并为每个句子匹配 2 个用于解释的双字词，一个为积极关怀词（如"关心"），一个为消极关怀词（如"刁难"）。在预实验阶段，我们邀请 20 名辅导员（未参与本次研究），采用 9 点评分法对这 50 个句子与师生互动情境的关联性、匹配词的效价及匹配词与句子的关联性进行评估（1 至 9 代表从消极到积极，即 "1" 代表 "完全消极" 到 "9" 代表 "完全积极"；1 至 9 代表从无关到相关，即 "1" 代表 "完全无关" 到 "9" 代表 "完全相关"）。如果被试对一个句子的两个解释词的评分不存在显著差异，那么这个句子就被认为是有歧义的。综合评分结果，我们选取与关怀情境的关联性评分在 7.5 分以上，且与之匹配的积极解释词和消极解释词与句子的关联性评分都在 7.5 分以上，且评分无差异，以及积极解释词的情绪效价评分大于 7.5，消极解释词的情绪效价评分低于 2.5 的 30 对积极—消极解释词及与之匹配的 30 个模糊句作为实验材料。然后我们将模糊句子一次与积极解释启动词配对，一次与消极解释启动词配对，组成 60 个单词句子对，并分成两组材料（A 和 B）来创建两个版本的任务。每个版本的任务包含 15 个积极解释启动和 15 个消极解释启动，每个句子只呈现给每个参与者一次，且每个参与者在每个句子中只看到一个配对的单词。被试在实验中被随机分配至 A 或 B 组。

（四）实验程序

采用 E-prime 2.0 编制实验程序并收集数据。实验程序自动呈现刺激，并记录反应时和频数。每个 WSAP 试验包括四个步骤：（1）在电脑屏幕中央呈现一个持续 500ms 的注视点 "+"，将被试的注意力引向屏幕的中间，并提醒他们试验开始了；（2）注视点消失，在相同位置呈现 500ms 的积极解释（如 "关心"）或消极解释（如 "无视"）的关怀行为启动词；（3）启动词消失，一个模糊情境句子（如 "学生找你请假"）出现并保持在屏幕上，直到被试按下空格键表示他们读完了句子；（4）电脑屏幕出现提示语，提示参与者如果他们认为单词和句子相关，就在数字键盘上按下 "F" 键，如果单词和句子不相关，就在键盘上按下 "J" 键。下一次试验以固定的 "+" 注视点开始。所有实验材料以白色、12 号字体显示，背景为黑色。实验流程见图 5-5。

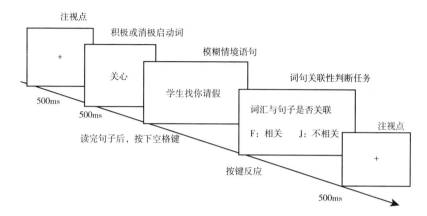

注视点

积极或消极启动词

模糊情境语句

词句关联性判断任务

关心

学生找你请假

词汇与句子是否关联

F：相关　　J：不相关

注视点

500ms

500ms

读完句子后，按下空格键

按键反应

500ms

图 5-5　关怀信息的词句联想任务流程

（五）数据分析

参照 Beard 和 Amir 的研究数据处理方式,[①] 剔除反应时小于 50 毫秒或大于 2000 毫秒的试验数据，这导致本研究 3% 的试次被取消。依据 WSAP 研究范式，本研究使用解释的认可率及解释偏向指数这两个指标来综合衡量被试的解释偏向。

解释认可率有两种：消极关怀行为解释认可率和积极关怀行为解释认可率。消极关怀行为解释认可率是指被试认可消极解释的频次占所有消极启动试次的百分比。积极关怀行为解释认可率则是指被试认可积极解释的频次占所有积极启动试次的百分比。

参照 Beard 和 Amir 以及 Hindash 和 Amir 的研究建议，计算本研究的解释偏差指数。[②]（1）积极启动下的解释偏向指数＝拒绝积极解释的反应时－接受积极解释的反应时；（2）消极启动下的解释偏差指数＝接受消极解释的反应时－拒绝消极解释的反应时。若解释偏向指数大于 0，则表明在积极信

① Beard，C.，& Amir，N.，"Interpretation in Social Anxiety：When Meaning Precedes Ambiguity，" *Cognitive Therapy and Research* 33（2009）：406-415.

② 参见 Beard，C.，& Amir，N.，"Interpretation in Social Anxiety：When Meaning Precedes Ambiguity，" *Cognitive Therapy and Research* 33（2009）：406-415；Hindash，A. H.，& Amir，N.，"Negative Interpretation Bias in Individuals with Depressive Symptoms，" *Cognitive Therapy and Research* 36（2012）：502-511。

念启动下，被试更倾向于产生积极解释偏向；在消极信念启动下，被试更易于产生远离消极解释的偏向。若解释偏向指数小于 0，表明在积极信念启动下，被试更倾向于产生远离积极解释的偏向；在消极信念启动下，被试更易于产生消极解释的偏向。

二　研究结果

（一）解释认可率

为了比较高、低职业人格组在对积极关怀行为、消极关怀行为解释认可率上的差异，我们以职业人格水平（高、低）为组间变量，以解释类型（积极关怀行为、消极关怀行为）为检验变量，进行独立样本 T 检验。结果表明：高、低职业人格组辅导员在积极关怀行为解释支持率上不存在显著差异（93.98 $VS.$ 87.27），t（60）= 0.73，p = 0.47 > 0.05，$Cohen's\ d$ = 0.19。高、低职业人格组辅导员在消极关怀行为解释支持率上存在边缘显著差异（23.44 $VS.$ 28.18），t（60）= 1.98，p = 0.05，$Cohen's\ d$ = 0.51。（详见表 5-4 和图 5-6）

（二）解释偏向指数

在积极关怀行为词启动下，高职业人格组辅导员的解释偏向指数为 396.96 > 0，表现出易于做出积极关怀行为的解释偏向；低职业人格组辅导员的解释偏向指数为 -32.61 < 0，表现出不易于做出积极关怀行为的解释偏向。独立样本 T 检验显示，高、低职业人格组辅导员的解释偏向存在显著差异（396.96 $VS.$ -32.61），t(62) = -9.88，p < 0.001，$Cohen's\ d$ = -2.51。

在消极关怀行为词启动下，高职业人格组辅导员的解释偏向指数为 102.37 > 0，表现远离消极关怀行为的解释偏向；低职业人格组辅导员的解释偏向指数为 -166.91 < 0，表现出趋向于消极关怀行为的解释偏向。独立样本 T 检验显示，高、低职业人格组辅导员的解释偏向存在显著差异（102.37 $VS.$ -166.91），t(62) = -5.72，p < 0.001，$Cohen's\ d$ = -1.45。（详见表 5-4 和图 5-6）

表 5-4　高、低职业人格组对关怀信息的解释认可率和解释偏向指数

类别	指标	高职业人格组（n=32）		低职业人格组（n=30）	
		M	SD	M	SD
解释认可率（%）	积极解释认可率	93.98	5.54	87.27	14.85
	消极解释认可率	23.44	15.09	28.18	20.63
解释偏差指数	积极启动	396.96	345.717	-32.61	136.68
	消极启动	102.37	215.15	-166.91	163.78

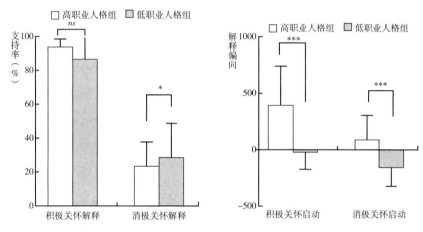

图 5-6　高、低职业人格组对关怀信息的解释认可率和解释偏向指数对比

三　讨论

本研究的目的是评估不同职业人格水平的辅导员对关怀信息模糊情境的解释偏向。我们使用积极（消极）关怀词匹配模糊句子的关联范式考查这一解释偏差。研究发现，在解释偏向支持上，高、低职业人格辅导员在对关怀信息模糊情境做出积极解释偏向的支持率上并没有显著差异。但是，在对关怀信息模糊情境做出消极解释偏向的支持率上，高职业人格组边缘性显著小于低职业人格组辅导员。这意味着低职业人格辅导员相对于高职业人格辅导员更倾向于对模糊情境做出消极关怀的解释。综上，假设 H2 得到验证。

虽然在积极解释支持率上，未发现高、低职业人格组辅导员存在显著差异。但是本研究测查的解释偏向指数却验证了高职业人格辅导员对积极关怀行为的解释偏向。研究发现，高职业人格辅导员在积极关怀信息启动下，表现出显著的积极关怀行为解释偏向。在消极关怀信息启动下，倾向于做出偏离消极关怀行为的解释。因此高职业人格辅导员不论在积极关怀信息还是消极关怀信息启动下，都更倾向于对模糊情境进行积极关怀行为解释，假设H1得到验证。本研究的解释偏向指数进一步支持了低职业人格辅导员的消极行为解释偏向。即在积极关怀信息启动下，低职业人格辅导员倾向于做出偏离积极关怀行为的解释；在消极关怀信息启动下，低职业人格辅导员倾向于做出偏向消极关怀行为的解释。

本研究结论可以从图式理论视角进行解释，即基于前述章节的研究可知，高职业人格辅导员在自我验证过程中产生了更高的师生关系承诺和更积极的关怀行为图式与脚本。因此，在积极关怀信息启动下，高职业人格辅导员的积极关怀图式集也被迅速激活，进而对模糊情境做出积极关怀行为解释。在消极关怀信息启动下，高职业人格辅导员没有足够的消极关怀信息图式与脚本，消极关怀信息的启动无法激活高职业人格辅导员内在的认知图式，以至于高职业人格辅导员倾向于做出偏离消极关怀行为的解释。对低职业人格辅导员而言，其在自我验证过程中，对良好师生关系产生了低期待与低承诺，而且对学生的关怀行为也不够稳定，易受到学生在校表现的影响。因此，低职业人格辅导员内在的积极关怀图式更为脆弱，消极关怀图式更稳固。所以在消极关怀信息启动下，低职业人格辅导员内在认知图式易于被激活而产生消极关怀行为的解释偏向，而在积极关怀信息启动下，低职业人格辅导员内在积极关怀图式不够稳固，难以被有效激活，导致低职业人格辅导员产生偏离积极关怀行为的解释。

此外从认知联结角度出发，基于本章前两节的研究结论，高职业人格辅导员在注意与记忆阶段对积极关怀信息产生了偏向性加工，低职业人格辅导员对消极关怀信息产生了偏向性加工。本研究发现在信息解释阶段，高、低职业人格辅导员均表现出与前述注意、记忆研究相似的研究结论，这一研究结论部分验证了认知联结理论。未来可以通过强化研究设计进一步验证。

四　结论

根据本节分析，验证得出如下结论。

高职业人格辅导员对模糊情境更容易产生积极关怀解释偏向，低职业人格辅导员对模糊情境更容易产生消极关怀解释偏向。

第六章

辅导员职业人格与失范行为的关系研究

辅导员肩负"学生人生导师"这一职业使命，其师德师风一直都是管理者与研究者关注的焦点。虽然辅导员群体职业失范行为鲜有发生，但也有见报道。为什么在职业道德与法律的双重约束下，还会有辅导员违背职业道德规范？我们应如何才能减少甚至消除此类失范行为？本书第四章和第五章已从积极关系行为的视角探究了辅导员职业人格对其积极关怀行为的促进作用。然而管理、教育及心理领域的系列实证研究已证实，一个因素对积极与消极结果的影响并不总是对称的。① 辅导员的职业人格对其积极行为和消极行为的影响及其作用机制也可能是不同的。师者"吐辞为经、举足为法"，② 相较于非关怀行为，教师的职业失范行为涵盖范围更广，对学生的影响可能也更为深远，③ 对辅导员而言尤其如此。④ 本章参照第四章对辅导员职业人格与关怀行为关系研究的分析理论，以认知—情

---

① 参见郭晟豪、萧鸣政《集体主义人力资源管理与员工积极、消极互惠：组织认同与关系认同的中介差异》，《商业经济与管理》2016 年第 12 期；杨宝琰、柳玉姣《积极坚持还是消极回避——家庭环境对农村初中学生学业坚持的影响机制》，《教育研究》2019 年第 7 期；戴国斌、林荷、谢菊兰《挑战性—阻碍性工作压力对失眠的影响：积极—消极工作反刍的中介作用》，《中国临床心理学杂志》2020 年第 5 期。

② 韩愈《进学解》；习近平 2018 年 5 月 2 日在北京大学师生座谈会上的讲话。

③ 洪幼娟：《中小学教师公平倾向：结构、影响因素及作用机制》，第 111~118 页。

④ 唐善梅、谭顶良：《高校辅导员人格特征对大学生道德人格影响的研究》，《黑龙江高教研究》2010 年第 9 期。

感人格系统理论为研究框架，以行为发生场域为逻辑，逐层揭示辅导员职业人格对一般行为、网络失范行为，以及内隐失范倾向的影响，以期综合性解析辅导员职业人格如何影响其对"学生人生导师"这一职业目标的践行。

第一节　辅导员职业人格与失范行为倾向的关系研究

师也者，教之以事而喻诸德者也。

——《礼记·文王世子》

《普通高等学校辅导员队伍建设规定》（教育部第 43 号令）中强调，"辅导员应当努力成为学生成长成才的人生导师"。"人生导师"既是国家与社会对辅导员这一职业的期许，也是辅导员自身职业发展的必然。那么，辅导员为何要成为学生的人生导师，又何以成为学生的人生导师呢？辅导员的职业使命天然决定了其必须是道德高尚的人群，所以有"时代楷模""全国师德标兵"曲建武，还有无数"以学生成长为荣"而默默付出的辅导员。然而，与"德高为范"形成鲜明对比的是"德不当其位"的少数，如有的辅导员干事不勤，工作消极懈怠；有的为师不廉，向学生索要礼品；有的用权不当，徇私舞弊；还有的作风不正，骚扰学生；更有甚者还出现违法犯罪情况，造成极其恶劣的影响。当我们谴责这些师德失范的辅导员、颂扬行为示范的辅导员的同时，也在思考这一鲜明对比背后的原因。既有研究主要基于他律缺失的视角，从外在制度层面对诱发辅导员职业失范行为的可能因素进行探究。[①] 虽然当前基于辅导员主体性视角的思考还比较少，但是研究者和管理者在探究过程中也逐渐认识到辅导员行为失范与师德失范共存的背后可能是辅导员主

---

① 参见马其南、曲建武《优秀辅导员师德建设探讨》，《学校党建与思想教育》2019 年第 21 期；陈建香、滕云、陈玉平：《高校"80 后"辅导员师德建设的挑战与对策》，《思想教育研究》2010 年第 12 期。

体性在发挥重要作用。① 既有研究也发现，个体的道德规范图式能有效解释道德行为的变异。② 因此，有必要从辅导员主体性视角去探究其对职业失范行为的影响，这对预防辅导员师德失范的发生具有重要的理论和现实意义。

道德失范行为（unethical behavior），又称不道德行为，是指不被大众接受，或与大家所广泛接受的道德规范准则相违背的行为，③ 如欺骗、贿赂、学术不端、肆意破坏公共环境等。④ 教师职业失范行为，是道德失范行为在教师职业道德规范领域的特殊表现，是指教师在学生学习与生活中对学生表现出来的违背教师职业道德规范的行为，如敷衍、搪塞、侮辱、歧视、体罚、奖惩不公、以权谋私等。⑤ 根据教师职业失范行为的定义并结合辅导员的职业特征，本研究将辅导员职业失范行为定义为：辅导员在教育管理学生过程中表现出的违背高校教师职业道德规范、违反组织纪律的行为。教师的道德失范行为会对学生的身心健康和人格完善产生较大的负面影响，⑥ 辅导员的职业失范行为也会影响学生健康成长及其人格的完善。⑦

① 王金平：《胜任力视域下高校辅导员师德师风的建设范式研究》，《黑龙江高教研究》2017年第10期。

② 参见 Walker, L. J.. & Frimer, J. A., "Moral Personality of Brave and Caring Exemplars," *Journal of Personality and Social Psychology* 93 (2007): 845-860; Simha, A., & Parboteeah, K. P., "The Big 5 Personality Traits and Willinqness to Justify Teachers' Misbehavior-A Cross-National Examination," *Journal of Business Ethics* 167 (2019): 451-471。

③ Jones, T. M., "Ethical Decision Making by Individuals in Organizations: An Issue Contingent Model," *Academy of Management Review* 16 (1991): 366-395.

④ 参见 Sheldon, O. J., & Fishbach, A, "Anticipating and Resisting the Temptation to Behave Unethically," *Personality and Social Psychology Bulletin* 41 (2015): 962-975; Reynolds, S. J., & Ceranic, T. L., "The Effects of Moral Judgment and Moral Identity on Moral Behavior: An Empirical Examination of the Moral Individual," *Journal of Applied Psychology* 92 (2007): 1610-1624。

⑤ 参见王鑫强、王静、王健、张大均《中小学教师不道德职业行为的结构、测量等值性及检出率》，《教育学术月刊》2019年第9期; Wang, J. et al., "Development and Validation of an Unethical Professional Behavior Tendencies Scale for Student Teachers," *Frontiers in Psychology* 12 (2021): 770681。

⑥ Arslan, S., and Dinç, L., "Nursing Students' Perceptions of Faculty Members' Ethical / Unethical Attitudes," *Nursing Ethics* 24 (2017): 789-801。

⑦ 唐善梅、谭顶良：《高校辅导员人格特征对大学生道德人格影响的研究》，《黑龙江高教研究》2010年第9期。

　　既有的关于职业失范行为前因的探讨中，人格倾向是不可回避的要素。人格特质理论认为，人格能从内在制约或决定个体的外在行为。[①] Simha 和 Parboteeah 对来自 23 个国家的 38655 名被试进行调查，[②] 结果发现，大五人格中的尽责性、宜人性、开放性与不道德行为都呈显著负相关。尽责性低的个体更不愿意承担个人责任，并表现出更少的亲社会行为。[③] 在工作情境中，相较于尽责性低的领导，尽责性高的领导会进行更多的道德反思，进而倾向于在工作中表现出更多的道德行为。[④] 结合认知—情感系统人格理论（CAPS），个体人格差异会影响人们形成不同的认知—情感单元，而这些单元又会与情境交互作用共同塑造我们的行为。[⑤] 据此，我们推测高职业人格辅导员在自我验证的过程中，更倾向于内化职业道德规范，对职业道德规范产生更多的积极感知，因而更不易于做出职业失范行为。低职业人格辅导员在自我验证的过程中，可能对职业道德规范有更多的消极感知，因而具有相对更大的职业失范风险。综上，我们提出如下假设：辅导员职业人格水平会负向预测其职业失范行为（H1）。

　　研究者认为个体产生不道德行为之前往往经历了道德困境的选择过程。为了社会分工合作的和谐有效，为了维持组织中稳定融洽的成员关系和自我的名誉，个体必须要克服自私的本能冲动，考虑以道德规范行事。在这个两难的选择过程中，自我控制资源发挥着重要作用。[⑥] Baumeister 等在有限自制力模型

[①]　Allport, G. W., *Pattern and Growth in Personality*, New York: Holt, Rinehart & Winston, 1961, pp. 769-771.

[②]　Simha, A., & Parboteeah, K. P., "The Big 5 Personality Traits and Willinqness to Justify Teachers' Misbehavior-A Cross-National Examination," *Journal of Business Ethics* 167 (2019): 451-471.

[③]　McFerran, B., Aquino, K., & Duffy, M, "How Personality and Moral Identity Relate to Individuals' Ethical Ideology," *Business Ethics Quarterly* 20 (2010): 35-56.

[④]　Babalola, M. T. et al., "The Mind is Willing, but the Situation Constrains: Why and When Leader Conscientiousness Relates to Ethical Leadership," *Journal of Business Ethics* 155 (2019): 75-89.

[⑤]　于松梅、杨丽珠：《米契尔认知情感的个性系统理论述评》，《心理科学进展》2003 年第 2 期。

[⑥]　参见 Muraven, M., & Baumeister, R. F., "Self-regulation and Depletion of Limited Resources: Does Self-control Resemble a Muscle?," *Psychological Bulletin*, 126 (2000): 247-259; Sheldon, O. J., & Fishbach, A., "Anticipating and Resisting the Temptation to Behave Unethically," *Personality and Social Psychology Bulletin* 41 (2015): 962-975; 崔德霞等：《自我控制资源视角下工作场所即时通讯过载影响员工越轨行为的作用机制研究》，《管理学报》2021 年第 3 期; Gottfredson, M. R., & Hirschi, T., *A General Theory of Crime*, Stanford: Stanford University Press, 1990, pp. 76-85。

中，将自我控制能力视为一种有限的心理资源，并强调这种资源会因不断地消耗而产生自我控制资源损耗现象，进而对后续的任务执行和操作产生影响。① 个体在道德两难情境中为了避免产生反社会和不符合道德规范的行为，需要更多的自我控制资源。② 自我控制资源不足的个体，没有足够的心理资源来克服道德自私的冲动，以及抑制短期利益的诱惑，以至于个体更容易在随后的任务和操作中产生更多的道德失范行为，如不诚信行为③、性骚扰④、暴力等反社会行为⑤，工作场所中的反生产行为⑥、职业失范行为，⑦ 以及更少的亲社会行为⑧。而且，个体自我控制资源的不足不仅会抑制其从事亲社会行为等符合社会道德规范的行为倾向，还会导致个体更容易通过各种冲动行为来满足自己的短期欲望。⑨ 因此，自我控制资源的不足不仅会减弱个体的

①　Baumeister, R. F. et al., "Ego Depletion: Is the Active Self a Limited Resource?," *Journal of Personality and Social Psychology* 74 (1998): 1252–1265.

②　参见 Gottfredson, M. R., & Hirschi, T., *A General Theory of Crime*, Stanford: Stanford University Press, 1990, pp. 76–85; 董蕊、倪士光《工作场所不道德行为：自我控制资源有限理论的解释》，《西北师大学报（社会科学版）》2017 年第 1 期。

③　Muraven, M., & Baumeister, R. F., "Self-regulation and Depletion of Limited Resources: Does Self-control Resemble a Muscle?," *Psychological Bulletin* 126 (2000): 247–259

④　Glomb, T. M. et al., "Ambient Sexual Harassment: An Integrated Model of Antecedents and Consequences," *Organizational Behavior and Human Decision Processes* 71 (1997): 309–328.

⑤　参见 Bacon, A. M., Corr, P. J., & Satchell, L. P., "A Reinforcement Sensitivity Theory Explanation of Antisocial Behaviour," *Personality and Individual Differences* 123 (2018): 87–93; Dewall, C. N et al., "Depletion Makes the Heart Grow Less Helpful: Helping as a Fiunction of Self-regulatory Energy and Genetic Relatedness," *Personality and Social Psychology Bulletin* 34 (2008): 1653–1662。

⑥　卫武、黄昌洋、张琴：《消极情绪对组织公民行为和反生产行为的影响：自我控制视角》，《管理评论》2019 年第 12 期。

⑦　参见 Barnes, C. M., Schaubroeck, J., Huth, M., & Ghumman, S., "Lack of Sleep and Unethical Conduct," *Organizational Behavior and Human Decision Processes* 115 (2011): 169–180; 洪幼娟：《中小学教师公平倾向：结构、影响因素及作用机制》，第 111~147 页。

⑧　参见 Gino, F., et al., "Understanding Ordinary Unethical Behavior: Why People Who Value Morality Act Immorally," *Current Opinion in Behavioral Sciences* 3 (2015): 107–111; Tangney, June P. et al. "High self-control Predicts Good Adjustment, Less Pathology, Better Grades, and Interpersonal Success," *Journal of Personality* 2 (2004): 271–324。

⑨　Loewenstein, G., "Out of Control: Visceral Influences on Behavior," *Organizational Behavior and Human Decision Processes* 65 (1996): 272–292.

道德行为，还会提高个体产生反生产等职业失范行为的倾向。脑科学研究也证实，自我控制与道德判断都与腹内侧前额叶皮层（ventromedial prefrontal cortex，vmPFC）的激活有关。[①] 综上，我们提出如下假设：自我控制能有效抑制辅导员的职业失范行为（H2）。

基于资源保存理论，个体心理资源具有有限性，一个领域的资源损耗会减少另一领域的可用心理资源，自我控制资源亦是如此。[②] 基于本书第三章第二节的研究结论，我们得知高职业人格辅导员比低职业人格辅导员有更多的初始心理资源。那么基于资源有限理论的初始资源效应，当面临相同的情境，低职业人格辅导员因为初始的心理资源匮乏，更容易陷入控制资源损耗状态，进而导致其没有足够的资源来抑制自己的道德自私冲动，更倾向于满足自己道德自私本能及短期欲望，以至于产生更多偏离教育目标的职业失范风险。高职业人格辅导员因为有更高的心理初始资源，更易于进入资源增益状态，有相对更充足的自我控制资源来抑制道德自私冲动，更不易于产生职业失范行为。综上，我们提出如下假设：高职业人格辅导员比低职业人格辅导员拥有更高的自我控制水平（H3）；自我控制在职业人格与职业失范行为之间发挥着中介作用（H4）。（详见图6-1）

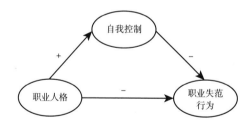

图 6-1　辅导员职业人格与失范行为关系研究的假设模型

① Boes，A. D. et al.，"Behavioral Effects of Congenital Ventromedial Prefrontal Cortex Malformation," *BMC Neurology* 11（2011）：1-11.

② 参见董蕊、倪士光《工作场所不道德行为：自我控制资源有限理论的解释》，《西北师大学报（社会科学版）》2017年第1期；Muraven，M.，& Baumeister，R. F.，"Self-regulation and Depletion of Limited Resources：Does Self-control Resemble a Muscle?"，*Psychological Bulletin*，126（2000）：247-259。

一 研究方法

（一）研究对象

采用整群抽样法，从福建、河南、河北三省及北京市共 30 所高校抽取 590 名辅导员参与调查。调查采用集体施测方法，利用辅导员所属学院召开工作例会或相关工作会议的时间集体作答。参考以下两个标准对问卷进行有效性检测以剔除无效问卷：（1）全卷作答相同选项数量大于 70%；（2）问卷作答表现出一定的规律性。最终取得有效问卷 492 份，有效回收率为 83.39%。在有效被试中，男辅导员 221 名（44.92%），女辅导员 271 名（55.08%）；入职 0～4 年（含 4 年）的辅导员 269 名（54.67%），5～8 年（含 8 年）的辅导员 164 名（33.33%），9 年及以上的辅导员 59 名（11.99%）；初级职称辅导员 294 名（59.76%），中级职称辅导员 182 名（36.99%），高级职称辅导员 16 名（3.25%）。被试的年龄范围为 24～52 岁（$M = 31.17$ 岁，$SD = 5.41$）。完成问卷后，所有参与调查的被试均获得一定报酬。

（二）研究工具

1. 辅导员职业人格问卷

同本书第三章第一节。该问卷在本研究中的 Cronbach's α 系数为 0.94，且结构效度良好（$x^2/df = 2.22$，$RMSEA = 0.05$，$CFI = 0.96$，$TLI = 0.95$，$SRMR = 0.03$）。

2. 自我控制量表

采用罗涛等修订的《中国版简式自我控制量表（BSCS）》。[①] 该量表包含自律性（Self-Discipline）及冲动控制（Impulse Control）两个维度，共 7 个题项，如"有时我会忍不住去做一些明明知道不对的事情"。该量表采用 5 点计分法（"1"代表"非常不同意"到"5"代表"非常同意"）。在本研究中，问卷的 Cronbach's α 系数为 0.87，且结构效度良好（$x^2/df = 4.12$，$RMSEA = 0.08$，$CFI = 0.97$，$TLI = 0.96$，$SRMR = 0.03$）。

---

① 罗涛等：《简式自我控制量表中文版的信效度检验》，《中国临床心理学杂志》2021 年第 1 期。

3. 职业失范行为问卷

修订了王鑫强等编制的《教师不道德职业行为问卷》。[①] 该问卷由敷衍塞责、侮辱体罚、以权谋私、奖惩不公四个维度，共 11 个题项组成，如"在某些情况下，利用职务之便谋取自己的利益"等。采用 5 点计分（从"1"代表"绝对不会"到"5"代表"绝对会"），得分越高，说明辅导员发生行为失范的风险越高。在本研究中，该问卷的内部一致性 Cronbach's α 系数为 0.92，且结构效度良好（$x^2/df = 2.26$，$RMSEA = 0.05$，$CFI = 0.98$，$TLI = 0.98$，$SRMR = 0.02$）。

二　研究结果

（一）共同方法偏差检验

本研究的研究变量均采用自评方式进行调查，可能存在共同方法偏差问题，所以先予以检验。与本书前述研究一致，采用 Harman 单因子检验法进行共同方法偏差检验。[②] 将本研究变量所有题项进行未旋转探索性因子分析，结果发现特征根大于 1 的因素共有 8 个，共同解释了总变异的 65.53%，其中第一个主成分的变异解释量为 30.27%，小于临界值 40%，且小于总变异解释量的一半，意味着本研究不存在单一因子解释所有变量大部分方差的严重共同方法偏差问题。同时，根据验证性因子分析（CFA）的结果可知（详见表 6-1），三因素模型拟合最好（$x^2/df = 2.38$，$RMSEA = 0.053$，$CFI = 0.97$，$TLI = 0.97$，$SRMR = 0.04$），即本研究设计的三个构念确实代表了三个不同的概念，测量具有良好的区分效度。综上，Harman 单因子检验法和验证性因子分析（CFA）的结果共同表明，本研究的共同方法偏差程度处于可接受水平，不会对结果产生严重影响。

[①] 王鑫强、王静、王健、张大均：《中小学教师不道德职业行为的结构、测量等值性及检出率》，《教育学术月刊》2019 年第 9 期。

[②] 参见 Podsakoff, P. M. et al., "Common Method Biases in Behavioral Research: A Critical Review of the Literature and Recommended Remedies," *Journal of Applied Psychology* 88 (2003): 879-903；周浩、龙立荣：《共同方法偏差的统计检验与控制方法》，《心理科学进展》2004 年第 6 期。

表 6-1　共同方法偏差检验的验证性因子分析结果

模型	χ^2	df	χ^2/df	RMSEA(90% C. I.)	CFI	TLI	SRMR
三因素模型	121.16 ***	51	2.38	0.053[0.041,0.065]	0.97	0.97	0.04
双因子模型 M_1	348.92 ***	53	6.58	0.107[0.096,0.117]	0.89	0.86	0.09
双因子模型 M_2	283.69 ***	53	5.35	0.094[0.083,0.105]	0.91	0.89	0.07
双因子模型 M_3	985.63 ***	53	18.6	0.189[0.179,0.200]	0.66	0.57	0.13
单因子模型	1120.03 ***	54	20.74	0.200[0.190,0.211]	0.61	0.52	0.13

注：双因子模型 M_1 将自我控制与职业失范合并为一个潜在因子；双因子模型 M2 将职业人格与自我控制合并为一个潜在因子；双因子模型 M3 将职业失范与职业人格合并为一个潜在因子；单因子模型：将所有变量合并为一个潜在因子。

（二）辅导员职业人格、自我控制与职业失范行为的相关分析

本研究涉及变量的均值、标准差和相关系数参见表 6-2。据表 6-2 可知，辅导员职业人格与自我控制显著正相关（$r=0.41$，$p<0.001$）、与职业失范行为显著负相关（$r=-0.36$，$p<0.001$），自我控制与职业失范行为显著负相关（$r=-0.32$，$p<0.01$），研究变量相关性分析的结果为自我控制中介作用假设的验证提供了初步的证据。

表 6-2　各研究变量的均值、标准差及相关系数

变量	M	SD	1	2	3
1. 职业人格	4.71	0.62	1		
2. 自我控制	3.67	0.79	0.41 ***	1	
3. 职业失范行为	1.60	0.57	-0.36 ***	-0.32 *	1

（三）辅导员职业人格与职业失范行为的中介效应模型检验

采用结构方程模型检验自我控制对辅导员职业人格与职业失范行为关系的中介作用。依据温忠麟和叶宝娟建议的中介效应检验程序，① 首先，以辅导员职业人格为自变量，辅导员职业失范行为作因变量构建直接效应模型。模型拟合结果表明，"职业人格→职业失范行为"模型拟合良好（$\chi^2/df=$

---

① 温忠麟、叶宝娟：《有调节的中介模型检验方法：竞争还是替补》，《心理学报》2014 年第 5 期。

2.64，$RMSEA = 0.06$，$CFI = 0.97$，$TLI = 0.96$，$SRMR = 0.05$)，说明直接效应模型可以接受。路径分析的结果显示，辅导员职业人格对职业失范行为的路径系数显著（$\beta = -0.42$，$t = -5.93$，$p < 0.001$)，表明辅导员职业人格负向预测职业失范水平，假设 H1 得到验证。

其次，在直接效应模型中加入中介变量"自我控制"之后，模型拟合结果表明"职业人格→自我控制→职业失范行为"模型拟合良好（$X^2/df =$ 3.38，$RMSEA = 0.05$，$CFI = 0.97$，$TLI = 0.97$，$SRMR = 0.04$)，说明自我控制的中介模型可以接受。路径分析的结果显示，"职业人格→职业失范行为"的路径系数依然显著（$\beta = -0.28$，$SE = 0.09$，$t = -3.09$，$p < 0.005$)，说明自我控制在职业人格与职业失范行为之间可能发挥的是部分中介作用；"自我控制→职业失范行为"的路径系数显著（$\beta = -0.26$，$SE = 0.08$，$t = -3.37$，$p < 0.005$)，表明辅导员自我控制水平能负向预测辅导员的职业失范行为水平，假设 H2 得到验证。"职业人格→自我控制"的路径系数显著（$\beta = 0.52$，$SE = 0.06$，$t = 8.88$，$p < 0.001$)，表明职业人格能显著正向预测辅导员的自我控制水平，假设 H3 得到验证。（详见图 6-2）

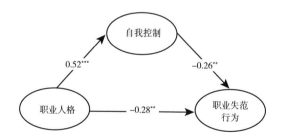

图 6-2　自我控制在辅导员职业人格与失范行为之间的中介路径

进一步运用 Bootstrap 法来有效减少 II 类错误[①]，通过重复取样 1000 次，计算出中介效应的 Bootstrap 95% 置信区间，若置信区间不包含 0 则表示中介

---

① MacKinnon，D. P.，Lockwood，C. M.，& Williams，J，"Confidence Limits for the Indirect Effect：Distribution of the Product and Resampling Methods," *Multivariate Behavioral Research* 39（2004）：99-128.

效应显著。① 分析结果如表 6-3 所示，各路径的 Bootstrap 95%置信区间均不包含 0。综上，自我控制中介效应显著，假设 H4 得到验证。具体而言，辅导员职业人格对职业失范行为的直接效应为-0.28，占总效应的 68.3%。自我控制产生的间接效应值为-0.13，占辅导员职业人格对失范行为总效应的 31.7%。

表 6-3　辅导员职业人格影响职业失范行为的路径及效应分解

路　　径	效应值（标准化）	SE	95% C. I.		占总效应的比例（标准化）%
			下限	上限	
职业人格→自我控制→职业失范行为	-0.13	0.04	-0.22	-0.06	31.7
职业人格→职业失范行为（直接路径）	-0.28	0.09	-0.46	-0.11	68.3
总效应	-0.41	0.12			100

三　讨论

本研究就辅导员职业人格对职业失范行为的影响进行研究，结果得出辅导员职业人格显著负向地预测辅导员的职业失范行为，辅导员职业人格水平越高，出现职业失范的风险就越低，假设 H1 得到验证。该研究结论表明，职业人格不仅对辅导员职业失范行为有抑制作用，而且还解释了辅导员大部分职业失范行为的变异。这一结论也与职业失范行为前置因素的人格研究结论基本一致，② 说明辅导员职业人格作为职业情境中的积极要素，是抑制辅导员产生职业失范行为的重要因素。

研究还发现，辅导员职业人格通过自我控制的中介作用抑制了辅导员职

---

① 方杰、张敏强：《中介效应的点估计和区间估计：乘积分布法，非参数 Bootstrap 和 MCMC 法》，《心理学报》2012 年第 10 期。

② 参见 McFerran, B., Aquino, K., & Duffy, M., "How Personality and Moral Identity Relate to Individuals' Ethical Ideology," *Business Ethics Quarterly* 20（2010）：35-56.；Simha, A., & Parboteeah, K. P., "The Big 5 Personality Traits and Willinqness to Justify Teachers' Misbehavior- A Cross-National Examination," *Journal of Business Ethics* 167（2019）：451-471.

业失范行为的产生。辅导员职业人格可以显著预测自我控制水平，高职业人格可以催生良好的自我控制能力，而自我控制又可显著抑制辅导员的职业失范行为倾向。自我控制在辅导员职业人格与职业失范行为之间的中介效应为 -0.13，占总效应的 31.7%，假设 H2—H4 得到验证。这一结果说明辅导员职业人格对其职业失范行为的保护效应有一部分通过辅导员的自我控制水平来传导。这也进一步证实了职业人格作为一种积极的心理资源，对辅导员在职业情境中生成良好自我控制资源的重要性。[①] 本研究结论与自我控制在道德领域的研究结论基本一致，[②] 这也再次验证了自我控制资源理论，并将此理论拓展到思想政治教育领域。本研究从自我控制理论视角，解释了一直困惑教育管理者的现实问题：为什么即使辅导员接受了岗前培训，知晓职业道德规范，却仍然会有产生职业失范行为的风险。究其原因可能就在于有些辅导员缺乏足够的自我控制资源，没有坚定的意志力来克服道德自私的冲动、抵制短期利益的诱惑，为了满足自己的欲望而最终产生了道德失范行为。

四　结论

根据本节分析，验证得出如下两点结论。

（1）辅导员的职业人格与自我控制显著正相关，与职业失范倾向显著负相关。

（2）辅导员职业人格可通过自我控制的中介作用抑制辅导员的职业失范倾向。

第二节　辅导员职业人格与网络失范行为的关系研究

本章第一节通过问卷调查方式得出辅导员职业人格对其失范行为的抑制

---

① Baumeister, R. F. et al. , " Ego Depletion: Is the Active Self a Limited Resource?," *Journal of Personality and Social Psychology* 74（1998）: 1252-1265.

② 参见 Loewenstein, G. , "Out of Control: Visceral Influences on Behavior," *Organizational Behavior and Human Decision Processes* 65（1996）: 272-292；崔德霞等《自我控制资源视角下工作场所即时通讯过载影响员工越轨行为的作用机制研究》，《管理学报》2021 年第 3 期。

效应，以及自我控制在两者关系间的介导作用。虽然这一研究为我们理解辅导员职业失范行为提供了崭新视角，但研究中使用的测量工具聚焦的是辅导员在一般情况下的失范行为。然而，现实中网络已成为辅导员开展思想政治教育管理工作的重要场域。既有研究也发现，由于在网络中人与人之间缺少现实空间中的具身接触，这种间接性削弱了人们在网络活动中的道德意识，因而更容易产生偏差或者不道德行为。① 那么，在具体的网络教育管理情境中，辅导员的失范倾向又是如何呢？还未有研究就辅导员网络失范行为展开实证研究，现有研究主要集中于对辅导员"网络育人"主题的探讨，且主要在教育行为方式上进行理论思考，并未对辅导员在网络中的行为效价，即失范或示范行为予以讨论。教师在网络上披露学生隐私，辱骂学生，发表不当言论等网络失范行为也有见报道，这些失范行为不仅对学生的健康成长造成极其恶劣的影响，也影响了青年学生正确网络价值观的塑造。因此，对辅导员的网络失范行为展开研究具有重要的理论与现实意义。

网络偏差行为是不符合社会期望、不遵守网络规则和道德的偏差行为，② 是偏差行为在网络场域中的延展，也是现实社会道德的一种特殊形式。网络偏差行为是在互联网心理学中出现较早但又研究得相对较少的一个领域。③ 互联网发展变化迅速，关于网络偏差行为概念的研究也形式多样，难以统一，这在一定程度上也阻碍了网络偏差行为的研究。Denegri-Knott 和 Taylor 基于研究视角将网络偏差行为概念的界定归纳为两种取向：绝对取向和相对取向。④ 较好地将清了网络偏差概念研究的发展方向，也为本研究概

---

① 参见马晓辉、雷雳《青少年网络道德与其网络偏差行为的关系》，《心理学报》2010 年第 10 期；马晓辉、雷雳：《青少年网络道德与其网络亲社会行为的关系》，《心理科学》2011 年第 2 期。

② 李冬梅、雷雳、邹泓：《青少年网上偏差行为的特点与研究展望》，《中国临床心理学杂志》2008 年第 1 期。

③ 参见马晓辉、雷雳《青少年网络道德与其网络偏差行为的关系》，《心理学报》2010 年第 10 期；Palmieri, M., Shortland, N., & McGarry, P., "Personality and Online Deviance: The Role of Reinforcement Sensitivity Theory in Cybercrime," *Computers in Human Behavior* 120 (2021): 106745。

④ Denegri-Knott, J., & Taylor, J., "The Labeling game: A Conceptual Exploration of Deviance on the Internet," *Social Science Computer Review* 23 (2005): 93-107.

念的界定提供了有益启发。其中，"绝对取向"是一种宏观研究视角，主要聚焦研究网络文化过程。这种研究视角下的网络失范行为是指个体无法适应正常的网络生活而因此产生的违背甚至破坏网络规范的偏差行为。"相对取向"是一种微观研究视角，这种研究视角将"期望和规范"纳入其中，主要探究以计算机为媒介的人际交流互动过程。所以在这种研究视角下的网络失范行为主要是指不符合某一团体组织的期望和规范的网络行为，即通过将某种行为结果和与之相类似的违反某种规范的现实偏差行为进行类比，在此基础上再确定其是否属于网络失范行为。综上，结合本书的研究主题，本研究将基于"相对取向"的微观研究视角，将辅导员网络失范行为界定为：辅导员在具体的网络教育管理互动中产生的不符合职业道德规范和组织纪律的行为，如在网络上辱骂学生、揭露学生隐私、发表不当言论等。

既有关于网络失范行为的前置因素的研究发现，失范行为实施者的特征是必须考虑的要素，[①]其中人格特质对网络失范及犯罪行为有着显著影响[②]。结合本章第一节横断调查的研究结论，我们提出如下假设：职业人格对辅导员的网络失范行为有显著影响，高职业人格辅导员在教育管理学生的过程中不易产生网络失范行为，而低职业人格辅导员在教育管理过程中产生网络失范行为的风险更高（H1）。

Pratt 和 Cullen 对犯罪和偏离行为的元分析发现，[③] Gottfredson 和 Hirchi 关于中低自我控制是偏离行为和犯罪行为主要成因的论断对网络偏离行为依旧适用。[④] 如 Baek 对 1091 名韩国中小学生的调查研究发现，通过提高青少

① Cioban, s., Lazar, A. R., Bacter, C., & Hatos, A, "Adolescent Deviance and Cyber-deviance. A Systematic Literature Review," *Frontiers in Psychology* 12 (2021): 748006.

② Palmieri, M., Shortland, N., & McGarry, P., "Personality and Online Deviance: The Role of Reinforcement Sensitivity Theory in Cybercrime," *Computers in Human Behavior* 120 (2021): 106745.

③ Pratt, T. C., & Cullen, F. T., "The Empirical Status of Gottfredson and Hirschi's General Theory of Crime: A Meta-analysis," *Criminology* 38 (2000): 931–964.

④ Gottfredson, M. R., & Hirschi, T, *A General Theory of Crime*, Stanford: Stanford University Press, 1990, pp. 76–85.

年的自我控制能力可以有效降低他们产生网络越轨行为的风险。[①] 在 Donner
及其同事的研究中,[②] 发现低自控力与各种异常网络行为有关,包括通过电
子邮件或即时消息威胁、侮辱他人,侵入未经授权的互联网区域,以及未经
他人许可在互联网上使用他人信息。Baek 等则进一步发现,低自控力还是
导致网络骚扰的一个重要预测因素。[③] 结合本章第一节横断调查的研究结
论,我们提出如下假设:职业人格倾向于通过自我控制的介导作用抑制辅导
员的网络失范行为(H2)。

既有关于网络偏差行为的研究主要有两种形式,一种是通过问卷调查
形式建模探究网络偏差行为的结构、特征及影响因素,如李冬梅等的一项
调查研究结果表明,青少年网络偏差行为最主要的表现形式包括网络过激
行为、网络侵犯行为、网络色情行为和网络欺骗行为等。[④] 黄少华和黄凌
飞对大学生群体进行调查,结果认为网络偏差行为主要由网络侵害、滥
用、盗版、抄袭这四种构成。[⑤] 还有一种是通过情境研究的形式,通过创
设网络失范情境调查被试的失范行为倾向,[⑥] 这种方式相对于横断问卷调
查形式具有更强的情境性,而且适当降低了问卷调查研究中的社会期望效
应。据此,本节主要采用网络失范情境行为实验来研究辅导员的网络失范
行为倾向。

① Baek, H., "Computer-specific Parental Management and Online Deviance Across Gender in South Korea: A Test of self-control Theory," *International Journal of Cyber Criminology* 12 (2018): 68-83.

② Donner, C.M., & Jennings, W.G., "Low Self-control and Police Deviance: Applying Gottfredson and Hirschi's General Theory to Officer Misconduct," *Police Quarterly*, 17, 2014, pp. 203-225.

③ Baek, H., Losavio, M.M., & Higgins, G.E., "The Impact of Low Self-control on Online Harassment: Interaction with Opportunity," *Journal of Digital Forensic*, *Security*, *and Law* 11 (2016): 27-42.

④ 李冬梅、雷雳、邹泓:《青少年网上偏差行为的特点与研究展望》,《中国临床心理学杂志》2008 年第 1 期。

⑤ 黄少华、黄凌飞:《网络道德意识与同侪压力对不道德网络行为的影响——以大学生网民为例》,《兰州大学学报(社会科学版)》2012 年第 5 期。

⑥ 吴鹏等:《青少年网络不道德行为与父母教养方式的关系——道德脱离、责任心、道德同一性的中介作用》,《心理科学》2013 年第 2 期。

综上，本研究将基于网络失范的研究范式，在本章第一节横断调查研究的基础上，通过构建网络教育管理情境，采用实验手段探究辅导员在网络中对学生实施惩戒时的失范倾向。将辅导员失范行为倾向研究从现实场域迁移至网络场域，从一般行为倾向深入具体教育情境，从横断问卷调查转至情境行为实验，以期更全面地理解辅导员职业人格对其失范行为的作用机制。

一 研究方法

（一）实验设计

本研究采用 2（职业人格水平：高、低）×2（学生类型：综合表现好、综合表现差）混合实验设计。其中，辅导员职业人格水平为被试间变量，学生类型为被试内变量，因变量为辅导员在网络上对犯错学生进行言语暴力及侵犯学生隐私的可能性。

（二）实验被试

采用 G * Power 3.1 计算研究所需要的样本量。[①] 根据 Cohen 的研究建议，[②] 对于本研究适用的重复测量方差分析，在组间样本比率为 1，显著性水平 $\alpha = 0.05$，且中等效应（$f = 0.25$）时，预测达到 80%（$1-\beta = 0.80$）的统计检验力水平所需样本量至少为 98 人（平均每组样本量为 49 人）。

实际取样时，采用自编的《辅导员职业人格问卷》来筛选被试，本研究中该问卷的 Cronbach's α 系数为 0.94。遵循自愿原则，从福建福州、漳州共 8 所高校招募了 240 名辅导员，参与本研究的问卷调查。对回收的问卷进行数据整理，将全卷作答相同选项数量大于 70% 的问卷剔除，共获

---

① Erdfelder, E., Faul, F., & Buchner, A., "GPOWER: A General Power Analysis Program," *Behavior Research Methods, Instruments, & Computers* 28 (1996): 1-11.

② 参见 Cohen, J., "A Power Primer," *in Psychological Bulletin* 112 (1992): 155-159; Cohen, J., "A Power Primer," in A. E. Kazdin eds., *Methodological Issues and Strategies in Clinical Research* (4th), Washington, DC: American Psychological Association, 2016, pp. 279-284.

得有效问卷 215 份，问卷有效率为 89.58%。对被试的辅导员职业人格总分由高至低排序，取得分在前 27% 的 58 人为高职业人格组，得分在后 27% 的 58 人为低职业人格组。通过电话联系等方式邀请得分位于高、低组中的这 116 位辅导员参加实验，最终共 106 人同意参与本实验，高、低职业人格组各 53 人。实验前征得被试同意，实验结束后，被试获得一定报酬或等价礼品。被试年龄段为 25～43 岁（$M = 32.66$，$SD = 4.26$）。独立样本 T 检验结果显示，在辅导员职业人格总得分上，高、低职业人格组差异显著，高分组得分（$M = 139.03$，$SD = 4.72$）显著高于低分组（$M = 104.47$，$SD = 10.26$），$t（104）= 22.27$，$p < 0.001$，$Cohen's\ d = 4.37$，表明本研究分组有效。

（三）实验材料

1. 问卷材料

与本章第一节的研究一致，采用罗涛等修订的《中国版简式自我控制量表（BSCS）》测量辅导员的自我控制水平。[1] 在本研究中，该问卷的内部一致性 Cronbach's α 系数为 0.89。

2. 网络失范行为情境测验

本研究中的情境测验分三部分，其内容根据网络失范行为研究范式，[2] 结合网络失范行为量表相关内容和辅导员工作实际而确定。最终确定将学生工作中常遇到的"网络言语暴力""网络隐私侵犯"这两个方面作为辅导员网络失范行为的测量指标。

其中第一部分是对情境事件的基本描述，具体如下：

今天轮到你所带的学生参加学校常规化核酸检测，但是有一位同学却因为在校内和其他学院的同学约会而错过检测时间，没有参加集体核酸检测，而且也没有事先请假，给学院的疫情防控工作带来了影响。

情境刺激的第二部分是对学生类别的操作，具体如下：

---

① 罗涛等：《简式自我控制量表中文版的信效度检验》，《中国临床心理学杂志》2021 年第 1 期。

② 吴鹏等：《青少年网络不道德行为与父母教养方式的关系——道德脱离、责任心、道德同一性的中介作用》，《心理科学》2013 年第 2 期。

（1）综合表现良好的学生：您的这位学生，名叫王五，在校表现突出，上学期综合测评位列专业前 10%。

（2）综合表现不佳的学生：您的这位学生，名叫赵六，在校表现不佳，上学期综合测评位列专业倒数 10%。

情境测验的第三部分是要求辅导员依照自己的真实想法对不恰当对待犯错学生的可能性及其程度做出评估，即：

（1）作为王五（赵六）的辅导员，为了惩戒王五（赵六）的行为，你会在近 300 号人的年级微信群或 QQ 群里@全体同学，直接对王五（赵六）未及时参加核酸检测的事进行点名道姓的批评（"1"代表"绝对不会"，"6"代表"绝对会"）。

（2）你会在年级微信群或 QQ 群里揭露王五（赵六）是因为约会而错过学院统一的核酸检测（"1"代表"绝对不会"，"6"代表"绝对会"）。

正式实验实施之前，研究者针对上述情境材料进行了预研究，目的是考察如下两个问题：（1）实验情境是否接近辅导员工作的现实；（2）实验情境中的行为能否反映辅导员的行为失范。参加者为福建省某高校的 10 名在职辅导员和 10 名在读学生（与后续正式实验中的被试分属不同学校）。预调查采用 Likert 7 点评分法（从"1"到"7"，意味着从"非常不同意"到"非常同意"）对研究材料予以评估。结果显示，对于"我能很容易地想象自己身处上述情境中"这一描述，所有辅导员参加者都选择了"非常同意"或"比较同意"，这为实验材料的现实性提供了证据。针对"在微信群中对犯错学生点名道姓的斥责容易给学生造成伤害""在网络中揭露学生隐私会给学生带来伤害"这两项描述，所有学生参加者都选择了"非常同意"或"比较同意"。进一步，对参加调查的学生进行访谈，学生们普遍认为遇到这样的事情，辅导员可以在群里就事论事强调工作纪律，没必要在群里公开学生姓名，进行有针对性的批评与指责，此行为和网络暴力没有区别。其次，即使学生犯错了，辅导员也有保护学生隐私的责任，不应该在网络中揭露学生隐私。这些结果进一步验证了本研究所编制的实验情境可以较好测量辅导员的网络失范行为。

3. 实验程序

实验整体分为两个阶段。第一阶段,辅导员被试完成自我控制问卷测试。第二阶段主试告诉被试他们将参与一个情境想象实验,并说明他们将会读到一个工作案例,假设案例中描述的学生正是被试自己的学生,请辅导员们认真阅读这则案例,并尽可能想象自己正实际面临案例中描述的情形,然后请他们依照自己的真实想法或感受回答随后的相关问题。为控制不同学生类别信息的顺序影响,施测时还平衡了两种学生类别情境呈现的顺序。整个实验过程约5分钟(见图6-3)。被试完成后获得一定报酬,并向想要了解研究目的的被试做了简要说明和解释。

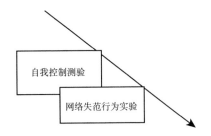

图6-3 职业人格影响网络失范行为的实验流程

4. 统计与数据处理

运用 SPSS 25.0 对数据进行统计分析。

二 研究结果

(一)变量的描述性统计

据表6-4可知,辅导员对犯错学生进行网络言语暴力的可能性均分为2.91,小于题项得分的中位数"3.5",说明辅导员整体对犯错学生不太可能进行网络言语暴力。辅导员网络隐私侵犯可能性均分为1.83,也小于题项得分的中位数"3.5",表明辅导员不太可能在网络上侵犯学生隐私。但是,网络言语暴力的方差大于网络隐私侵犯,说明相对于网络隐私侵犯,辅导员对网络言语暴力的行为阈限可能存在更大差异。

表 6-4　辅导员网络失范行为变量的描述统计与相关分析结果

	M	SD	1	2	3
自我控制	3.80	0.70	1		
网络言语暴力	2.91	0.99	-0.62^{***}	1	
网络隐私侵犯	1.83	0.76	-0.59^{***}	0.48^{***}	1

注：$***$ 代表 $p<0.001$，$**$ 代表 $p<0.01$，$*$ 代表 $p<0.05$

（二）高、低职业人格辅导员的差异性分析

不同职业人格水平及不同犯错学生条件下，辅导员网络失范行为情况见表 6-5。在此基础上，采用多元重复测量方差分析法，对高、低职业人格组对不同犯错学生的网络言语暴力与网络隐私侵犯情况进行比较。

表 6-5　高、低职业人格组辅导员网络失范行为差异性的描述性统计

测量指标	学生类型	高职业人格组（$n=53$）		低职业人格组（$n=53$）	
		M	SD	M	SD
网络言语暴力	表现良好	2.28	0.84	3.21	0.79
	表现不佳	2.34	0.96	3.81	0.88
网络隐私侵犯	表现良好	1.26	0.59	2.11	0.61
	表现不佳	1.43	0.54	2.53	0.85

研究结果发现，在网络言语暴力倾向上，职业人格水平的主效应显著，高职业人格组辅导员网络言语暴力倾向显著小于低职业人格组，$F(1, 104) = 60.53$，$p<0.001$，$\eta_p^2 = 0.37$；学生类别的主效应显著，对于综合表现好的犯错学生，辅导员网络言语暴力倾向更低，$F(1, 104) = 22.46$，$p<0.001$，$\eta_p^2 = 0.18$；犯错学生类型和职业人格水平的交互效应显著，$F(1, 104) = 15.42$，$p<0.001$，$\eta_p^2 = 0.13$。进一步简单效应分析表明，高职业人格组辅导员在对表现良好与表现不佳学生的网络言语暴力倾向上没有差异，$F(1, 104) = 0.33$，$p>0.05$，$\eta_p^2 = 0.01$；低职业人格组辅导员对表现良

好学生的网络言语暴力倾向显著小于对表现不佳的学生，F（1，104）= 37.55，$p<0.001$，$\eta_p^2 = 0.27$；对于表现良好的学生，高职业人格组辅导员的网络言语暴力倾向显著低于低职业人格组辅导员，F（1，104）= 33.91，$p<0.001$，$\eta_p^2 = 0.25$；对于表现不佳的学生，高职业人格组辅导员网络言语暴力倾向也显著小于低职业人格组辅导员，F（1，104）= 67.83，$p<0.001$，$\eta_p^2 = 0.39$。

在网络隐私侵犯可能性上，辅导员职业人格的主效应显著，高职业人格组辅导员网络隐私侵犯倾向显著小于低职业人格组，F（1，104）= 74.69，$p<0.001$，$\eta_p^2 = 0.42$；学生类型的主效应显著，对于综合表现良好的学生，网络隐私侵犯倾向可能性显著更低，F（1，104）= 23.37，$p<0.001$，$\eta_p^2 = 0.18$；学生类型和辅导员职业人格水平的交互效应显著，F（1，104）= 4.11，$p<0.05$，$\eta_p^2 = 0.04$。进一步简单效应分析表明，高职业人格组辅导员对表现良好与表现不佳学生的网络隐私侵犯倾向上没有差异，F（1，104）= 3.94，$p>0.05$，$\eta_p^2 = 0.04$；低职业人格组辅导员对表现不佳学生的网络隐私侵犯倾向可能性显著高于对表现良好的学生，F（1，104）= 23.54，$p<0.001$，$\eta_p^2 = 0.18$；面对表现良好的学生，高职业人格组辅导员的网络隐私侵犯倾向显著低于低职业人格组辅导员，F（1，104）= 52.81，$p<0.001$，$\eta_p^2 = 0.34$；面对表现不佳的学生，高职业人格组辅导员的网络隐私侵犯倾向也显著低于低职业人格组辅导员，F（1，104）= 63.2，$p<0.001$，$\eta_p^2 = 0.38$。（见图6-4）

（三）自我控制的中介效应检验

由上述结果可知，职业人格水平主效应在网络言语暴力和网络隐私侵犯上都显著，说明职业人格水平对这些变量都有显著影响，进一步变量间的相关分析结果表明（详见表6-4），自我控制与网络言语暴力显著负相关（$r=-0.62$，$p<0.001$）、与网络隐私侵犯行为显著负相关（$r=-0.59$，$p<0.001$），研究变量相关性分析的结果为自我控制中介作用假设的验证提供了初步的证据。

本研究自变量职业人格水平是两水平（高、低）的类别变量，虚拟化

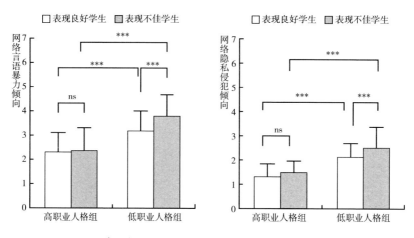

图 6-4　高、低职业人格组的辅导员网络失范行为倾向对比

处理后，高职业人格组编码为"2"、低职业人格组编码为"1"。本研究以低职业人格组为参照，根据 Hayes 编制的 SPSS 宏中的 Model 4，结合方杰等人总结的类别变量中介效应分析方法依次检验自我控制在职业人格水平与辅导员对犯错学生网络言语暴力和网络隐私侵犯关系间的中介效应。[①] 对自我控制在职业人格与网络言语暴力间的中介效应进行检验，结果发现职业人格对网络言语暴力的直接预测作用显著（$\beta=-0.80$, $t=-5.25$, $p<0.001$），当职业人格与自我控制共同放入模型作为预测源时，职业人格能显著正向预测自我控制（$\beta=0.65$, $t=5.32$, $p<0.001$）；自我控制也能显著预测网络言语暴力（$\beta=-0.61$, $t=-5.61$, $p<0.001$）。因此，自我控制在职业人格对网络言语暴力的影响中起部分中介作用。通过抽取 5000 个样本，运用 Bootstrap 法进行检验，结果表明：自我控制在职业人格与网络言语暴力之间的中介效应显著，95%的置信区间为 [-0.61, -0.21]，不包含 0。具体而言，相对于低职业人格水平的辅导员，高职业人格水平的辅导员具有相对更高水平的自我控制力（$\beta=0.65>0$），因此产生网络言语暴力的风险更低（$\beta=-0.61<$

① Hayes, A. F., A Simple Test of Moderated Mediation, Manuscript Submitted for Publication, Retrieved May7, 2013a, http: www.afhayes.com；方杰、温忠麟、张敏强：《类别变量的中介效应分析》，《心理科学》2017 年第 2 期。

0）。自我控制在职业人格与网络言语暴力之间起到部分中介作用。相对于低职业人格组，高职业人格对网络言语暴力的相对直接效应的效果量为66.67%，自我控制的相对中介效应的效果量为33.33%（详见表6-6、表6-7及图6-5）。

对自我控制在职业人格与网络隐私侵犯间的中介效应进行检验，结果发现职业人格对网络隐私侵犯的直接预测作用显著（$\beta = -0.71$，$t = -6.19$，$p<0.001$），当职业人格与自我控制共同放入模型作为预测源时，职业人格能显著正向预测自我控制（$\beta = 0.65$，$t = 5.32$，$p<0.001$）；自我控制也能显著预测网络隐私侵犯（$\beta = -0.41$，$t = -4.96$，$p<0.001$）。因此，自我控制在职业人格对网络隐私侵犯的影响中起部分中介作用。通过抽取5000个样本，运用Bootstrap法进行检验，结果表明：自我控制在职业人格与网络隐私侵犯之间的中介效应显著，95%的置信区间为 $[-0.38, -0.14]$，不包含0。具体而言，相对于低职业人格水平的辅导员，高职业人格水平的辅导员有更高水平的自我控制力（$\beta = 0.65 > 0$），因此更不易产生网络隐私侵犯（$\beta = -0.41 < 0$）。自我控制在职业人格与网络隐私侵犯之间起到部分中介作用，相对于低职业人格组，高职业人格对网络隐私侵犯的相对直接效应的效果量为73.20%，自我控制的相对中介效应的效果量为26.80%（详见表6-6、表6-7及图6-6）。

表6-6 自我控制的中介效应检验（以低职业人格组为参照）

回归方程		整体拟合指数			回归系数显著性		
结果变量	预测变量	R	R^2	F	β	SE	t
自我控制	职业人格	0.46	0.21	28.34	0.65	0.12	5.32***
网络言语暴力	职业人格	0.72	0.52	54.87	-0.80	0.15	-5.25***
	自我控制	—	—	—	-0.61	0.11	-5.61***
自我控制	职业人格	0.46	0.21	28.34	0.65	0.12	5.32***
网络隐私侵犯	职业人格	0.73	0.53	58.13	-0.71	0.12	-6.19***
	自我控制	—	—	—	-0.41	0.08	-4.96***

表 6-7 相对总效应、直接效应及中介效应分解表（以低职业人格组为参照）

路　　径	效应值（标准化）	SE	95% C. I.		占总效应的比例（标准化）%
			下限	上限	
职业人格→自我控制→网络语言暴力	−0.40	0.10	−0.61	−0.21	33.33
职业人格→网络语言暴力（直接路径）	−0.80	0.18	−1.10	−0.50	66.67
总效应	−1.20	0.15			
职业人格→自我控制→网络隐私侵犯	−0.27	0.06	−0.38	−0.14	26.80
职业人格→网络隐私侵犯（直接路径）	−0.71	0.11	−0.94	−0.48	73.20
总效应	−0.97	0.11			

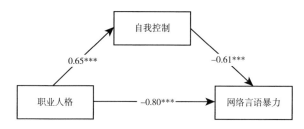

图 6-5 自我控制在职业人格与网络言语暴力间的中介路径图
（以低职业人格组为参照）

三　讨论

辅导员对犯错学生的网络言语暴力和网络隐私侵犯是辅导员在网络场域失范行为常见的表现形式。本节在本章第一节横断调查的基础上，运用行为实验法，进一步探讨了高、低职业人格辅导员对犯错学生惩戒中的网络失范行为，以期将职业人格对失范行为的影响及其作用机制从一般倾向拓展到具体行为场景，从现实空间拓展到网络空间。

研究结果表明，不论犯错学生在校表现如何，高职业人格辅导员在对

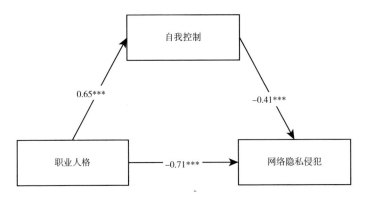

图 6-6　自我控制在职业人格与网络隐私侵犯间的中介路径图
（以低职业人格组为参照）

犯错学生的惩戒中都呈现出更低的网络言语暴力倾向和网络隐私侵犯倾向，表明职业人格对辅导员在网络场域的失范行为也具有显著影响，研究假设 H1 获得验证。本研究结果与本章第一节基于问卷调查来探究二者关系的结论一致，也与网络失范行为前因研究中人格特质的相关研究结论基本一致，[①] 说明良好的职业人格对辅导员网络失范行为倾向有显著的抑制效应。

本研究还检验了自我控制在职业人格与辅导员网络失范行为之间的中介作用。研究结果发现，职业人格会通过自我控制的传导作用抑制辅导员的网络失范行为，研究假设 H2 获得验证。本研究从职业人格视域验证和丰富了自我控制理论在网络失范领域的研究。[②]

①　Palmieri, M., Shortland, N., & McGarry, P., "Personality and Online Deviance: The Role of Reinforcement Sensitivity Theory in Cybercrime," *Computers in Human Behavior* 120 (2021): 106745.

②　Baek, H., "Computer-specific Parental Management and Online Deviance Across Gender in South Korea: A Test of Self-control Theory," in *International Journal of Cyber Criminology* 12 (2018): 68-83.; Baek, H., Losavio, M.M., & Higgins, G.E, "The Impact of Low Self-control on Online Harassment: Interaction with Opportunity," *Journal of Digital Forensic, Security, and Law* 11 (2016): 27-42; Cioban, s., Lazar, A.R., Bacter, C., & Hatos, A., "Adolescent Deviance and Cyber-deviance. A Systematic Literature Review," in *Frontiers in Psychology* 12 (2021): 748006.

本研究同时还探讨了犯错学生特征对职业人格与网络失范行为的影响。我们采用学生在校综合表现来测量学生类别。结果发现，犯错学生特征不仅直接影响辅导员失范行为，还调节了职业人格与辅导员网络失范行为之间的关系。学生类别对辅导员网络言语暴力倾向和网络隐私侵犯具有显著影响，当犯错学生是表现良好学生，辅导员的网络言语暴力倾向和网络隐私侵犯都显著更低。但是具体而言，高、低职业人格组在具体的失范行为指标上却存有差异，与低职业人格组相比，高职业人格组网络言语暴力倾向和网络隐私侵犯倾向都显著更低，且不受犯错学生特征的影响与干扰。说明与一般辅导员相比，高职业人格辅导员更能对学生做到一视同仁，更能做到就事论事展开思想政治教育工作，而不是根据学生在校表现予以区别对待。这一结论与洪幼娟以教师对打架学生线下惩行为及程度的相关研究结论基本吻合。①

四　结论

根据本节分析，验证得出如下三点结论。

（1）辅导员职业人格水平与其网络失范行为倾向显著负相关，辅导员职业人格水平越高，对学生进行网络言语暴力和网络隐私侵犯的可能性就越低。

（2）辅导员职业人格可通过自我控制的中介作用抑制其在教育管理过程中的网络失范行为倾向。

（3）辅导员职业人格水平对其网络失范行为倾向的抑制作用会受到学生在校综合表现的影响。相对于在校综合表现良好的学生，低职业人格辅导员对在校综合表现不佳的学生进行网络言语暴力和网络隐私侵犯的可能性更大；而高职业人格辅导员的网络失范行为倾向于不易受学生在校综合表现的影响。

---

① 洪幼娟：《中小学教师公平倾向：结构、影响因素及作用机制》，第121~129页。

第三节　辅导员职业人格与内隐失范倾向的关系研究

本章第一节和第二节通过传统的问卷调查和教育情境行为实验，揭示了辅导员职业人格对辅导员一般职业失范行为和网络失范行为倾向的影响及作用机制。但是，这两项研究都只是从外显的角度，对辅导员自身能够意识到的、明确表露的职业失范行为进行探究。在那些意识不到但却在不经意间表露的内隐职业失范倾向方面，不同职业人格水平的辅导员是否也存在差异？既有研究尚未进行探讨。然而，研究发现个体的内隐态度测量比外显测验具有更高的生态效度，对真实情境中个体行为的发生具有更精确的预测作用。① 根据双过程加工理论，内隐和外显道德行为测量并不是两种不同的测量个体道德行为的方法，② 它们实际上分别代表着理性和直觉这两种不同的认知加工系统，是对同一行为在意识与无意识层面的不同描述与解释。因此，在已验证了职业人格对辅导员外显失范倾向影响的基础上，有必要深入探究职业人格对辅导员职业失范行为的影响效应是否会从外显意识层面延展至内隐无意识层面，以更精准地剖析辅导员职业人格对失范行为的影响机制。

双过程加工理论主张人类具有理性和直觉两种信息加工系统，理性的信息加工系统主要以语言为媒介，有意识地推理，直觉的信息加工系统则是指

---

① Perugini, M., & Leone, L., " Implicit Self-concept and Moral Action," *Journal of Research in Personality* 43 (2009): 747-754.; Hahn, A., & Gawronski, B, "Implicit Social Cognition," in J. D. Wright, eds., *International Encyclopedia of the Social and Behavioral Sciences* (2nd ed.), Amsterdam, Netherlands: Elsevier, 2015, p. 11; 吴睿、郭庆科、李芳：《内隐和外显测量对利他行为的预测：来自 IAT 和 BIAT 的证据》，《心理学探新》2018 年第 4 期；Jost, J. T, "The IAT is Dead, Long Live the IAT: Context-sensitive Measures of Implicit Attitudes are Indispensable to Social and Political Psychology," *Current Directions in Psychological Science* 28 (2019): 10-19。

② Aydinli, A., Bender, M., Chasiotis, A., Cemalcilar, Z., & van de Vijver, F. J. R., "When Does Self-reported Prosocial Motivation Predict Helping? The Moderating Role of Implicit Prosocial Motivation," *Motivation and Emotion*, 38 (5), 2014, pp: 645-658.

非语言的、发生于前意识层面的内隐心理活动。[①] 个体行为既有意识层面的外显行为，也有前意识层面的内隐倾向。已有研究在积极与消极行为领域均验证了这一理论，如歧视、攻击行为等道德失范行为[②]，以及亲社会、诚信等道德行为也包含外显与内隐两个层面。[③] 据此，本研究的辅导员职业失范行为应该也可能涵括内隐与外显两种类型。基于本文对外显职业失范行为的定义（详见本章第一节），结合内隐行为定义，本研究将辅导员内隐失范行为定义为：辅导员意识不到但却在不经意间表露出的违背教师职业道德规范和组织纪律，对学生成长造成不良影响的行为。相对而言，辅导员内隐道德示范行为则是指辅导员不一定能意识到的遵守教师职业道德规范和组织纪律、对学生成长有利的行为。综上，我们提出如下假设：辅导员群体存在内隐失范行为 H1；辅导员群体存在内隐示范行为 H2。

联结—推理评价模型（Associative-Propositional Evaluation，APE）强调人们对情境中的刺激进行加工时，首先进行的是联结的认知过程。[④] 这是一种迅速的无意识加工过程，而且这种无意识的认知加工过程与人们的先验经验密切相关。根据自我验证理论，[⑤] 具备良好职业人格的辅导员为了保持其

---

① Klaczynski, P. A, " Analytic and Heuristic Processing Influences on Adolescent Reasoning and Decision-making," *Child Development* 72 (2001): 844-861.

② Richetin, J. , Richardson, D. S. , & Mason, G. (2010), "Predictive Validity of IAT Aggressiveness in the Context of Provocation," *Social Psychology*, 41 (1): 27-34; 杨嘉炜、李东玲、刘建榕：《感知社会敌意对大学生攻击性的影响：负性情绪体验的作用》，《心理与行为研究》2021 年第 3 期。

③ 参见 Perugini, M. , Conner, M. , & O'Gorman, R. , "Automatic Activation of Individual Differences: A Test of the Gatekeeper Model in the Domain of Spontaneous Helping," *European Journal of Personality* 25 (2011): 465-476; Zhang, Shan et al. "Social Class Priming Effect on Prosociality: Evidence from Explicit and Implicit Measures," *International Journal of Environmental Research and Public Health* 19 (2022): 3984。

④ Gawronski, B. , & Hahn, A. , "Implicit Measures: Procedures, Use, and Interpretation," in Blanton, H. , LaCroix, J. M. , & Webster, D. G. , eds. , *Measurement in Social Psychology*, New York: Taylor& Francis, 2019, pp. 29-55.

⑤ Swann, W. B. , Jr. , & Buhrmester, M. D, "Self-verification: The Search for Coherence," in M. R. Leary & J. P. Tangney eds. , *Handbook of Self and Identity*, New York: Guilford Press, 2012b, pp. 405-424.

自我一致性，会在日常工作中更多去验证其职业人格的适恰性，进而表现出更多与职业目标、职业道德规范相一致的行为，也因此累积了更多的道德示范行为经验。因此，高职业人格辅导员在对职业道德词汇进行联结加工的过程中，可能与道德示范词汇有更强的联结；而低职业人格辅导员，则可能会在日常工作中表现出更多与职业目标、职业道德规范相偏颇的一些职业行为，因而在对道德词汇进行联结加工的时候，可能对职业道德规范类词汇敏感度不高。如既有研究发现，持有善良人格的个体与利他词汇有更强的联结性，具有更显著的内隐利他倾向，[①] 而具有攻击性人格的个体与攻击、暴力、反社会等词汇有强的联结性，表现出显著的内隐攻击性。[②] 综上，我们提出如下假设：相较于低职业人格组，高职业人格辅导员与道德示范词汇有更强的联结，具有更强的内隐示范行为倾向（H3）。

自我控制能力对个体在利己与利他的动机冲突中，抵制诱惑做出道德决策具有重要作用。[③] 本章第一节和第二节都验证了自我控制理论在个体外显道德行为上的作用机制。前述讨论提及高职业人格辅导员为了保持自我一致性会更倾向于内化职业目标与道德规范，既有研究发现职业道德的认同与自我控制的水平显著正相关，即个体对某领域职业道德的认同水平愈高，个体在此领域的自我控制力愈强。[④] 综上，我们提出如下假设：自我控制在职业人格与辅导员内隐示范行为倾向中发挥着积极的中介作用（H4）。

[①] Perugini, M., & Leone, L., "Implicit Self-concept and Moral Action," *Journal of Research in Personality* 43 (2009): 747-754.; Perugini, M., Conner, M., & O'Gorman, R., "Automatic Activation of Individual Differences: A Test of the Gatekeeper Model in the Domain of Spontaneous Helping," *European Journal of Personality* 25 (2011): 465-476；孙俊才等：《高善良特质在情绪调节行动控制中的内隐优势》，《心理学报》2019年第7期。

[②] 参见 Richetin, J., Richardson, D.S., & Mason, G., "Predictive Validity of IAT Aggressiveness in the Context of Provocation," *Social Psychology* 41 (2010): 27-34；杨嘉炜、李东玲、刘建榕：《感知社会敌意对大学生攻击性的影响：负性情绪体验的作用》，《心理与行为研究》2021年第3期。

[③] Gottfredson, M. R., & Hirschi, T., *A General Theory of Crime*, Stanford: Stanford University Press, 1990, pp.76-85.

[④] Rua, T., Lawter, L., & Andreassi, J., "Desire to be Ethical or Ability to Self-control: Which is More Crucial for Ethical Behavior?," *Business Ethics: A European Review* 26 (2017): 288-299.

因此，本研究以联结—推理评价模型为视角，自我验证理论为框架，验证辅导员职业人格对内隐失范（示范）行为的影响及其作用机制，以期对辅导员职业人格影响失范（示范）行为的机制进行更精准的剖析，并为辅导员失范行为的干预（示范行为的促进）提供无意识层面的理论参考。

一　研究方法

（一）实验被试

采用 G * Power 3.1 计算本研究所需要的样本量。[1] 根据 Cohen 的建议，[2] 对于本研究适用的独立样本 T 检验分析（Statistical Test = Means：Difference between two independent means（two groups）），在组间样本比率为 1，显著性水平 $\alpha = 0.05$，且中等效应（$f = 0.25$）时，预测达到 80%（$1-\beta = 0.80$）的统计检验力水平所需样本量至少为 102 人（平均每组样本量为 51 人）。

实际取样时，采用自编的《辅导员职业人格量表》筛选被试，本研究中该问卷的 Cronbach's α 系数为 0.94。遵循自愿原则，从福建福州、漳州共 8 所高校招募了 240 名辅导员参与本研究的问卷调查。对回收的问卷进行数据整理，将全卷作答相同选项数量大于 70% 的问卷剔除，获得有效问卷 215 份，问卷有效率为 89.58%。对被试的辅导员职业人格总分由高至低排序，取得分在前 27% 的 58 人为高职业人格组，得分在后 27% 的 58 人为低职业人格组。通过电话联系等方式邀请得分位于高、低组中的这 116 位辅导员参加实验，最终共 110 人同意参与本实验，高、低职业人格组各 55 人。实验前征得被试同意，实验结束后，被试获得一定报酬或等价礼品。独立样本 T 检验结果显示，在辅导员职业人格总得分上，高、低职业人格组差异显著，

---

[1]　Erdfelder, E., Faul, F., & Buchner, A., "GPOWER：A General Power Analysis Program," *Behavior Research Methods, Instruments, & Computers* 28 (1996)：1-11.

[2]　参见 Cohen, J., "A Power Primer," in A. E. Kazdin eds., *Methodological Issues and Strategies in Clinical Research* (4th), Washington, DC：American Psychological Association, 2016, pp. 279-284；Cohen, J., "A Power Primer," *Psychological Bulletin* 112 (1992)：155-159。

高分组得分（$M = 139.04$，$SD = 4.64$）显著高于低分组（$M = 104.75$，$SD = 10.13$），$t(108) = 22.81$，$p < 0.001$，$Cohen's d = 4.39$，表明本研究分组有效。被试年龄段为 25~43 岁（$M = 32.75$，$SD = 4.38$）。

（二）实验设计

本实验采用单因素被试间实验设计，以辅导员职业人格水平为自变量，分为高、低两组，因变量为辅导员的内隐职业道德失范性和内隐职业道德示范性，以被试在示范行为内隐联想测验中的 IAT 效应值为具体测量指标。

（三）实验材料

1. 自我控制问卷

采用罗涛等修订的《中国版简式自我控制量表（BSCS）》[1] 测量辅导员的自我控制水平。在本研究中，该问卷的内部一致性 Cronbach's α 系数为 0.89。

2. 内隐失范测验

采用内隐联想测验（Implicit Association Test，IAT）[2] 来测量被试的内隐示范行为倾向。内隐联想测验（IAT）是以反应时为指标，通过测量概念词与属性词的自动化联结强度来实现对内隐态度的探测。IAT 测验范式下的内隐示范行为是指个体把示范行为概念词与自我属性词自动化联结的强度。二者之间的联结越强，则意味着个体的内隐示范行为倾向越高。

实验材料包括 10 个概念词和 10 个属性词，概念词包含 10 个职业道德规范词（示范行为词与失范行为词各 5 个），属性词则包含 5 个描述"自我"的词和 5 个描述他人的"非自我"词。首先，从《高等学校教师职业道德规范》（2011 印发）和《普通高等学校辅导员队伍建设规定》（2017 印

① 罗涛等：《简式自我控制量表中文版的信效度检验，《中国临床心理学杂志》2021 年第 1 期。
② Greenwald, A. G., McGhee, D. E., & Schwartz, J. L, "Measuring Individual Differences in Implicit Cognition: The Implicit Association Test," *Journal of Personality and Social Psychology* 74 (1998): 1464-1480.

发）收集描述辅导员职业相关的示范行为词和失范行为词各 20 个；然后请
20 名辅导员（与后续正式实验中的被试分属不同学校），参照 Gonzalez-
Mendez 等①的研究建议让辅导员分别对词汇的效价（从 1~9，分数越高表示
越积极），以及相关度、熟悉度、唤醒度进行赋值（从 1~9，分数越高表示
程度越高），按赋值分数由高至低排列。最终，依据赋值选出总得分最高的
5 个示范行为词（即爱国、守法、敬业、诚信、奉献），与总得分最低的 5
个失范行为词（即敷衍、偏私、造假、侮辱、违纪）为本实验用词。目标
词汇的配对样本 T 检验结果显示：在笔画数上，示范行为词的笔画数（$M =$
17.40，$SD = 2.51$）与失范行为词的笔画数（$M = 19.00$，$SD = 4.06$）差异不显
著（$t (4) = -0.65$，$p = 0.55 > 0.01$）；在效价上，示范行为概念词效价（$M =$
8.37，$SD = 0.54$）与失范行为概念词效价（$M = 2.89$，$SD = 0.72$）存在显著
差异（$t (4) = 19.37$，$p < 0.001$）；在相关度上，示范行为概念词的相关度
（$M = 7.82$，$SD = 0.86$）与失范行为概念词的相关度（$M = 7.35$，$SD = 0.39$）
不存在显著差异（$t (4) = 0.93$，$p = 0.41$）；在熟悉度上，示范行为概念词
的熟悉度（$M = 7.80$，$SD = 0.49$）和失范行为概念词的熟悉度（$M = 7.36$，SD
$= 0.10$）不存在显著差异（$t (4) = 2.30$，$p = 0.09$）；在唤醒度上，示范行
为概念词的唤醒度（$M = 7.16$，$SD = 1.00$）和失范行为概念词的唤醒度（M
$= 6.84$，$SD = 1.44$）不存在显著差异（$t (4) = 0.50$，$p = 0.64$）。参照
Perugini 等的研究建议，② 本实验中 5 个"自我词"为：我的、我们、自己、
自个、咱们；5 个描述他人的"非自我词"为：他人、她们、他们、外人、
别人。

3. 实验程序

实验程序如图 6-7，被试先填写自我控制问卷，然后在电脑上完成 IAT

---

① Gonzalez-Mendez, R., Yagual, S. N., & Marrero, H., "Attentional Bias Towards Resilience-related Words is Related to Post-traumatic Growth and Personality Traits," *Personality and Individual Differences* 155 (2020): 109715.

② Perugini, M., Conner, M., & O'Gorman, R, "Automatic Activation of Individual Differences: A Test of the Gatekeeper Model in the Domain of Spontaneous Helping," *European Journal of Personality* 25 (2011): 465-476.

实验。采用 E-prime 2.0 编制内隐联想失范测验。本测验共 7 个实验步骤，每步骤的执行任务和相应按键反应（详见表 6-8）。首先，要求被试先阅读屏幕上的指导语，明确实验要求后按空格键开始。测验包括 10 个目标词和 10 个属性词，其中目标词包括 5 个"自我词"（我的、我们、自己、自个、咱们）与 5 个"非自我词"（他人、她们、他们、外人、别人），属性词包括 5 个失范词（敷衍、偏私、造假、侮辱、违纪）和 5 个示范词（爱国、守法、敬业、诚信、奉献）。为消除可能存在的顺序效应，奇数组被试先完成相容任务，再完成不相容任务；反之，偶数组则先完成不相容任务，再完成相容任务。

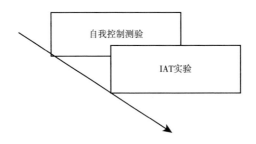

图 6-7　辅导员职业人格影响内隐失范行为的实验流程

表 6-8　失范行为内隐联想测验程序

阶段	试次	实验任务	J 键反应	K 键反应
1	20	初始目标概念辨别	自我词	非自我词
2	20	联想属性概念辨别	示范行为概念词	失范行为概念词
3	20	相容任务（练习）	自我词+示范行为概念词	非自我词+失范行为概念词
4	40	相容任务（测试）	自我词+示范行为概念词	非自我词+失范行为概念词
5	20	相反目标概念辨别	非自我词	自我词
6	20	不相容任务（练习）	非自我词+示范行为概念词	自我词+失范行为概念词
7	40	不相容任务（测试）	非自我词+示范行为概念词	自我词+失范行为概念词

（四）数据处理

进行数据整理，运用 SPSS 25.0 对数据进行统计分析。对内隐关怀测验的实验数据，参照 Greenwald 等的处理方式进行数据整理：删除错误率超过 20% 的被试和反应时超过 10000ms 的反应，并采用 D 分数（不相容任务测验和相容任务测验平均反应时之差除以这两部分所有反应时的标准差）作为示范行为 IAT 效应值。[①] 若 D>0，则表示存在内隐示范行为倾向，且 D 分数越大，其内隐示范性就越高；若 D<0，则表示存在内隐失范行为的倾向，且 D 分数绝对值越大，则内隐失范性就越高。

二 研究结果

（一）内隐效应值

辅导员内隐道德行为 IAT 结果，详见表 6-9。T 检验结果表明，辅导员在相容、不相容任务测验中反应时差异显著（$t = 13.02$，$p < 0.001$，Cohen's $d = 2.49$）。辅导员执行将自我词与示范行为概念词相联结的相容任务要显著快于将自我词与失范行为概念词相联结的不相容任务，且内隐示范行为效应值为 0.58，大于 0，说明辅导员将自身与示范行为联结的强度要显著高于与失范行为联结的强度。这一研究结论验证了辅导员群体内隐行为示范性的存在。

表 6-9 辅导员内隐示范行为 IAT 测验反应时和效应值

项目	相容任务		不相容任务		内隐效应（D 值）	
	M	SD	M	SD	M	SD
反应时	684.8	99.46	938.1	202.08	0.58	0.37

（二）高、低职业人格水平辅导员内隐失范效应的差异比较

以辅导员职业人格水平为自变量（高、低职业人格水平），分别以反应

[①] Greenwald, A. G., Nosek, B. A., & Banaji, M. R., "Understanding and Using the Implicit Association Test: I. An Improved Scoring Algorithm," *Journal of Personality and Social Psychology* 85 (2003): 197-216.

时、内隐道德行为效应值（D 值）、自我控制为因变量进行独立样本 T 检验，结果见图 6-8 和表 6-10。据表 6-10 可知，（1）在反应时方面，高、低职业人格组在相容任务上的反应时差异不显著（$t = 0.91$，$p > 0.05$，Cohen's $d = 0.17$），但在不相容任务上的反应时差异显著（$t = -2.77$，$p < 0.05$，Cohen's $d = -0.55$）。（2）在效应值方面，高、低职业人格组辅导员内隐示范行为效应均值均大于 0，且存在显著差异。具体而言：高职业人格组的内隐示范行为效应均值为 0.71>0（$SD = 0.39$），低职业人格组的内隐示范行为效应均值为 0.44>0（$SD = 0.29$），且两组在内隐示范行为效应值上具有显著差异（$t = 4.01$，$p < 0.001$，Cohen's $d = 0.80$）。以上结果表明，高、低职业人格组辅导员都存在内隐示范行为倾向，但相较于低职业人格组，高职业人格组辅导员具有更高水平的内隐示范行为倾向，更倾向于将"自我"属性词和"示范行为"概念词相联结，更不易于将"自我"属性词和"失范行为"概念词相联结。（3）在自我控制水平方面，高、低职业人格组辅导员在自我控制水平上差异显著（$t = 3.87$，$p < 0.001$，Cohen's $d = 0.75$），高职业人格组辅导员的自我控制得分为 4.13（$SD = 0.63$），低职业人格组的自我控制得分为 3.52（$SD = 0.98$），表明与低职业人格组相比，高职业人格组辅导员具有更显著、更高的自我控制水平。进一步相关分析结果表明，辅导员自我控制水平与内隐示范水平显著正相关（$r = 0.30$，$p < 0.01$）。因此本研究将在此基础上进一步检验自我控制在辅导员职业人格水平与其内隐示范关系中的作用机制。

表 6-10　高、低职业人格组在内隐联想测验上的差异性分析

项　目	高职业人格组（$n = 55$）		低职业人格组（$n = 55$）		t	d
	M	SD	M	SD		
相容任务反应时	676.21	108.94	693.38	89.15	0.91	0.17
不相容任务反应时	989.93	217.33	886.28	172.4	-2.77*	-0.55
内隐效应值	0.71	0.39	0.44	0.29	4.01***	0.80
自我控制	4.13	0.63	3.52	0.98	3.87***	0.75

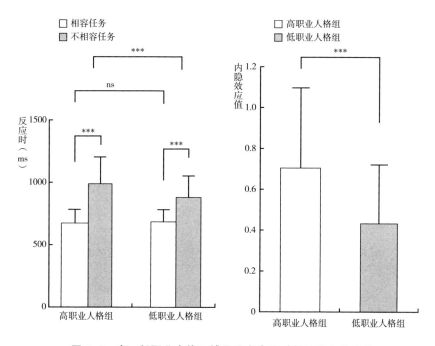

图 6-8　高、低职业人格组辅导员在内隐联想测验上的差异

（三）自我控制的中介效应分析

本研究的自变量职业人格水平是两水平（高、低）的类别变量，虚拟化处理后，高职业人格组编码为"2"，低职业人格组编码为"1"，以低职业人格组为参照。根据 Hayes 编制的 SPSS 宏中的 Model 4，采用方杰等人所总结的类别变量中介效应分析方法来检验自我控制在职业人格与内隐示范行为间的中介效应。① 结果发现，职业人格对内隐示范行为的直接预测作用显著（$\beta = 0.21$，$t = 3.05$，$p < 0.01$），当职业人格与自我控制共同放入模型作为预测源时，职业人格能显著正向预测自我控制（$\beta = 0.61$，$t = 3.87$，$p < 0.001$）；自我控制也能显著预测内隐示范行为（$\beta = 0.09$，$t = 2.19$，$p < 0.05$）。因此，自我控制在职业人格对内隐示范行为的影响中起部分中介

---

① Hayes, A. F., A Simple Test of Moderated Mediation, Manuscript Submitted for Publication, Retrieved May7, 2013a, http: www.afhayes.com；方杰、温忠麟、张敏强：《类别变量的中介效应分析》，《心理科学》2017 年第 2 期。

作用。通过抽取 5000 个样本，运用 Bootstrap 法进行检验，结果表明：自我控制在职业人格与内隐示范行为之间的中介效应显著，95% 的置信区间为 [0.01，0.10]，不包含 0。具体而言，相对于低职业人格水平的辅导员，高职业人格水平的辅导员有更积极的自我控制力（$\beta = 0.61 > 0$），也因此具有更显著的内隐示范行为（$\beta = 0.09 > 0$）。自我控制在职业人格与内隐示范行为之间起到部分中介作用，相对于低职业人格组，高职业人格对内隐关怀的相对直接效应的效果量为 81.48%，自我控制的相对中介效应的效果量为 18.52%（见表 6-11、表 6-12 和图 6-9）。

表 6-11　自我控制的间接效应检验（以低职业人格组为参照）

回归方程		整体拟合指数			回归系数显著性		
结果变量	预测变量	R	R^2	F	β	SE	t
自我控制	职业人格	0.35	0.12	15.00	0.61	0.16	3.87***
内隐示范行为	职业人格	0.41	0.17	10.70	0.21	0.07	3.05**
	自我控制	—	—	—	0.09	0.04	2.19*

表 6-12　相对总效应、直接效应及间接效应分解表（以低职业人格组为参照）

路　径	效应值（标准化）	SE	95% C. I.		占总效应的比例（标准化）%
			下限	上限	
职业人格→自我控制→内隐示范行为	0.05	0.02	0.01	0.10	18.52
职业人格→内隐示范行为（直接路径）	0.21	0.07	0.07	0.35	81.48
总效应	0.27	0.07			

三　讨论

本研究以自我验证理论为框架，以联结—推理评价模型为基础，验证辅导员职业人格对内隐失范行为的影响及其作用机制。结果发现，高、低职业人格辅导员及其整体都更倾向于将"自我词"与"示范行为"概念词相联结，更不易于将"自我词"与"失范行为"概念词相联结，意味着辅导员

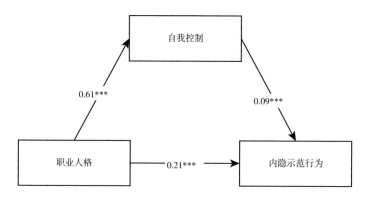

图 6-9　自我控制在职业人格与内隐示范倾向间的中介路径
（以低职业人格组为参照）

的内隐示范行为效应显著，假设 H2 得到验证；内隐失范行为效应不显著，假设 H1 未得到验证。产生这样的结果可能存在以下两方面的原因。其一，可能与本研究被试的选取范围有关。本书第三章第一节的调查研究发现，辅导员整体职业人格处于中等偏上水平，所以本研究选取的低职业人格组辅导员也只是相对意义下的低组，不是绝对的极端低组。而且现实中产生职业失范行为辅导员的比例也相对较小，所以囿于本研究样本的非极端性，本研究没有得到类似于攻击性特质个体存在内隐攻击性的研究结论。[①] 其二，可能与研究材料的选取有关。本研究对失范行为概念词汇选取的数量虽然满足 IAT 研究的要求，但是辅导员职业道德失范行为种类繁多，不同方面的道德规范对个体的意义可能不一样，进而其内在联结程度也因此存在差异。但是本研究并未对此进行分类，可能也因此导致本研究中辅导员的具体的内隐失范行为倾向难以显现。

　　虽然本研究结论没有成功验证辅导员群体的内隐失范行为的存在，但是发现高、低职业人格组辅导员在内隐示范行为效应上存在显著差异。这一研究结论说明，辅导员群体在职业失范行为上的差异可能不是源于内隐失范行

[①]　参见 Richetin, J., Richardson, D. S., & Mason, G, "Predictive Validity of IAT Aggressiveness in the Context of Provocation," *Social Psychology* 41（2010）：27-34；关文军、孔祥渊、胡梦娟：《残疾污名的研究进展与展望》，《残疾人研究》2020 年第 1 期。

为的存在，而是由内隐示范行为效应的差异造成。即低职业人格辅导员具有相对更高的职业失范行为的风险的原因可能不在于其存在与职业失范行为的内隐联结，而在于其与职业示范行为的内隐联结强度比高职业人格组辅导员更低。这一研究结论与积极人格水平对道德内隐行为的研究结论基本一致，① 也进一步说明辅导员职业人格是其产生内隐、外显示范行为的积极因子。本研究还在职业人格与内隐道德关系中验证了自我控制理论，得出自我控制在职业人格与内隐示范行为关系中依旧发挥着积极的介导作用，研究假设 H3 得到验证。本研究将自我控制理论对道德行为的影响从外显的意识层面拓深至内隐无意识层面。

四 结论

根据本节分析，验证得出如下三点结论。

（1）辅导员群体存在内隐示范行为倾向。

（2）辅导员职业人格水平与内隐示范行为倾向显著正相关，高职业人格组辅导员的内隐示范行为水平显著高于低职业人格组辅导员。

（3）自我控制在辅导员职业人格与其内隐示范行为倾向间发挥部分中介作用，职业人格通过自我控制的积极中介作用促进内隐示范行为。

---

① 参见 Perugini, M., Conner, M., & O'Gorman, R., "Automatic Activation of Individual Differences: A Test of the Gatekeeper Model in the Domain of Spontaneous Helping," *European Journal of Personality* 25 (2011): 465-476; Zhang, Shan et al., "Social Class Priming Effect on Prosociality: Evidence from Explicit and Implicit Measures," *International Journal of Environmental Research and Public Health* 19 (2022): 3984。

第七章

辅导员职业人格对职业道德规范
认知加工偏向的影响

第六章从一般倾向至具体情境，从物理空间到网络场域，从外显至内隐层面，多方位验证了辅导员职业人格对职业失范行为的抑制效应及作用机制。认知行为理论认为，个体行为的发生与其偏向性的认知加工模式密切相关，[①] 但迄今为止尚未有从行为者认知加工过程的视角去探讨职业人格影响职业失范内部机制的研究。对该问题的深入探究有助于了解不同职业人格辅导员形成失范行为的内在过程，也可为辅导员行为示范的促进及行为失范的干预提供信息加工过程的理论指导。

本章将从行为者的认知视角，基于图式理论，以信息加工阶段为整体逻辑，从个体对职业道德规范信息的注意选择、记忆及思维阶段去逐层探究辅导员职业人格对道德规范信息认知加工过程的影响，以进一步从行为者的认知视角来剖析"为什么低职业人格辅导员的行为失范风险更高，而高职业人格辅导员的行为示范倾向更高？"这一问题。

---

① Williamson, D. A. et al., "Cognitive-behavioral Theories of Eating Disorders," *Behavior Modification* 28 (2004): 711-738.

第一节　辅导员职业人格对职业道德规范
信息注意偏向的影响

"注意"是个体信息认知加工的首要环节，也是外界刺激被个体认知加工的第一步。囿于个体大脑容量的有限性及外界信息的无限性，需要一种机制来选择性地增强与个体目标行为最相关的信息，这种机制即"注意"。注意偏向（Attentional Bias）则是指在信息加工的编码阶段，个体对环境中的某些特定刺激存在高度敏感性，并伴随对其进行选择性注意的一种心理现象，是认知加工偏向的关键组成部分。Crick 和 Dodge 认为由于注意资源的有限性，当个体对某个特定刺激产生偏向性注意的同时，也会降低其他刺激被注意捕获的可能性，进而影响个体在相关任务上的操作。[①] 所以，注意偏向通常也可以通过不同刺激信息对个体注意资源的竞争情况来推断。如经典的情绪 Stroop 任务范式，就是通过词汇语义和词汇颜色对注意资源的竞争来推断个体对特定词汇类型的注意偏向。在情绪 Stroop 任务范式中，个体被要求忽略刺激的含义，仅对刺激的颜色尽快做出反应，倘若个体难以抑制对某类刺激的注意偏向，则个体对此类刺激做出颜色判断的反应时会延长；反之，若个体对此类刺激不存在注意偏向，那么个体对该类刺激和其他刺激（常以中性刺激做参照）的反应时便不存在显著差异。王爱平和张厚粲主张因为个体在 Stroop 任务中对刺激颜色和刺激意义的加工，共享的是同一个反应机制，[②] 个体对刺激意义的加工必然会影响到他们对刺激颜色的加工，所以我们可以从个体对刺激颜色的加工受干扰情况来推测个体是否对刺激的意义产生了注意偏向。

图式理论为我们理解信息的选择性注意提供了广阔而深刻的视角，主张个体会依据其内在的认知图式来加工外在信息，那些与个体已有图式相一致

---

① Crick, N. R., & Dodge, K. A., "A Review and Reformulation of Social Information Processing Mechanisms in Children's Social Adjustment," *Psychological Bulletin* 115 (1994): 74-101.

② 王爱平、张厚粲：《关于 RB 效应加工水平的研究》，《心理科学》2004 年第 6 期。

的信息更容易被注意捕捉，而得到进一步的加工，反之那些与个体图式不一致的信息则不易被注意捕获。[①] 图式（schema）是个体根据过往经验，形成的一套用以解释世界的心理认知结构，[②] 是将外界信息与个体经验联结的黏合剂，是社会认知理论中的核心概念。基于第六章研究的系列结论，我们得知高职业人格辅导员在自我验证过程中倾向于表现出更多的与职业道德规范相吻合的示范行为，更不易于产生失范行为。因此，高职业人格辅导员在日常工作中也可能因此累积了更多积极的职业道德规范图式与行为脚本。根据第六章的研究结论，低职业人格辅导员在自我验证过程中表现出更低的自我控制水平和更高的行为失范风险。虽然他们在内隐层面没有表现出内隐失范行为倾向，但是表现出了比高职业人格辅导员相对更低的内隐示范行为水平。所以低职业人格辅导员可能在日常工作中不会产生明显的职业失范表现、累积相应的职业失范图式，但是也可能不倾向于产生职业示范行为，并因此不累积相应的行为示范脚本与图式。基于注意偏向的图式解释，辅导员在对职业道德规范相关信息进行加工时，会参照自身的职业道德规范图式，对信息进行筛选与过滤，并对与其内在职业道德规范图式相一致的信息产生注意偏向。

综上，在第六章研究的基础上，本章以图式理论为逻辑，采用 Stroop 任务范式来探究不同职业人格水平辅导员在职业道德规范信息注意偏向上的差异，并提出如下假设：高、低职业人格辅导员对不同效价的职业道德规范信息的注意偏向存在差异（H1）；高职业人格辅导员会对示范信息产生更多的注意偏向（H2）；低职业人格辅导员会对失范信息产生更多的注意偏向（H3）。

一　研究方法

（一）实验被试

采用 G＊Power 软件估算本实验的样本量。[③] 根据本研究的实验设计，

---

① 白学军、贾丽萍、王敬欣：《抑制范式下的情绪注意偏向》，《心理科学进展》2013 年第 5 期。

② Sherman, S. J., Judd, C. M., & Park, B., "Social Cognition," *Annual Review of Psychology* 40 (1989): 281-326.

③ Faul, F., Erdfelder, E., Buchner, A., & Lang, A. G., "Statistical Power Analyses Using G＊Power 3. 1: Tests for Correlation and Regression Analyses," *Behavior Research Methods* 41 (2009): 1149-1160.

在中等效应量（0.25）下，I 类错误的概率 α 水平为 0.05，统计检验效力为 0.90 时，所需的样本量至少为 36 人。实际取样时，采用自编的《辅导员职业人格量表》来筛选被试（本研究中该量表的 Cronbach's α 系数为 0.93）。遵循自愿原则，从福建福州共 8 所高校招募了 210 名辅导员，参与本研究的问卷调查。对回收的问卷进行数据整理，剔除无效问卷（规律性作答、漏答等），获得有效问卷 191 份，问卷有效率为 88.15%。对被试的辅导员职业人格总分由高至低排序，考虑以往有关人格认知加工偏向的研究都集中于临床被试，为了保证高、低职业人格组在本实验中的效度，本实验取得分在前 15% 的 29 人为高职业人格组，得分在后 15% 的 29 人为低职业人格组。通过电话联系等方式邀请得分位于高、低组中的这 58 位辅导员参加实验，最终共 53 位辅导员同意参与本实验，其中高职业人格组 26 人，低职业人格组 27 人。实验被试年龄段为 25～41 岁（$M = 32.48$，$SD = 4.09$）。独立样本 T 检验结果显示，在辅导员职业人格总得分上，高、低职业人格组差异显著，高分组得分（$M = 144.38$，$SD = 3.40$）显著高于低分组（$M = 97.52$，$SD = 10.31$），$t(51) = 22.05$，$p < 0.001$，Cohen's $d = 6.18$，表明本研究分组有效。实验前征得被试同意，实验结束后，被试获得一定报酬或等价礼品。

（二）实验设计

采用 2（职业人格水平：高、低）×3（职业道德规范线索类型：示范行为词、失范行为词、中性词）两因素混合实验设计，其中职业人格水平为组间变量，职业道德规范线索类型为组内变量，使用被试的 Stroop 效应量来展示被试的注意偏向。

（三）实验材料

采用汉语双字词为实验材料，基于《中国汉语词典（第六版）》，并结合《高等学校教师职业道德规范》（2011 印发）和《普通高等学校辅导员队伍建设规定》（2017 印发），以及对辅导员和学生的访谈和优秀辅导员的事迹文本，选择与辅导员职业场景相关的 90 个职业行为效价词（积极、消极、中性词各 30 个），请 10 名心理学专业的研究生和 10 名辅导员（未参与本次研究）采用 9 点评分法对词汇的情绪效价（1 至 9 代表从消极到积极，1 代表"完全消极"，9代表"完全积极"）以及与职业行为的关联程度（1代表"完全无关"，9代表"完全相关"）进行评估。根据评分结果，最终获得10个积极行为词作为道德示范行为词（敬业、奉献、公正、忠诚、正派、认真、担当、自律、勤勉、诚信），10个消极行为词作为道德失范行为词（歧视、旷工、伤害、迟到、伪造、早退、失职、敷衍、索要、抄袭），10个日常与职业相关的行为词作为中性词（思考、查询、起立、制定、存储、记录、保存、浏览、提交、报到），作为Stroop实验刺激材料。具体而言，在笔画数上，单因素方差分析结果表明，示范行为词的笔画数（$M = 16.0$，$SD = 1.70$）与失范行为词的笔画数（$M = 16.5$，$SD = 3.53$）及中性词笔画数（$M = 15.90$，$SD = 3.72$）差异不显著，$F_{(2, 27)} = 0.11$，$p = 0.90 > 0.05$；在词汇效价上，单因素方差分析结果表明，示范行为词的效价（$M = 7.51$，$SD = 0.45$）与失范行为词的效价（$M = 2.73$，$SD = 0.55$）及中性词效价（$M = 4.62$，$SD = 0.19$）差异显著，$F_{(2, 27)} = 319.89$，$p < 0.001$，且事后多重比较表明三类词汇效价两两差异显著，$p_s < 0.001$；在与辅导员职业规范的关联度上，配对样本T检验结果表明，积极关怀词（$M = 7.39$，$SD = 0.50$）与消极关怀词（$M = 7.22$，$SD = 0.43$）差异不显著，$t_{(9)} = 0.87$，$p = 0.41 > 0.05$。根据实验要求，另外选择了5个词作为练习词：教学、仪器、茶杯、键盘、电脑。

（四）实验程序

采用Eprime 2.0编写实验程序和收集数据。首先，在电脑屏幕中央呈现一个持续250ms的注视点"+"，之后于相同位置呈现实验词汇直至被试做出按键反应。被试反应后即呈现200ms的白屏，随后自动进入下一试次。被试的任务是判断词汇颜色：红色按"D"键，黄色按"F"键，蓝色按"J"键，绿色按"K"键。要求被试忽略词义，对词汇颜色做出准确且快速的反应。实验包括2个阶段，共140个试次：练习阶段（20个试次）和测验阶段（120个试次）。练习阶段，5个练习词分别以红、黄、蓝、绿四种颜色随机呈现，共计20个试次，每个试次都给予反馈（正确or错误）；测验阶段，30个词（行为道德示范词、行为道德失范词、中性词各10个）分别以红、黄、蓝、绿四种颜色随机呈现，共计120个试次，不反馈按键结果。具体实验流程见图7-1。

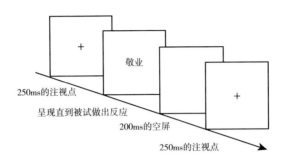

图 7-1 职业规范信息 Stroop 任务流程

为了让被试快速准确地做出反应，实验前被试将"红-D、黄-F、蓝-J、绿-K"提示牌置于电脑键盘前，并要求被试于整个实验过程中一直将左手食指与中指分别放置于 F 键和 D 键上，右手食指与中指分别放置于 J 键和 K 键上。实验指导语如下：

> 这是一个词汇颜色判断实验。屏幕中央会出现"+"注视点，之后于相同位置会随机出现带有颜色的词，请忽略词义，直接判断词的颜色。若为红色，请按 D 键；若为黄色，请按 F 键；若为蓝色，请按 J 键；若为绿色，请按 K 键。请在保持正确的情况下尽可能快速地做出按键反应。

二 研究结果

（一）高、低职业人格组被试的词汇颜色判断概况

参照 Lamers 和 Roelofs 的研究建议，[①] 首先剔除正确率低于 85% 的被试数据，共删除 2 名被试的数据，本研究最终有效被试人数 53 名（高分组 26

① Lamers, M. J., & Roelofs, A., "Attentional Control Adjustments in Eriksen and Stroop Task Performance can be Independent of Response Conflict," The Quarterly *Journal of Experimental Psychology* 64 (2011): 1056-1081.

人，低分组27人）。然后，剔除错误反应试次（1.71%）及每个被试超过自身平均反应时3个标准差的试次（1.88%）。最后将余下试次纳入分析，计算不同条件下的平均反应时。高、低职业人格组被试在Stroop任务中的平均反应时和标准差详见表7-1。

表7-1 高、低职业人格组被试Stroop任务的反应时（$M \pm SD$）（ms）

职业道德规范行为线索类型	高职业人格组（$n=26$）		低职业人格组（$n=27$）	
	M	SD	M	SD
示范行为词	1022.25	341.87	809.83	160.96
失范行为词	899.02	288.47	871.57	200.33
中性词	948.92	305.68	926.62	208.27

在反应时上，重复测量方差分析的结果表明，道德线索类型主效应显著，$F(2, 50) = 34.66$，$p<0.001$，$\eta_p^2 = 0.58$；职业人格水平主效应不显著，$F(2, 50) = 1.55$，$p=0.22>0.05$，$\eta_p^2 = 0.03$；但职业人格水平与道德线索类型的交互作用显著，$F(2, 50) = 58.76$，$p<0.001$，$\eta_p^2 = 0.70$。

对职业人格水平与职业道德规范行为线索类型的交互作用进行简单效应检验发现：在高职业人格组，示范行为词、失范行为词及中性词的颜色判断反应时上存在显著差异，反应时由长至短排序如下：示范行为词>中性词>失范行为词，1022.25ms>948.92ms>899.02ms，$p_s<0.001$；在低职业人格组，示范行为词、失范行为词及中性词的颜色判断反应时上存在显著差异，反应时由长至短排序如下：中性词>失范行为词>示范行为词，926.62ms>871.57ms>809.83ms，$p_s<0.001$；在示范行为词的Stroop任务反应时上，高、低职业人格组存在显著差异，高职业人格组显著长于低职业人格组，1022.25ms>809.83ms，$F(1, 51) = 8.48$，$p<0.05$，$\eta_p^2 = 0.14$；在失范行为词和中性词上，高、低职业人格组Stroop任务反应时没有存在显著差异，$p_s>0.05$。

（二）高、低职业人格组被试的选择性注意效应分析

参照以往研究的处理方法，计算被试在Stroop任务中的效应量以作为被

试的注意偏向得分。具体而言：积极关怀词的 Stroop 效应量＝积极关怀词反应时－中性词反应时，消极关怀词的 Stroop 效应量＝消极关怀词反应时－中性词反应时。Stroop 任务中，对词汇的加工与对字体颜色的加工相冲突，Stroop 效应量据此以中性词反应时为基准，当 Stroop 效应量大于 0 时，表明对相应效价的词产生了注意偏向；当 Stroop 效应量小于 0 时，则表明对相应效价的词产生了注意回避。[①]

以被试类别为自变量、Stroop 效应量为因变量进行重复测量方差分析（详见表 7-2、图 7-2），结果发现，职业人格水平主效应显著 $F(1, 51) = 95.57$，$p < 0.001$，$\eta_p^2 = 0.65$，高职业人格辅导员比低职业人格辅导员在 Stroop 任务上受到积极职业道德规范线索（示范行为词）的干扰效应显著更大，表明高职业人格辅导员对示范行为词表现出更多的注意偏向；效应类型主效应显著 $F(1, 51) = 23.09$，$p < 0.001$，$\eta_p^2 = 0.31$，示范行为词比失范行为词对辅导员执行 Stroop 任务产生了更多的干扰效应，说明辅导员表现出对示范行为词更多的注意偏向。

表 7-2 高、低职业人格被试的 Stroop 效应量

效应量类型	高职业人格($n = 26$)		低职业人格组($n = 27$)	
	M	SD	M	SD
示范行为词 Stroop 效应量	123.23	76.10	-116.79	74.30
失范行为词 Stroop 效应量	-49.89	38.47	-55.06	51.37

职业人格水平与职业道德规范线索类型的交互作用显著，$F(1, 51) = 102.67$，$p < 0.001$，$\eta_p^2 = 0.67$。对职业人格水平与职业道德规范线索类型交互作用进行简单效应分析，结果显示，在高职业人格组，线索类型主效应显著，示范行为词对高职业人格辅导员的干扰效应显著大于失范行为词

[①] 参见 Domes, G., Mense, J., Vohs, K., & Habermeyer, E., "Offenders with Antisocial Personality Disorder Show Attentional Bias for Violence-related Stimuli," *Psychiatry Research* 209 (2013): 78-84; 任志洪等：《睾酮素与反社会倾向未成年犯的攻击行为：敌意注意偏向的中介和皮质醇的调节作用》，《心理学报》2020 年第 11 期。

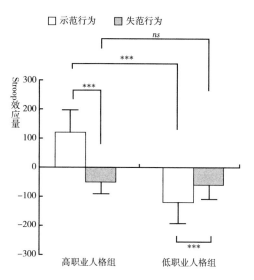

图 7-2　高、低职业人格组辅导员在 Stroop
效应量上的差异

（123. 23 *VS*-49. 89），*F*（1，51）= 109. 51，*p*<0. 001，η_p^2 = 0. 68；在低职
业人格组，线索类型主效应也显著，表现为失范行为词对低职业人格辅导员
的干扰效应显著大于示范行为词（-55. 06 *VS.* -116. 79），*F*（1，49）=
14. 46，*p*<0. 001，η_p^2 = 0. 22。在示范行为词 Stroop 效应值上，高职业人格
组显著大于低职业人格组，即高职业人格组比低职业人格组辅导员更易受到
示范行为词的干扰，高职业人格组对示范行为词的注意偏向显著大于低职业
人格组（123. 23 *VS.* -116. 79），*F*（1，51）= 134. 98，*p*<0. 001，η_p^2 =
0. 73；在失范行为词 Stroop 效应值上，高、低职业人格组辅导员不存在显著差
异（-49. 89 *VS* -55. 06），*F*（1，51）= 0. 17，*p*>0. 05，η_p^2 = 0. 003，且高、
低职业人格组对职业道德失范行为词表现出了注意回避。

三　讨论

本研究采用情绪 Stroop 任务范式，用与辅导员职业道德规范相关的不同
效价的道德词作为刺激材料，探讨高、低职业人格水平辅导员在道德信息注
意偏向上的特点。

本研究发现，在职业道德规范信息刺激（示范行为词）上，相较于低职业人格组，高职业人格组辅导员表现出更大的 Stroop 干扰效应，这一结果表明高职业人格辅导员比低职业人格辅导员对道德示范信息产生了更多的注意偏向。这一研究发现也与既有关于自我概念对注意偏向影响的研究结论基本一致。[①] 结合本书第六章关于辅导员职业人格与失范行为关系的系列研究，我们可知与低职业人格辅导员相比，高职业人格辅导员在自我验证过程中更倾向于内化职业目标与角色要求，对道德自私冲动以及职业失范行为有相对更高的自我控制能力。他们不仅表现出更低的职业失范风险，而且在内隐层面还具有相对更高的职业示范行为表现。因此，高职业人格辅导员在日常工作实践中累积了更多的积极职业道德规范图式和更多的示范行为脚本。基于图式理论，对高职业人格辅导员而言，具有积极职业道德规范信息线索（示范行为词）的刺激与其自身内在认知图式更吻合，所以相较于消极的职业道德规范信息（失范行为词）的刺激及刺激的颜色信息，高职业人格辅导员对示范行为词的意义更为敏感，进而导致高职业人格辅导员优先对示范行为词的意义加工分配了更多的注意资源，产生了更强的注意偏向。这一研究结论也从正面回答了高职业人格辅导员为什么比低职业人格辅导员更易产生职业示范行为。

本研究还发现，在失范行为词上，高、低职业人格组辅导员的 Stroop 干扰效应并无显著差异，而且都表现出注意回避的模式，假设 H3 没有得到验证。这一研究结论说明，对高、低职业人格辅导员而言，失范行为刺激可能都是一种威胁类刺激，与辅导员内在的职业道德规范认知图式不符，为了缓解这种认知冲突产生的焦虑情绪，高、低职业人格辅导员都对道德失范词产生了明显的注意回避。这一研究结论可能与本研究被试选取的标准有关，因为辅导员整体职业人格水平处于中等偏上（基于第三章第一节关于辅导员职业人格特点研究的结论），所以本研究选取的低职业人

---

① 参见孙俊才等《高善良特质在情绪调节行动控制中的内隐优势》，《心理学报》2019 年第 7 期；Gower, T. et al., "Cognitive Biases in Perceptions of Posttraumatic Growth: A Systematic Review and Meta-analysis," *Clinical Psychology Review* 94（2022）：102–159。

格组辅导员也是一种相对意义上的低组，并未选取到与辅导员工作格格不入、有明显职业失范经历的绝对低职业人格辅导员。因此，即使低职业人格辅导员相较于高职业人格组，自我控制的心理资源更少，职业失范风险更高（基于第六章系列研究的结论），但在真实的工作情境中，他们可能很少或者并没有真正产生过明显的道德失范行为，以至于对失范行为信息并没有强联结性，所以在认知加工的初始阶段并未对其分配更多的注意资源。此外，因为失范行为信息与辅导员职业道德规范相违背，引发了辅导员内在认知冲突，为了缓解这种冲突造成的焦虑，而选择有意忽略道德失范信息。第六章第三节关于辅导员职业人格与内隐失范行为倾向的研究中，并未发现参与研究的辅导员群体存在明显的内隐失范倾向。本研究则进一步发现高、低职业人格辅导员都对失范行为词产生了注意回避，而注意回避能有效避免个体产生相应的偏离行为。[①] 这一研究结论也从侧面验证了本书第六章第三节的研究结论，部分说明辅导员群体对职业道德规范还存有敬畏，能对违反职业道德规范的行为进行辨识与抑制。

　　本研究还发现，低职业人格辅导员在道德失范和道德示范信息上都表现出了明显的注意回避模式。这与第六章第三节发现的，低职业人格辅导员不存在内隐失范行为倾向，但是内隐示范行为显著低于高职业人格辅导员的研究结论基本一致。这也再次验证了低职业人格辅导员有更多的职业失范风险，可能并不是源于其与职业失范信息的强联结，而可能是因为其与职业示范信息存在弱联结。低职业人格辅导员有更少的控制资源、更高的职业失范风险。虽然，一般低职业人格辅导员在日常工作中不会轻易表现出道德失范行为，但也没有足够的心理资源去主动产生示范行为。因此，低职业人格辅导员在日常工作中可能更多表现出一种"躺平"的状态，既不触碰失范行为，也不努力争取示范行为，以至于对外界刺激中的示范行为和失范行为线索都产生了刻意的忽略与回避。这一结果启示我们，在对辅导员的职业道德

---

① 　任志洪等：《睾酮素与反社会倾向未成年犯的攻击行为：敌意注意偏向的中介和皮质醇的调节作用》，《心理学报》2020 年第 11 期。

规范进行干预时，可以从注意偏向着手，通过增加道德示范信息的吸引力和可及性，增强辅导员群体与道德示范信息的联结强度，建构积极且稳固的职业道德规范图式。

综上，本研究发现，高、低职业人格组的辅导员对职业道德规范信息的注意偏向存在系统性差异，高职业人格组表现出道德示范信息的注意偏向和对道德失范信息的注意回避，低职业人格辅导员同时表现出对道德失范和道德示范信息的注意回避，且高、低职业人格辅导员对道德失范信息的注意偏向并未存在显著差异。本研究结果从积极与消极层面丰富了图式理论在道德刺激加工中的作用，将理论应用从一般人格领域拓展至职业人格领域，既回答了"高职业人格辅导员为什么比低职业人格辅导员有更多的道德示范行为"，也揭示了"为什么低职业人格辅导员道德失范风险更高"。

四 结论

根据本节分析，验证得出如下三点结论。

（1）高、低职业人格组辅导员对职业道德规范线索产生了不同的注意模式。整体而言，高职业人格组对示范行为信息的注意偏向大于低职业人格组，高、低职业人格组对失范行为信息的注意偏向不存在差异。

（2）高职业人格被试对示范行为信息具有注意偏向，但对失范行为信息产生了注意回避。

（3）低职业人格被试对示范行为信息与失范行为信息都表现出注意回避。

第二节　辅导员职业人格对职业道德规范
信息记忆偏向的影响

记忆是人脑对外界输入的信息进行编码、存储和提取的过程，反映个体对线索刺激的晚期的选择性加工。[①] 图式理论认为个体的记忆受到输入信息和预先存在的"图式"之间的相互作用。整体而言，与图式无关的信息相比，可以被同化到图式模式中的信息更容易被记忆。在编码期间缺乏相关激活图式或背景知识的情况下，信息的编码效率较低，而且不太可能被成功提取。但对激活模式更为重要的信息则又比不太重要的信息更易于被提取。即人们的回忆是确认其自我概念的信息，任何与自我概念不一致的痕迹要么被忽略，要么被遗忘。[②] 记忆偏向是认知加工偏向的一种，也是个体记忆系统认知特征的重要指标，反映了个体记忆的选择性。个体因对一些特定的刺激信息更加敏感，继而更易在记忆、回忆或再认过程中被优先编码、存储和提取。[③]

基于第六章关于辅导员职业人格与失范行为关系的系列研究可知，高职业人格辅导员倾向于比低职业人格辅导员拥有更多积极的职业道德规范行为图式与脚本。基于图式理论，高职业人格辅导员倾向于对外界刺激中的行为示范信息给予更多的认知资源，更倾向于将外界中的行为示范信息提取整合到自我认知图式中进行更深的编码和更成功的提取。此外，本章第一节研究发现，高职业人格辅导员倾向于对示范行为信息给予更多的认知注意资源，低职业人格辅导员倾向于对行为示范和行为失范信息进行忽略与刻意回避。根据认知联结理论，信息加工的注意和记忆各阶段之间不是独立的，而是相互关联的。[④] 在注意阶段得到偏向性加工的刺激，在记忆阶段更可能得到深

---

① Israeli, A. L., & Stewart, S. H., "Memory Bias for Forbidden Food Cues in Restrained Eaters," *Cognitive Therapy and Research* 25 (2001): 37-48; Schwartz, B. L., *Memory: Foundations and Applications*, Newbury Park, CA: Sage Publications, 2020, p. 237.

② Swann, W. B., Jr., & Read, S. J., "Self-verification Processes: How We Sustain Our Self-Conceptions," *Journal of Experimental Social Psychology* 17 (1981): 351-372.

③ Bradley, B. P., Mogg, K., & Williams, R., "Implicit and Explicit Memory for Emotion Congruent Information in Clinical Depression and Anxiety," *Behaviour Research and Therapy* 33 (1995): 755-770.

④ Bradley, B. P., Mogg, K., & Williams, R., "Implicit and Explicit Memory for Emotion Congruent Information in Clinical Depression and Anxiety," *Behaviour Research and Therapy* 33 (1995): 755-770.

入加工，因为理论上被注意到的信息才会被进一步加工。[①] 虽然已有关于记忆偏向的研究大多集中在临床研究上，如 Reidy 和 Richards 研究发现高特质焦虑个体相比于低特质焦虑个体会更容易回忆起威胁性信息，[②] 但是 Maheshwari 及其同事的一项研究表明，[③] 人们为了保持自我图式的一致性也会产生偏向性记忆。本研究中高、低职业人格辅导员的职业道德规范行为图式是否会对其记忆过程产生影响，以及高、低职业人格辅导员对职业道德规范信息的注意特征是否会影响其记忆阶段的加工模式都还需进一步验证。

再认范式是研究外显记忆偏向问题的经典范式，[④] 通过比较被试对信息的记忆保持量及再认时的提取速度来推断个体是否对某类刺激产生了记忆加工偏向。综上，我们将基于再认范式，用学习—再认任务来探究不同职业人格水平辅导员在职业道德规范行为信息外显记忆偏向上的差异，并提出如下研究假设：高、低职业人格组辅导员对道德词汇的外显记忆存在差异（H1）；高职业人格辅导员会对行为示范词产生更多的记忆偏向（H2）；低职业人格辅导员会对行为失范词产生记忆偏向（H3）。

一 研究方法

（一）实验被试

采用 G * Power 软件估算本实验的样本量。[⑤] 根据本研究的实验设计，在中等效应量（0.25）下，I 类错误的概率 α 水平为 0.05，统计检验效力为

---

① Hirsch, C. R., Clark, D. M., & Mathews, A., "Imagery and Interpretations in Social Phobia: Support for the Combined Cognitive Biases Hypothesis," *Behavior Therapy* 37 (2006): 223-236.

② Reidy, J., & Richards, A., "Anxiety and Memory: A Recall Bias for Threatening Words in High Anxiety," *Behaviour Research and Therapy* 35 (1997): 531-542.

③ Maheshwari, S., Kurmi, R., & Roy, S., "Does Memory Bias Help in Maintaining Self-esteem? Exploring the Role of Self-verification Motive in Memory Bias," *Journal of Cognitive Psychology* 33 (2021): 549-556.

④ Schwartz, B. L, *Memory: Foundations and Applications*, Newbury Park, CA: Sage Publications, 2020, p. 237.

⑤ Faul, F., Erdfelder, E., Buchner, A., & Lang, A. G., "Statistical Power Analyses Using G * Power 3.1: Tests for Correlation and Regression Analyses," *Behavior Research Methods* 41 (2009): 1149-1160.

0.90 时，所需的样本量至少为 36 人。实际取样时，采用自编的《辅导员职业人格量表》来筛选被试，本研究中该量表的 Cronbach's α 系数为 0.93。遵循自愿原则，从福建福州、南平共 10 所高校招募了 240 名辅导员，参与本研究的问卷调查。对回收的问卷进行数据整理，剔除无效问卷（规律性作答、漏答等），获得有效问卷 213 份，问卷有效率为 88.75%。对被试的辅导员职业人格总分由高至低排序，考虑到以往有关人格认知加工偏向的研究都集中于临床被试，为了保证高、低职业人格组在本实验中的区分度，本实验取得分在前 15% 的 32 人为高职业人格组，得分在后 15% 的 32 人为低职业人格组。通过电话联系等方式邀请得分位于高、低组中的 64 位辅导员参加实验，最终共 60 位辅导员同意参与本实验，其中高、低职业人格组各 30 人。实验被试年龄段为 31~55 岁（$M = 32.58$，$SD = 4.06$），视力或矫正视力均为正常，无色盲、色弱，均为右利手者，均熟悉电脑基本操作。独立样本 T 检验结果显示，在辅导员职业人格总得分上，高、低职业人格组差异显著，高分组得分（$M = 144.47$，$SD = 3.78$）显著高于低分组（$M = 99.33$，$SD = 9.97$），$t (58) = 23.18$，$p<0.001$，$Cohen's\ d = 6.09$，表明本研究分组有效。实验前征得被试同意，实验结束后，被试获得一定报酬或等价礼品。

（二）实验设计

采用 2（职业人格水平：高、低）×3（职业道德规范线索类型：示范行为词、失范行为词、中性词）两因素混合实验设计。其中，辅导员职业人格水平为组间变量，职业道德规范线索类型为组内变量，本研究参照以往研究使用被试对词汇的记忆保持量来展示被试的记忆偏向。[①] 其中，记忆保持量的计算公式如下：记忆保持量 =（正确判断次数−错误判断次数）÷呈现材料的总次数

（三）实验材料

采用汉语双字词为实验材料，基于《中国汉语词典（第六版）》并结合

[①] 江沂芯、陈红：《自我客体化的女性对身体线索的注意和记忆偏向》，《心理科学》2019 年第 6 期。

《高等学校教师职业道德规范》（2011 印发）和《普通高等学校辅导员队伍建设规定》（2017 印发），以及第二章第一节中访谈资料和优秀辅导员的事迹文本，选择与辅导员职业场景相关的 150 个职业道德规范行为效价词（积极、消极、中性词各 50 个），请 10 名心理学专业的研究生和 10 名辅导员（未参与本次研究）采用 9 点评分法对所选词的情绪效价及与职业道德规范的关联程度进行评估（从 1 代表"完全消极"至 9 代表"完全积极"；从 1 代表"完全无关"至 9 代表"完全相关"）。根据评分结果选择 32 个行为示范词、32 个行为失范词、32 个中性词为实验刺激材料。具体而言，在笔画数上，单因素方差分析结果表明，行为示范词的笔画数（$M = 15.78$，$SD = 3.78$）与行为失范词的笔画数（$M = 17.28$，$SD = 4.18$）及中性词笔画数（$M = 16.53$，$SD = 3.07$）差异不显著，$F（2，93）= 1.31$，$p = 0.28 > 0.05$；在词汇效价上，单因素方差分析结果表明，行为示范词的效价（$M = 7.76$，$SD = 0.41$）与行为失范词的效价（$M = 2.42$，$SD = 0.47$）及中性词效价（$M = 4.63$，$SD = 0.17$）差异显著，$F（2，93）= 1670.87$，$p < 0.001$，且事后多重比较表明三类词效价两两差异显著，$p_s < 0.001$；在与辅导员职业道德规范情境的关联度上，配对样本 T 检验结果表明，行为示范词（$M = 7.70$，$SD = 0.47$）与行为失范词（$M = 7.53$，$SD = 0.43$）差异不显著，$t（9）= 1.49$，$p = 0.15 > 0.05$。另外，还从《现代汉语分类词典》选择了 20 个工具类名词（如"植被"）作为练习实验的材料。

（四）实验程序

采用 E-prime 2.0 编制实验程序并收集数据。实验程序自动呈现刺激，并记录反应时和正确率。实验由两部分组成：练习部分和正式实验部分。在练习部分，被试进行至少 10 个练习试次以熟悉实验程序和要求；熟悉之后，进入正式实验部分。正式实验又由以下三阶段组成。

1. 语义判断任务阶段

首先在电脑屏幕中央呈现一个持续 500ms 的注视点"+"，而后于相同位置呈现一个实验词。请被试就实验词的愉悦度做出主观判断，愉悦按"D"键，不愉悦按"K"键，中性按"空格"键。按键后实验词即消失。三种类型的 48 个词随机呈现，每个词仅呈现一次，所以本阶段被试共需完成 48 个试次（trail）。

2. 干扰任务阶段

被试完成 3 分钟的两位数加减法运算。

3. 再认任务阶段

再认任务阶段共有 96 个词，包括旧词与新词两类各 48 个，"旧词"即在语义判断任务阶段出现的词，"新词"则是在语义判断任务阶段未出现过的词。请被试对实验词的新、旧做出判断，若认为该词在之前任务阶段出现过按"F"键，未出现过按"J"键。具体实验流程见图 7-3，实验指导语如下：

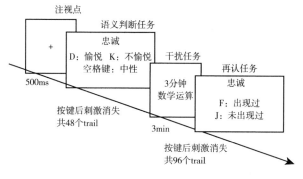

图 7-3　任务流程

屏幕中央会出现"+"，随后会出现实验词图片，其中一部分词是之前词愉悦度判断阶段里出现过的，一部分是未出现过的。请您尽量辨认出刚才呈现过的词。若在之前实验阶段出现过，请按"F"键；若认为在之前实验阶段未出现过，请按"J"键。请在保持正确的情况下尽快地做出判断。请您坐好，将双手置于电脑键盘上，按"出现过-F键""未出现过-J键"的要求做出相应按键反应。准备好后，请您按"空格"键开始实验。

（五）数据分析

参照江沂芯和陈红研究，[①] 筛选和删除反应时小于200ms及每个被试超过自身平均反应时正负3个标准差的试次。

二 研究结果

（一）高、低职业人格组被试的记忆保持量

高、低职业人格组对实验词的记忆保持量见表7-3和图7-4。重复测量方差分析结果表明，词汇类型的主效应显著，$F(2, 57) = 8.74$，$p < 0.001$，$\eta_p^2 = 0.13$；职业人格水平的主效应不显著，$F(1, 58) = 0.19$，$p = 0.66 > 0.05$，$\eta_p^2 = 0.003$，高、低职业人格组被试在记忆保持量上没有显著差异，表明高、低职业人格组被试在一般记忆能力方面不存在显著差异；职业人格水平与词汇类型交互作用显著，$F(2, 57) = 15.13$，$p < 0.001$，$\eta_p^2 = 0.35$，说明不同职业人格的辅导员对不同效价的道德信息产生了不同的注意偏向。

对词汇类型与职业人格水平交互作用进行简单效应分析，结果表明，在示范行为词的记忆保持量上，高职业人格组显著大于低职业人格组（60.63% VS 45.63%），$F(1, 58) = 10.69$，$p = 0.002 < 0.005$，$\eta_p^2 = 0.16$；在失范行为词的记忆保持量上，高、低职业人格组无显著差异（45.63% VS 38.13%），$F(1, 58) = 1.41$，$p = 0.24 > 0.05$，$\eta_p^2 = 0.02$；在中性词的记忆保持量上，高职业人格组显著小于低职业人格组（44.17% < 71.67%），$F(1, 58) = 17.13$，$p < 0.001$，$\eta_p^2 = 0.23$。其次，在低职业人格组内，被试对中性词的记忆保持量显著大于对失范行为词及示范行为词（71.67% > 45.63%，71.67% > 38.13%），$p_s < 0.05$，但对失范行为词和示范行为词的记忆保持量没有差异（38.13% VS 45.63%），$p = 0.40 > 0.05$；在高职业人格组内，被试对示范行为词的记忆保持量显著大于失范行为词和中性词

[①] 江沂芯、陈红：《自我客体化的女性对身体线索的注意和记忆偏向》，《心理科学》2019年第6期。

（60.63%＞44.17%，60.63%＞45.63%），但对失范行为词和中性词的记忆保持量没有差异（44.17% VS 45.63%）。

（二）高、低职业人格组被试的再认反应时

高、低职业人格组在再认任务中反应时见表 7-3 和图 7-4。重复测量方差分析结果表明，词汇类型的主效应不显著，$F_{(2, 57)} = 10.48$，$p < 0.001$，$\eta_p^2 = 0.15$；职业人格水平的主效应不显著，高、低职业人格组被试在记忆判断任务的总反应时上没有显著差异，$F_{(2, 57)} = 0.56$，$p > 0.05$，$\eta_p^2 = 0.01$。职业人格水平与词汇类型交互作用显著，$F_{(2, 57)} = 28.92$，$p < 0.001$，$\eta_p^2 = 0.33$。

进一步简单效应分析结果表明，对示范行为词的再认反应时上，高职业人格组显著快于低职业人格组，$F_{(1, 58)} = 18.50$，$p < 0.001$，$\eta_p^2 = 0.24$；对失范行为词的再认反应时上，高职业人格组显著慢于低职业人格组，$F_{(1, 58)} = 30.74$，$p < 0.001$，$\eta_p^2 = 0.35$；两组被试对中性词的再认反应时上没有显著差异，$F_{(1, 58)} = 0.15$，$p > 0.05$，$\eta_p^2 = 0.03$。其次，高职业人格组对示范行为词的记忆判断反应时显著低于对失范行为词和中性词，$p_s < 0.001$；低职业人格组被试对失范行为词的记忆判断反应时显著低于对示范行为词和中性词，$p_s < 0.001$。

表 7-3　高、低职业人格组的记忆保持量和再认反应时（$M \pm SD$）

	词汇类型	高职业人格组（$n = 30$）		低职业人格组（$n = 30$）	
		M	SD	M	SD
记忆保持量（%）	示范行为词	60.63	16.67	45.63	18.80
	失范行为词	45.63	14.79	38.13	31.33
	中性词	44.17	28.14	71.67	23.08
再认反应时（ms）	示范行为词	670.06	276.41	982.10	285.40
	失范行为词	1066.18	242.02	669.51	308.22
	中性词	1043.61	318.84	1012.64	291.79

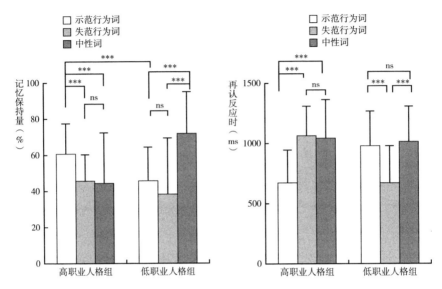

图7-4　高、低职业人格组在记忆保持量和再认反应时上的差异

三　讨论

本研究采用学习—再认任务范式，用与辅导员职业情境相关的道德规范词作为刺激材料，探讨高、低职业人格水平辅导员对职业道德规范行为信息的记忆加工偏向的特点。结果发现，高职业人格组辅导员对行为示范词的记忆保存量显著大于行为失范词和中性词，但对行为失范词和中性词的记忆保持量没有差异；而低职业人格辅导员对中性词的记忆保持量显著大于行为失范词及行为示范词，但对行为失范词和行为示范词的记忆保持量没有差异。根据学习—再认任务范式的假设，这一研究结果表明：高、低职业人格被试对不同效价的职业道德规范行为信息的记忆偏向存在差异，假设 H1 得到验证；高职业人格辅导员对行为示范词产生了记忆偏向，假设 H2 得到验证；但是，低职业人格辅导员未对行为失范词产生明显的记忆偏向，假设 H3 未得到验证。

本研究结论至少可以从两方面来解释。首先可以基于图式理论，从个体的认知结构来解释。基于第六章研究得知，高职业人格辅导员在自我验证的过程中倾向于内化职业目标与角色要求，并在此过程中累积和形成积极且稳固的职业道德规范认知图式与行为脚本，因此对情境中的行为示范信息更为敏感。基于图式理论，人们的记忆过程是输入信息和个体固有"图式"之间相互作用的结果。① 因此，相较于中性词和行为失范词，行为示范信息与高职业人格辅导员内在的认知图式更匹配，更容易被整合并入高职业人格辅导员固有的认知图式中，也因此更易被记忆与提取。而低职业人格辅导员并未对行为失范词产生记忆偏向，是因为我们选取的低职业人格组是一种相对意义的低分组（$M = 99.33$，$SD = 9.97$）。且基于前述研究结论（第六章第三节），未发现低职业人格辅导员有内隐失范行为倾向，说明低职业人格辅导员有职业失范的风险，但是可能并没有实质性职业失范行为经历和脚本累积，以至于在信息编码与提取环节也没有表现出特殊的失范行为记忆偏向。但是本研究也发现，低职业人格辅导员对职业示范信息也未表现出记忆偏向，这与低职业人格辅导员较少的行为示范图式和脚本有关，以至于在信息编码和提取过程中对行为示范信息也未表现出特殊的敏感性。

此外，本研究结论还可以从信息加工过程的认知联结角度来解释，根据本章第一节的研究结论，可知高职业人格个体对行为示范信息分配了更多的认知资源，这可能促进高职业人格辅导员在更深层次的信息加工阶段对该类信息继续进行偏向性加工与存储，并最终形成记忆偏向。而低职业人格辅导员倾向于在选择性注意阶段，对行为示范和失范信息进行注意回避，这种动机性的注意资源的省略，导致低职业人格辅导员没有足够的心理资源对行为示范和失范词汇在后续进行更深层次的加工，以及在存储环节中进行充分的加工，这也可能最终导致低职业人格辅导员对行为示范和失范词的记忆保存量低于中性词。

本研究还发现，虽然在记忆保持量上，低职业人格辅导员并未对行为

---

① Koriat, A., Goldsmith, M., & Pansky, A, "Toward a Psychology of Memory Accuracy," *Annual Review of Psychology* 51 (2000)：481-537.

失范信息表现出记忆偏向，但是在再认反应时上，低职业人格对行为失范信息的再认反应时显著快于中性词和行为示范词。根据记忆的加工深度理论来解释，记忆的提取是信息编码精细程度的函数，编码程度越精细的信息越容易被提取。低职业人格辅导员对失范行为信息的快速提取表明，低职业人格辅导员倾向于对外界环境中的行为失范信息进行更深的加工，以至于能在后续的再认任务中显著更快地提取出来。这一研究结论也警醒我们，低职业人格辅导员确实可能存在相对更高的失范行为风险，未来确实有必要加强对低职业人格辅导员职业失范行为的干预。

四　结论

根据本节分析，验证得出如下三点结论。

（1）高职业人格辅导员对行为示范词产生了记忆偏向，与行为失范词汇及中性词相比，高职业人格辅导员对行为示范词的记忆保存量显著更大，再认反应时显著更短。

（2）低职业人格辅导员对行为失范词也产生了一定的记忆偏向，虽然低职业人格辅导员在对行为失范词和行为示范词的记忆保存量上没有显著差异，但在再认反应时上，低职业人格辅导员对行为失范词的再认速度显著快于行为示范词和中性词。

第三节　辅导员职业人格对职业道德规范信息解释偏向的影响

本章第一节和第二节的研究结果表明，高、低职业人格辅导员在对职业道德规范信息的注意和记忆加工偏向上存在差异。同注意、记忆偏向一样，解释偏向也属于认知加工偏向的一种，代表了个体在思维阶段的认知加工特点。那么，辅导员对模糊职业情境的解释偏向是否也会受到其职业人格水平的影响？

解释偏向（interpretation bias）最早由 Beck 提出,[1] 是指个体习惯于用与内在图式结构一致的方式对解释模糊信息做出积极或消极解释的倾向。如何对外界信息进行解释,对个体的情绪、态度和行为等都有着重要影响。如已有研究发现消极的解释偏向可能是导致个体社交障碍[2]、偏离行为发生和维持的重要原因。[3] 根据行为反应的时间进程,解释偏向具有即时解释和延时解释之分。[4] 即时解释偏向又称为在线解释偏向,是指个体对刚刚经历或实时接触到的模糊信息进行立即处理和响应时产生的带有某种倾向性的解释;延时解释偏向也称为离线解释偏向,是指个体进行反应前有充分的时间对过去的经验进行回顾和沉思,进而对已经历过的模糊情境事件产生的带有某种倾向的理解方式。延时解释偏向因个体具备了充分回顾与沉思过往经验的时间,也因此极容易导致个体歪曲自身记忆,从而对所接触的模糊信息做出特定倾向的回顾性评价;而即时解释偏向需要个体快速加工实时的模糊情境信息,以至于个体几乎没有时间进行回忆,也因此更不易受到个体自身记忆的干扰。本研究探讨的解释偏向是关于职业道德规范的模糊情境解释,具有一定的社会赞许效应。而且既有研究发现,个体为了维护道德自我概念易扭曲自身记忆,产生道德记忆偏差。[5] 为了减少个体记忆偏差的干扰,本研究拟选取即时解释偏向研究范式来探究不同职业人格水平辅导员对职业道德规范模糊情境的解释偏向。

解释偏向的图式理论认为,与个体内在图式一致的信息会被优先编码加工。在对模糊信息进行解释的过程中,个体内在"特定的图式与图式集"

---

① Beck, A. T., *Cognitive Therapy and the Emotional Disorders*, New York: International Universities Press, 1976, pp. 15–60.

② Amin, N., Foa, E. B., & Coles, M. E., "Negative Interpretation Bias in Social Phobia," *Behaviour Research and Therapy* 36 (1998): 945–957.

③ 张丽华、李娜、刘婕、代嘉幸:《情绪启动对低自尊个体注意偏向的影响》,《心理与行为研究》2018 年第 6 期。

④ Hirsch, C. R., Clark, D. M., & Mathews, A., "Imagery and Interpretations in Social Phobia: Support for the Combined Cognitive Biases Hypothesis," *Behavior Therapy* 37 (2006): 223–236.

⑤ 王修欣、申怡凡:《何以应对道德自我威胁? 道德记忆偏差的视角》,《心理科学进展》2022 年第 7 期。

会被激活，进而直接影响对模糊信息做出的解释。① 既有研究发现具有高职业认同的教师倾向对工作中的模糊情境予以更多的积极解释，而低职业认同的教师则对工作中的模糊情境进行了更多的消极解释；② 羞怯个体易在模糊情境中产生更多的威胁性解释偏向③。前述研究发现，高职业人格辅导员更倾向于内化职业道德规范，拥有相对更多的道德示范图式，且在认知加工过程中对道德示范信息也产生了更多的注意和记忆偏向；而低职业人格辅导员拥有相对更少的道德示范图式，道德失范风险相对更高。但是，辅导员对模糊情境的解释偏向是否也可以用自我图式理论来验证还需要进一步检验。

综上，本研究以解释偏向的图式理论为指导，采用即时解释偏向研究范式，探究不同职业人格水平辅导员在对模糊情境即时解释偏向上的差异，并提出如下研究假设：高、低职业人格组辅导员对模糊情境存在解释偏向差异（H1）；高职业人格辅导员会对模糊情境产生示范行为解释偏向（H2）；低职业人格辅导员会对模糊情境产生失范行为解释偏向（H3）。

一 研究方法

（一）实验被试

采用 G * Power 软件估算本实验的样本量。④ 根据本研究的实验设计，在中等效应量（0.25）下，I 类错误的概率 α 水平为 0.05，统计检验效力为 0.90 时，所需的样本量至少为 36 人。

实际取样时，采用自编的《辅导员职业人格量表》来筛选被试，本研究中该量表的 Cronbach's α 系数为 0.93。遵循自愿原则，从福建福州、南

① Beck, A. T., & Haigh, E. A., "Advances in Cognitive Theory and Therapy: The Generic Cognitive Model," *Annual Review of Clinical Psychology* 10 (2014): 1–24.

② 魏淑华、宋广文、张大均：《不同职业认同水平教师对职业生活事件的社会认知加工特征》，《心理发展与教育》2017 年第 1 期。

③ 向碧华等：《不同亚型社会退缩个体对社会/非社会模糊情境的解释偏向》，《中国临床心理学杂志》2022 年第 2 期。

④ Faul, F., Erdfelder, E., Buchner, A., Lang, A. G., "Statistical Power Analyses Using G * Power 3.1: Tests for Correlation and Regression Analyses," *Behavior Research Methods* 41 (2009): 1149–1160.

平、泉州共 13 所高校招募了 300 名辅导员，参与本研究的问卷调查。对回收的问卷进行数据整理，剔除无效问卷（规律性作答、漏答等），获得有效问卷 268 份，问卷有效率为 89.33%。对被试的辅导员职业人格总分由高至低排序，考虑以往有关人格认知加工偏向的研究都集中于临床被试，为了保证高、低职业人格组在本实验中的区分度，本实验取得分在前 15% 的 40 人为高职业人格组，得分在后 15% 的 40 人为低职业人格组。通过电话联系等方式邀请得分位于高、低组中的 80 位辅导员参加实验，最终共 64 位辅导员同意参与本实验。其中，高职业人格组 31 人，低职业人格组 33 人。实验被试年龄段为 26~40 岁（$M = 32.61$，$SD = 4.21$）。独立样本 T 检验结果显示，在辅导员职业人格总得分上，高、低职业人格组差异显著，高分组得分（$M = 140.58$，$SD = 3.78$）显著高于低分组（$M = 99.88$，$SD = 12.24$），t（62）= 142.52，$p < 0.001$，$Cohen's\ d = 5.05$，表明本研究分组有效。实验前征得被试同意，实验结束后，被试获得一定报酬或等价礼品。

（二）实验设计

采用 2（职业人格水平：高、低）×2（职业道德规范行为启动类型：失范行为词、示范行为词）两因素混合实验设计，其中职业人格水平为组间变量，启动词汇类型为组内变量，被试对词汇与句子关系做出不同判断（接受 or 拒绝）的频数和反应时，以及在不同启动条件下的解释偏向指数为因变量。

（三）实验材料

词句联想范式（Word Sentence Association Paradigm，WSAP）。基于《高等学校教师职业道德规范》（2011 印发）和《普通高等学校辅导员队伍建设规定》（2017 印发），以及第二章第一节研究中的访谈资料和优秀辅导员的事迹文本，我们创设了 50 个描述辅导员日常工作情境的模糊语句（例如："五一假期你值班"），并为每个句子匹配了 2 个用于解释的四字词，一个为示范行为词（如"尽职尽责"），一个为失范行为词（如"迟到早退"）。在预实验阶段，我们邀请 20 名辅导员（未参与本次研究），采用 9 点评分法对这 50 个句子与职业道德规范情境的关联性、匹配词的效价、以及匹配词汇与句子的关联性进行评估（从 1 代表"完全无关"至 9 代表"非常相关",从 1 代表"完全失范行为"至 9 代表"完全示范行为")。如果被试对一个句子的两个解释词的平均评分不存在显著差异,那么这个句子就被认为是有歧义的。综合评分结果,我们选取了与职业道德规范情境的关联性评分在 7.5 分以上,且与之匹配的示范行为解释词与失范行为解释词与句子的关联性评分都在 7.5 分以上,且评分无差异,以及示范行为解释词的情绪效价评分大于 7.5,失范行为解释词的情绪效价评分低于 2.5 的 30 对示范行为—失范行为解释词及与之匹配的 30 个模糊句作为实验材料。然后我们将模糊句子一次与示范行为解释启动词配对,一次与失范行为解释启动词配对,组成 60 个单词句子对,并分成两组材料(A 和 B)来创建两个版本的任务。每个版本的任务包含 15 个示范行为解释启动和 15 个失范行为解释启动,每个句子只呈现给每个被试一次。此外,每个被试在每个句子中只看到一个配对的单词。被试被随机分配至 A 或 B 组。

(四)实验程序

采用 E-prime 2.0 编制实验程序并收集数据。实验程序自动呈现刺激,并记录反应时和频数。每个 WSAP 试验包括四个步骤:首先,在电脑屏幕中央呈现一个持续 500ms 的注视点"+",将被试的注意力引向屏幕的中间,并提醒他们试验开始了;随后注视点消失,在相同位置呈现 500ms 的示范行为的解释(例如"用心筹备")或失范行为的解释(例如"随便应付")为启动词;第三,启动词消失,一个模糊情境句子(例如"你要给学生召开疫情防控主题班会")出现并保持在屏幕上,直到被试按下空格键表示他们读完了句子;第四,电脑屏幕出现提示语,提示被试如果他们认为单词和句子相关,就在数字键盘上按下"F"键,如果单词和句子不相关,就在键盘上按下"J"键。下一次试验以固定的"+"注视点开始。所有实验材料以白色 12 号字体显示,背景为黑色。实验流程见图 7-5。

(五)数据分析

参照 Beard 和 Amir 的数据处理方式,剔除反应时小于 50ms 或大于

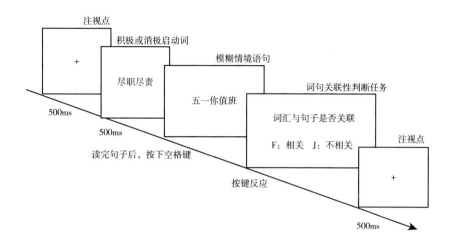

图 7-5 职业道德规范的词句联想任务流程

2000ms 的试验数据。这导致本研究 4% 的试次无效。依据 WSAP 研究范式，使用解释的认可率及解释偏向指数这两个指标来综合衡量被试的解释偏向。

解释认可率有两种：示范行为解释认可率和失范行为解释认可率。失范行为解释认可率是指被试认可消极解释的频次占所有消极启动试次的百分比。示范行为解释认可率则是指被试认可积极解释的频次占所有积极启动试次的百分比。

参照 Beard 和 Amir 以及 Hindash 和 Amir 的研究建议，计算本研究的解释偏差指数。（1）积极启动下的解释偏差指数＝拒绝积极解释的反应时 - 接受积极解释的反应时；（2）消极启动下的解释偏差指数＝接受消极解释的反应时 - 拒绝消极解释的反应时。若解释偏向指数大于 0，表明在示范行为信息的启动下，被试更倾向于产生示范行为的解释偏向；在失范行为信息的启动下，不易于产生失范行为的解释偏向。若解释偏向指数小于 0，表明在示范行为信息的启动下，被试不易于产生示范行为的解释偏向；在失范行为信息的启动下，被试更易于产生失范行为的解释偏向。

二 结果

（一）解释认可率

为了比较高、低职业人格组在对积极、消极职业道德规范行为解释认可率上的差异，我们以职业人格水平（高、低）为组间变量，以职业道德规范行为类型（示范行为、失范行为）为检验变量，进行独立样本 T 检验（结果详见表 7-4 和图 7-6）。结果表明：高、低职业人格组辅导员在行为示范解释认可率上不存在显著差异（90.22VS.87.92），$t(62) = 0.97$，$p = 0.34 > 0.05$，Cohen's $d = 0.25$。高、低职业人格组辅导员在行为失范解释认可率上也不存在显著差异（31.04VS.39.11），$t(62) = 1.67$，$p = 0.10 > 0.05$，Cohen's $d = 0.43$。

（二）解释偏差指数

在示范行为词汇启动下，高职业人格组辅导员的解释偏向指数为 245.42 > 0，表现出趋近示范行为的解释偏向；低职业人格组辅导员的解释偏向指数为 -110.81 < 0，表现出偏离示范行为的解释偏向。独立样本 T 检验显示，高、低职业人格组辅导员的解释偏向存在显著差异（245.42 VS. -110.81），$t(62) = 6.67$，$p < 0.001$，Cohen's $d = 1.72$。在失范行为启动下，高、低职业人格辅导员的解释偏向指数都大于 0（221.06 > 0，57.10 > 0），都表现出偏离失范行为的解释偏向。独立样本 T 检验显示，高、低职业人格组辅导员的解释偏向存在显著差异（221.06 VS. 57.10），$t(62) = -3.05$，$p < 0.001$，Cohen's $d = 0.79$。（结果详见表 7-4、图 7-6）。

表 7-4　高、低职业人格组的解释认可率及解释偏差指数

类别	指标	高职业人格组（$n = 31$）		低职业人格组（$n = 33$）	
		M	SD	M	SD
解释认可率（%）	积极解释认可率	90.22	8.71	87.92	10.02
	消极解释认可率	31.04	14.72	39.11	22.67
解释偏差指数	行为示范启动	245.42	265.14	-110.81	128.36
	行为失范启动	221.06	193.68	57.10	228.74

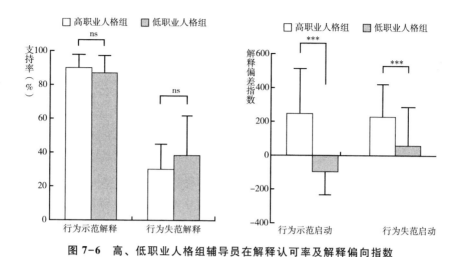

图7-6 高、低职业人格组辅导员在解释认可率及解释偏向指数

三 讨论

本研究发现，高职业人格组辅导员在对模糊情境做出行为示范解释的认可率上略大于低职业人格组（90.22%>87.92%），低职业人格组对模糊情境做出行为失范解释认可率上率略大于高职业人格组（39.11%>31.04%），但是两者的差异均未达到统计上的显著性。产生这样的结果可能有两方面的原因，其一，本研究中"关联与否"的判断属于反思性判断，是个体有意识判断的结果，被试有可能受到社会赞许效应的影响；其二，试次太少，可能还不足以形成显著的反应规律。

虽然在解释认可率上，未发现高、低职业人格组存在显著差异，但是本研究在职业道德规范行为不同效价的启动条件下，发现了高、低职业人格组辅导员具有不同的解释偏向模式，假设H1得到验证。高职业人格组辅导员在示范行为信息启动下，倾向于对模糊情境做出示范行为解释，而在失范行为信息启动下，高职业人格辅导员不易于对模糊情境做出失范行为解释。研究结果表明，高职业人格辅导员不论是在示范还是失范信息的启动下，都更倾向于对模糊情境做出示范行为解释，假设H2得到验证。低职业人格组辅导员在示范行为信息启动下，倾向于对模糊情境做出偏离行为示范的解释，而在失范行为信息启动下，低职业人格辅导员又倾向于对模糊情境做出偏离行为失范的解释。研究结果表明，低职业人格辅导员对模糊情境没有显著的解释偏向，假设 H3 未得到验证。假设 H1、H2 得到验证，与既有的关于人格特质或自我概念对解释偏向影响的研究结论基本一致。[①] 可以从至少两个方面来解释这一研究结论。首先，从图式理论出发，基于第六章的研究结论，高职业人格辅导员在自我验证过程中更倾向于内化职业规范与角色要求，并由此累积了更为丰富和积极的职业道德规范行为图式。因此，当启动示范行为信息时，高职业人格辅导员稳定而丰富的示范行为图式集被激活，因此倾向于对模糊情境进行示范行为解释；当启动失范行为信息时，高职业人格辅导员没有相应的失范行为图式来应对激活，所以倾向于对模糊情境做出偏离失范行为的解释。此外，还可以从认知联结理论视角来解释，本章第一节和第二节的研究也支持，高职业人格辅导员对示范行为信息表现出显著的注意偏向与记忆偏向，因此在信息解释阶段，前述认知加工偏向特征可能也影响了高职业人格辅导员对示范行为信息的解释偏向。

本研究未发现低职业人格辅导员存在失范行为解释偏向，产生这样的结果可能有两方面的原因：一方面是本研究的低职业人格组辅导员是相对意义的低组，并不是绝对意义上有着较多职业失范经历的辅导员。因此即使低职业人格辅导员有较高的失范行为风险，但并没有较多的失范行为图式与脚本。基于图式理论，个体在信息解释过程中的差异是由个体内在图式所致，个体会倾向于以一种与其内在图式一致的方式来解释模糊信息。因此本研究中的低职业人格辅导员不易于对模糊情境产生失范行为解释偏向；另一方面是，基于本章第一节和第二节的研究结论，低职业人格辅导员对失范信息与示范信息都产生了注意回避，且不存在记忆偏向，低职业人格辅导员在注意

---

① Hindash, A. H., & Amir, N., "Negative Interpretation Bias in Individuals with Depressive Symptoms," *Cognitive Therapy and Research* 36 (2012): 502-511；张娟、张大均：《不同心理素质水平大学生对模糊情境的解释偏向》，《中国临床心理学杂志》2018 年第 5 期；向碧华等：《不同亚型社会退缩个体对社会/非社会模糊情境的解释偏向》，《中国临床心理学杂志》2022 年第 2 期。

与记忆阶段的认知加工偏向可能也影响了其在信息解释阶段的加工偏向。毕竟认知联结理论主张，认知加工各阶段之间不是独立存在而是相互关联的。虽然假设 H3 没有得到验证，低职业人格辅导员在不同的启动条件下产生了看似矛盾的研究结果。但正是这样矛盾的解释偏向启示我们，低职业人格辅导员具有较高失范行为风险的原因可能不在于低职业人格辅导员有行为失范图式与脚本，而在于低职业人格辅导员没有足够丰富与稳固的行为示范图式和脚本，以至于在示范行为信息启动下，低职业人格辅导员也没有足够的认知图式和行为脚本可被激活，从而导致其易在示范行为启动情况下产生远离示范行为解释的趋向。

本研究综合解释认可率、解释偏向指数等指标，得出高职业人格辅导员倾向于对模糊情境做出行为示范解释，低职业人格辅导员对模糊情境不存在解释偏向。从认知加工的解释阶段探究了"高职业人格辅导员为什么比低职业人格辅导员有更多的示范行为"，也探究了"为什么低职业人格辅导有更高的失范行为风险"，从正反两方面解析了职业人格对辅导员职业道德规范行为的影响。

四　结论

根据本节分析，验证得出如下结论。

高、低职业人格组辅导员对模糊情境的解释偏向存在显著差异；高职业人格组辅导员倾向于对模糊情境做出示范行为解释，低职业人格组辅导员对模糊情境不存在特定的解释偏向。

结　论

本研究以思想政治教育者的典型代表辅导员为研究对象，综合文本分析法、问卷调查法、行为实验法，通过 16 个子研究逐层探讨了其职业人格的概念结构、现状特征、影响因素、作用机制及其对认知偏向的影响，得出以下主要结论。

（1）思想政治教育者的职业人格是思想政治教育者在思想政治教育和管理的具体情境中，通过育人实践，发展并形成的相对稳定而独特的、与其职业表现密切相关的心理和行为特征。

（2）辅导员职业人格是一个多维度的概念结构，包含有恒性、机谨性、激励性、亲和性、自律性、忠诚性六个维度。本书编制的《辅导员职业人格量表》具有良好的信效度，可用于辅导员职业人格的测量及相关研究。

（3）辅导员职业人格在职称、教龄上存在显著差异，在性别间不存在显著差异。

（4）辅导员职业人格的形成与发展受到个人和环境因素的共同影响。辅导员自身的职业价值观既能直接，也可通过心理授权和个人成长主动性的独立或链式中介作用正向影响辅导员职业人格的形成与发展；工作环境中的组织支持不仅正向调节了辅导员职业价值观对其职业人格的直接效应，还正向调节了个体心理授权与个人成长主动性的链式中介效应。

（5）思想政治教育者的职业人格对其关怀行为有显著影响，辅导员的职业人格可直接或通过师生关系承诺的间接作用，催生辅导员对学生的一般关怀、网络关怀及内隐关怀倾向。具体而言，横断调查发现，职业人格显著正向影响辅导员的一般关怀行为；行为实验发现，面对学生网络求助时，高职业人格组辅导员的网络关怀倾向（捐赠意愿和金额，信息转发意愿和次数）都显著更高，且更不易受到求助学生在校表现的影响。关系承诺在职业人格与捐赠金额及信息转发次数间都不发挥中介作用，但在职业人格与捐赠意愿和信息转发意愿间都发挥部分中介作用；内隐联想测验发现，高职业人格组辅导员的内隐关怀效应显著高于低职业人格组，关系承诺在其间发挥部分中介作用。

（6）思想政治教育者的职业人格影响了其对关怀信息的认知加工偏向。具体而言，在注意阶段，高职业人格辅导员对积极关怀信息存在注意偏向，低职业人格辅导员则对消极关怀信息存在注意偏向，对积极关怀信息存在注意回避；在记忆阶段，高职业人格辅导员对积极关怀信息存在记忆偏向，而低职业人格辅导员则对消极关怀信息存在记忆偏向；在解释阶段，对师生互动的模糊情境，高职业人格辅导员存在积极关怀解释偏向；低职业人格辅导员存在消极关怀解释偏向。

（7）思想政治教育者的职业人格对其失范行为有显著抑制作用，辅导员的职业人格可直接或通过自我控制的间接作用，抑制辅导员的一般职业失范倾向、网络失范行为倾向，并促进其内隐示范倾向。具体表现为：横断调查发现，职业人格抑制了辅导员一般失范行为，自我控制在其间发挥部分中介作用；行为实验发现，教育犯错学生时，高职业人格组辅导员的言语暴力、隐私侵犯等网络失范倾向都显著小于低职业人格组，且不受犯错学生在校表现的影响，而低职业人格辅导员对在校表现不佳的学生表现出更显著的网络失范倾向。辅导员的自我控制水平在其职业人格与网络言语暴力和隐私侵犯间发挥部分中介作用；内隐联想测验得出，高职业人格组辅导员的内隐示范倾向显著高于低职业人格组，自我控制在其间发挥部分中介作用。

（8）思想政治教育者的职业人格还影响了其对职业道德规范信息的认知加工偏向。具体而言，在注意阶段高职业人格辅导员对示范行为信息存在注意偏向，对失范行为信息存在注意回避。低职业人格辅导员对示范行为与失范行为信息均存在注意回避；在记忆阶段，高职业人格辅导员对示范行为存在记忆偏向，低职业人格辅导员对示范行为与失范行为均不存在记忆偏向；在解释阶段，对职业道德规范的模糊情境，高职业人格辅导员存在示范行为解释偏向，低职业人格辅导员不存在示范或失范行为的解释偏向。

总之，思想政治教育者的职业人格是促进思想政治教育者产生和维持积极育人素养的重要因素。从"认知—人格""个体—环境"视角深度培育思想政治教育者的职业人格，对提升思想政治教育者的职业素养，推进思想政治教育的高质量发展具有重要的现实意义。

参考文献

一 中文文献

白学军、贾丽萍、王敬欣:《抑制范式下的情绪注意偏向》,《心理科学进展》2013年第5期。

毕翠华:《拖延刺激对注意偏向的影响及过程》,《心理学探新》2018年第1期。

曹威威:《高校辅导员职业生涯发展研究》,博士学位论文,东北师范大学,2017。

曹文秀:《近二十年思想政治教育心理学研究的回顾与展望——基于CNKI文献的可视化分析》,《教育探索》2021年第1期。

陈朝娟、徐志远、邓欢:《高校辅导员职业形象建构的价值意蕴》,《学校党建与思想教育》2019年第23期。

陈建文、汪祝华:《高校辅导员胜任特征结构模型的实证研究》,《高等教育研究》2009年第1期。

陈建文、许蕊:《高校辅导员共情能力的结构特征及其影响因素》,《高等教育研究》2017年第9期。

陈建香、滕云、陈玉平:《高校"80后"辅导员师德建设的挑战与对策》,《思想教育研究》2010年第12期。

陈士福、黄子芳:《高校辅导员的人格塑造初探》,《学校党建与思想教育》2011年第4期。

陈万柏：《思想政治教育学原理》，中国人民大学出版社，2013。

陈向明：《质的研究方法与社会科学研究》，教育科学出版社，2000。

陈仲庚、张雨新：《人格心理学》，辽宁人民出版社，1986。

程海云、朱平：《高校辅导员职业人格形成机理与培育策略研究》，《高教探索》2021年第9期。

仇道滨：《职业人格培育视野下的高校辅导员队伍建设》，《思想政治教育研究》2008年第3期。

崔德霞等：《自我控制资源视角下工作场所即时通讯过载影响员工越轨行为的作用机制研究》，《管理学报》2021年第3期。

戴国斌、林荷、谢菊兰：《挑战性—阻碍性工作压力对失眠的影响：积极—消极工作反刍的中介作用》，《中国临床心理学杂志》2020年第5期。

戴琨：《基于选拔的中国航线飞行员人格结构研究》，博士学位论文，陕西师范大学，2010。

戴琴、冯正直：《抑郁患者的注意偏向》，《心理科学进展》2008年第2期。

丁迈、陈曦：《网络环境下的利他行为研究》，《现代传播》2009年第3期。

董蕊、倪士光：《工作场所不道德行为：自我控制资源有限理论的解释》，《西北师大学报（社会科学版）》2017年第1期。

范静静：《浅谈思想政治教育工作辅导员的人格魅力》，《思想教育研究》2007年第12期。

方杰、温忠麟、张敏强：《类别变量的中介效应分析》，《心理科学》2017年第2期。

方杰、温忠麟：《基于结构方程模型的有调节的中介效应分析》，《心理科学》2018年第2期。

方杰、张敏强：《中介效应的点估计和区间估计：乘积分布法，非参数Bootstrap和MCMC法》，《心理学报》2012年第10期。

费定舟、钱东海、黄旭辰:《利他行为的自我控制过程模型:自我损耗下的道德情绪的正向作用》,《心理学报》2016年第9期。

冯培:《高校辅导员新时代角色定位的再认知》,《思想教育研究》2019年第5期。

傅安国等:《脱贫内生动力机制的质性探究》,《心理学报》2020年第1期。

高雨蒙、李庆华:《大学生思想政治教育感染力提升路径研究》,《思想政治教育研究》2018年第2期。

顾倩、杨继平:《大学辅导员胜任力的现状研究》,《中国健康心理学杂志》2006年第5期。

顾晓虎、高远:《职业化高校辅导员的人格特征及其塑造》,《高等教育研究》2008年第7期。

关文军、孔祥渊、胡梦娟:《残疾污名的研究进展与展望》,《残疾人研究》2020年第1期。

郭晟豪、萧鸣政:《集体主义人力资源管理与员工积极、消极互惠:组织认同与关系认同的中介差异》,《商业经济与管理》2016年第12期。

郭君君等:《情绪效价的记忆增强效应:存储或提取优势?》,《心理学探新》2022年第1期。

郭永玉:《人格心理学导论》,武汉大学出版社,2007。

海小娣等:《职业成熟度,工作价值观与工作适应状况之间的关系》,《中国临床心理学杂志》2009年第5期。

韩冬、毕新华:《高校辅导员职业能力的形成与提升》,《思想理论教育导刊》2011年第11期。

何凯、陶建刚、徐静英:《高校辅导员工作倦怠及相关因素》,《中国健康心理学杂志》2022年第2期。

何宁、朱云莉:《自爱与他爱:自恋、共情与内隐利他的关系》,《心理学报》2016年第2期。

洪幼娟:《中小学教师公平倾向:结构、影响因素及作用机制》,博士学位论文，福建师范大学，2021。

侯烜方、李燕萍、涂乙冬：《新生代工作价值观结构、测量及对绩效影响》，《心理学报》2014 年第 6 期。

胡文斌：《职业承诺视域下高校辅导员职业道德建设》，《教育理论与实践》2016 年第 12 期。

胡艳梅、张明：《基于记忆的注意捕获和注意抑制效应：ERP 证据》，《心理学报》2016 年第 1 期。

黄鸿鸿：《高校教师职业人格的培育》，《闽江学院学报》2005 年第 1 期。

黄少华、黄凌飞：《网络道德意识与同侪压力对不道德网络行为的影响——以大学生网民为例》，《兰州大学学报（社会科学版）》2012 年第 5 期。

黄希庭、张志杰：《心理学研究方法》，高等教育出版社，2010。

黄希庭：《人格心理学》，浙江教育出版社，2002。

贾菁菁：《高校辅导员职业倦怠问题探析》，《中国青年研究》2010 年第 8 期。

江沂芯、陈红：《自我客体化的女性对身体线索的注意和记忆偏向》，《心理科学》2019 年第 6 期。

江忠华、韩云：《心理授权理论对高校辅导员激励机制构建的启示》，《苏州大学学报（哲学社会科学版）》2010 年第 4 期。

蒋达、王歆睿、傅丽、周仁来：《内隐利他行为的实验研究》，《心理科学》2008 年第 1 期。

金芳、但菲、陈玲：《心理授权对幼儿园教师组织公民行为的影响：心理契约的中介作用》，《学前教育研究》2020 年第 5 期。

寇冬泉、张大均：《职业生涯高原教师的职业事件编码和再认特点》，《心理学探新》2013 年第 1 期。

莱昂斯、考利：《心理学质性资料的分析》，毕重增译，重庆大学出版社，2010。

雷浩、李静：《社会经济地位与教师关怀行为关系：主观幸福感的中介作用》，《教师教育研究》2018年第5期。

雷浩：《教师关怀行为三维模型的建构》，《国家教育行政学院学报》2014年第2期。

李超平、李晓轩、时勘、陈雪峰：《授权的测量及其与员工工作态度的关系》，《心理学报》2006年第1期。

李冬梅、雷雳、邹泓：《青少年网上偏差行为的特点与研究展望》，《中国临床心理学杂志》2008年第1期。

李浩然、杨治良：《认知偏向研究的进化心理学视角》，《心理科学》2009年第2期。

李明忠：《高校优秀辅导员的群体特征与职业发展——以2008~2014年全国高校辅导员年度人物为例》，《高等教育研究》2016年第3期。

李南：《新时代高校辅导员职业人格塑造研究》，博士学位论文，贵州师范大学，2021。

李涛：《基于kpi模式的研究生辅导员胜任能力研究》，《教育理论与实践》2014年第15期。

李伟：《思想政治工作者人格研究》，《中国青年研究》2005年第8期。

李紫菲等：《特岗教师离职倾向模式的探索：基于潜在剖面分析》，《中国临床心理学杂志》2020年第2期。

李宗波、李巧灵、田艳辉：《工作投入对情绪耗竭的影响机制——基于工作需求—资源模型的研究》，《软科学》2013年第6期。

连坤予、谢姗姗、林荣茂：《中小学教师职业人格与主观幸福感的关系：工作投入的中介作用》，《心理发展与教育》2017年第6期。

连榕：《教师专业发展》，高等教育出版社，2007。

连榕编著：《教师职业生涯发展》，中国轻工业出版社，2008。

梁明伟：《论教育关怀的制度安排》，《教育科学》2006年第1期。

廖化化、蔺胡斌：《资源保存理论在组织行为学中的应用：演变与挑战》，《心理科学进展》2022年第2期。

廖雅琼、叶宝娟、李爱梅：《教师关怀行为对汉区少数民族预科生社会适应的影响》，《中国临床心理学杂志》2019 年第 1 期。

林荣茂：《大学生敬畏感及其与亲社会行为的关系》，博士学位论文，福建师范大学，2019。

林伟毅：《高校辅导员职业能力的现状及提升路径》，《思想理论教育导刊》2017 年第 1 期。

凌俐、陆昌勤：《心理授权研究的现状》，《心理科学进展》2007 年第 4 期。

刘纯姣：《上海高校优秀辅导员人格特质研究》，《学校党建与思想教育》2013 年第 4 期。

刘慧瀛、刘亚楠、杜变、黄雪珂：《大学生网络道德失范行为量表的初步编制》，《中国心理卫生杂志》2014 年第 8 期。

刘丽红：《教师人格特质及其对职业成就的影响》，《心理科学》2009 年第 6 期。

刘明妍等：《自我威胁与防御：自尊的调节作用》，《心理技术与应用》2017 年第 1 期。

刘勤为等：《大学生网络社会支持与网络利他行为的关系：一个有调节的中介模型》，《心理发展与教育》2016 年第 4 期。

刘云、石金涛：《授权理论的研究逻辑——心理授权的概念发展》，《上海交通大学学报（哲学社会科学版）》2010 年第 1 期。

刘智强等：《组织支持、地位认知与员工创新：雇佣多样性视角》，《管理科学学报》2015 年第 10 期。

罗涛等：《简式自我控制量表中文版的信效度检验》，《中国临床心理学杂志》2021 年第 1 期。

罗勇、杜建宾、周雪：《提升高校辅导员职业能力刍议》，《学校党建与思想教育》2020 年第 6 期。

马其南、曲建武：《优秀辅导员师德建设探讨》，《学校党建与思想教育》2019 年第 21 期。

马晓辉、雷雳：《青少年网络道德与其网络偏差行为的关系》，《心理学报》2010 年第 10 期。

马晓辉、雷雳：《青少年网络道德与其网络亲社会行为的关系》，《心理科学》2011 年第 2 期。

马英：《高校辅导员职业价值观与工作绩效关系研究》，博士学位论文，大连理工大学，2017。

毛成：《基于心理授权的高校辅导员激励机制研究》，《思想教育研究》2009 年第 7 期。

彭庆红、樊富珉：《大学生网络利他行为及其对高校德育的启示》，《思想理论教育导刊》2005 年第 12 期。

戚艳艳、伍海燕、刘勋：《社会价值取向对亲社会行为的影响：来自行为和神经影像学的证据》，《科学通报》2017 年第 11 期。

齐勇：《谈高校辅导员人格魅力的培养》，《思想教育研究》2008 年第 8 期。

钱兵、孙在丽：《教师自我发展意识的迷失与唤醒》，《当代教育科学》2018 年第 8 期。

任志洪等：《睾酮素与反社会倾向未成年犯的攻击行为：敌意注意偏向的中介和皮质醇的调节作用》，《心理学报》2020 年第 11 期。

闪茜菁：《辅导员工作视域下的大学生健康人格塑造》，《思想理论教育导刊》2012 年第 1 期。

申承林、郝文武：《职业人格：新时代特殊教育教师队伍建设的新维度》，《现代特殊教育》2020 年第 20 期。

沈壮海、刘灿：《论新时代思想政治教育的高质量发展》，《思想理论教育》2021 年第 3 期。

沈壮海：《思想政治教育有效性研究》，武汉大学出版社，2016。

石国兴、赵海第：《高特质焦虑高中生对消极信息的注意和记忆偏向》，《心理与行为研究》2015 年第 4 期。

宋琳婷、陈健芷：《大学生内隐利他在不同实验材料中的研究》，《中国健康心理学杂志》2012 年第 6 期。

孙灯勇等：《个人成长主动性的概念、测量及影响》，《心理科学进展》2014年第9期。

孙俊才等：《高善良特质在情绪调节行动控制中的内隐优势》，《心理学报》2019年第7期。

孙立、李凡：《高校辅导员专业化发展的基本内涵与策略探析》，《思想政治教育研究》2017年第1期。

檀传宝：《教师的道德人格及其修养》，《江苏高教》2001年第3期。

唐萍、肖肖：《论辅导员人格的生态取向》，《江苏高教》2022年第7期。

唐善梅、谭顶良：《高校辅导员人格特征对大学生道德人格影响的研究》，《黑龙江高教研究》2010年第9期。

唐志强：《教师激励人格的内在生成与作用路径》，《中国教育学刊》2016年第7期。

王爱平、张厚粲：《关于RB效应加工水平的研究》，《心理科学》2004年第6期。

王爱祥：《高校辅导员职业发展评估与分析——基于E校2005～2015年辅导员流动的实证研究》，《思想理论教育》2016年第3期。

王芙蓉、张亚林、杨世昌：《军官职业人格量表的初步编制》，《中国临床心理学杂志》2006年第3期。

王国燕、董雨、鲁丽娟：《研究生辅导员胜任力的核心要素分析》，《研究生教育研究》2012年第3期。

王金平：《胜任力视域下高校辅导员师德师风的建设范式研究》，《黑龙江高教研究》2017年第10期。

王静、张志越、陈虹：《中学教师组织支持感与心理授权的关系——心理资本的中介作用》，《教育学术月刊》2022年第5期。

王鸣晖、李雁冰：《贴近青年学生：新时代高校辅导员的主体意识自觉》，《思想教育研究》2019年第6期。

王贤卿：《论高校辅导员职业道德的原则与规范》，《思想理论教育》2008年第23期。

王鑫强、王静、王健、张大均：《中小学教师不道德职业行为的结构、测量等值性及检出率》，《教育学术月刊》2019 年第 9 期。

王修欣、申怡凡：《何以应对道德自我威胁？道德记忆偏差的视角》，《心理科学进展》2022 年第 7 期。

卫武、黄昌洋、张琴：《消极情绪对组织公民行为和反生产行为的影响：自我控制视角》，《管理评论》2019 年第 12 期。

魏莉莉、王志华：《高校辅导员人格涵养的价值与路径》，《中国高等教育》2021 年第 Z1 期。

魏淑华、宋广文、张大均：《不同职业认同水平教师对职业生活事件的社会认知加工特征》，《心理发展与教育》2017 年第 1 期。

温忠麟、侯杰泰、Marsh：《结构方程模型中调节效应的标准化估计》，《心理学报》2008 年第 6 期。

温忠麟、吴艳：《潜变量交互效应建模方法演变与简化》，《心理科学进展》2010 年第 8 期。

温忠麟、叶宝娟：《有调节的中介模型检验方法：竞争还是替补》，《心理学报》2014 年第 5 期。

巫江丽、李占星、倪晓莉、伊心阳：《大学生的共情、道德认同和利他倾向的关联》，《中国心理卫生杂志》2020 年第 3 期。

吴明隆：《问卷统计分析实务——SPSS 操作与应用》，重庆大学出版社，2010。

吴鹏等：《青少年网络不道德行为与父母教养方式的关系——道德脱离、责任心、道德同一性的中介作用》，《心理科学》2013 年第 2 期。

吴秋翔、崔盛：《鲤鱼跃龙门：农村学生的大学"逆袭"之路——基于首都大学生成长跟踪调查的实证研究》，《华东师范大学学报（教育科学版）》2019 年第 1 期。

吴睿、郭庆科、李芳：《内隐和外显测量对利他行为的预测：来自 IAT 和 BIAT 的证据》，《心理学探新》2018 年第 4 期。

吴婷、郑涌：《人格判断的线索及其有效性》，《心理科学进展》2019

年第 3 期。

伍新春、齐亚静：《职业心理健康视角下教师工作资源的分类及其启示》，《北京师范大学学报（社会科学版）》2021 年第 5 期。

武舒楠、白新文：《高宽恕特质个体的正性面孔注意偏向》，《中国心理卫生杂志》2019 年第 7 期。

武云鹏等：《职业高校教师组织承诺在人格特征和工作倦怠间的中介效应》，《中国心理卫生杂志》2011 年第 7 期。

习近平：《做党和人民满意的好老师——同北京师范大学师生代表座谈时的讲话》，人民出版社，2014。

习近平：《论党的青年工作》，中央文献出版社，2022。

向碧华等：《不同亚型社会退缩个体对社会/非社会模糊情境的解释偏向》，《中国临床心理学杂志》2022 年第 2 期。

谢姗姗：《中学教师职业人格与职业倦怠的现状及其关系研究》硕士学位论文，福建师范大学，2009。

谢小芬：《解析高校优秀辅导员的核心特质——基于全国高校辅导员年度人物的实证分析》，《思想理论教育》2016 年第 5 期。

谢玉华、刘晶晶、谢华青：《内外部企业社会责任对员工工作意义感的影响机制和差异效应研究》，《管理学报》2020 年第 9 期。

徐丹、徐慧：《同伴·教师·辅导员：各类人际互动如何影响"双一流"高校本科生的院校归属感?》，《大学教育科学》2021 年第 6 期。

徐玉明、张建明：《警察职业人格结构初步研究》，《公安大学学报》2002 年第 4 期。

许丹佳等：《父母自主支持与青少年未来规划：基本心理需要与个人成长主动性的中介作用》，《心理发展与教育》2019 年第 1 期。

许磊、陈九如：《从规约到自律：高校辅导员职业守则内化与职业人格的完善》，《学校党建与思想教育》2017 年第 3 期。

杨宝琰、柳玉姣：《积极坚持还是消极回避——家庭环境对农村初中学生学业坚持的影响机制》，《教育研究》2019 年第 7 期。

杨超等：《不同社区责任感水平的居民对利他信息内隐认知加工的差异》，《心理科学》2022 年第 2 期。

杨槐、龚少英、苗天长、李伟贺：《工作-非工作边界管理一致性与高校辅导员工作满意度的关系：工作投入的中介作用》，《心理与行为研究》2021 年第 6 期。

杨嘉炜、李东玲、刘建榕：《感知社会敌意对大学生攻击性的影响：负性情绪体验的作用》，《心理与行为研究》2021 年第 3 期。

姚计海、沈玲、邹弘晖：《教师教学自主权与教师领导力的关系：心理授权和教学自主性的中介作用》，《心理与行为研究》2022 年第 1 期。

叶宝娟等：《教师关怀行为对青少年网络成瘾的影响：领悟社会支持与学业自我效能感的链式中介效应》，《中国临床心理学杂志》2017 年第 6 期。

岳玉洁：《特质移情和同情情绪对大学生网络利他行为的影响》，硕士学位论文，华中师范大学，2015。

于松梅、杨丽珠：《米契尔认知情感的个性系统理论述评》，《心理科学进展》2003 年第 2 期。

于岩平、宋倩：《新生代员工职业人格的特征识别》，《领导科学》2021 年第 22 期。

余晚霞：《高校优秀辅导员成长生态论》，《学校党建与思想教育》2016 年第 18 期。

余芝云、连榕：《辅导员职业人格的结构模型及其育人逻辑——基于对 112 份高校辅导员年度人物事迹文本的质性分析》，《集美大学学报（教育科学版）》2021 年第 1 期。

曾保春、钟向阳：《高校学生工作中辅导员角色的人格分析》，《高教探索》2010 年第 4 期。

曾保春：《人格化：高校辅导员队伍管理与建设新视角》，《现代教育管理》2010 年第 6 期。

曾练平等：《中小学教师人格类型及其对工作家庭平衡与工作绩效关系的调节作用》，《心理与行为研究》2010 年第 2 期。

曾拓等：《利他行为的内隐启动研究》，《心理学探新》2018 年第 2 期。

曾亚纯、雷万鹏：《高职院校辅导员职业能力与影响因素研究》，《高教探索》2021 年第 1 期。

曾玥蓉、韩冰：《高校辅导员思想政治工作的理与路》，《学校党建与思想教育》2022 年第 6 期。

张爱莲：《高校辅导员职业价值观与工作幸福感及其相互关系研究》，北京：中国社会科学出版社，2018。

张和云、许燕、赵欢欢：《善良人格与网络利他行为的关系：有调节的中介模型》，《心理科学》2021 年第 3 期。

张宏如：《人格教育视野中的高校辅导员工作研究》，《中国青年研究》2007 年第 1 期。

张娟、张大均：《不同心理素质水平大学生对模糊情境的解释偏向》，《中国临床心理学杂志》2018 年第 5 期。

张丽华、李娜、刘婕、代嘉幸：《情绪启动对低自尊个体注意偏向的影响》，《心理与行为研究》2018 年第 6 期。

张丽华、苗丽：《敌意解释偏向与攻击的关系》，《心理科学进展》2019 年第 12 期。

张丽娜：《辅导员人格魅力对大学生成长的影响探究》，《辽宁工业大学学报（社会科学版）》2018 年第 3 期。

张日昇、王琨：《国外关于教师期望与差别行为的研究》，《河北大学学报（哲学社会科学版）》2003 年第 2 期。

章凯、孙雨晴：《公平领导行为的构成与测量研究》，《管理学报》2020 年第 5 期。

郑显亮：《网络利他行为的理论与实证研究》，中国社会科学出版社，2013。

郑显亮：《现实利他行为与网络利他行为：网络社会支持的作用》，《心理发展与教育》2013 年第 1 期。

郑雪编：《人格心理学》，暨南大学出版社，2004。

郑烨、付蓉芬：《高校辅导员能力素质模型建构——以长沙大学城的实证调研为基础》，《西南交通大学学报（社会科学版）》2013 年第 2 期。

郑勇军、陈浩彬：《高校辅导员胜任力结构模型研究》，《心理学探新》2021 年第 2 期。

中共中央党史和文献研究院，中央学习贯彻习近平新时代中国特色社会主义思想主题教育领导小组办公室：《习近平新时代中国特色社会主义思想专题摘遍》，党建读物出版社、中央文献出版社，2023。

周春燕等：《中小学教师心理授权对职业倦怠的影响：表层行为和深层行为的不同作用》，《中国临床心理学杂志》2022 年第 3 期。

周谷平、王胡英：《高校优秀辅导员基本角色形象及其特征——基于全国高校辅导员年度人物评选事迹的文本分析》，《高等教育研究》2015 年第 1 期。

周浩、龙立荣：《共同方法偏差的统计检验与控制方法》，《心理科学进展》2004 年第 6 期。

朱雅雯、余萌、徐慊、王建平：《注意偏向矫正对强迫症状干预效果及展望》，《中国临床心理学杂志》2022 年第 3 期。

二　英文文献

Abend, R. et al., "Association between Attention Bias to Threat and Anxiety Symptoms in Children and Adolescents," *Depression and Anxiety* 35 (2018): 229–238.

Aiken, L. S., West, S. G., & Reno, R. R, *Multiple Regression: Testing and Interpreting Interactions*, Newbury Park, California: Sage Publications, 1991, pp. 18–92.

Allport, G. W., *Personality: A Psychological Interpretation*, New York: Holt, Rinehart & Winston, 1937, p. 48.

Allport, G. W., *Pattern and Growth in Personality*, New York: Holt, Rinehart & Winston, 1961, pp. 769–771.

Amin, N. , Foa, E. B. , & Coles, M. E, "Negative Interpretation Bias in Social Phobia," *Behaviour Research and Therapy* 36 (1998): 945-957.

Amir, N. , & Bomyea, J. , "Cognitive Biases in Social Anxiety Disorder," in S. G. Hofmann & P. M. DiBartolo, eds. , *Social Anxiety: Clinical, Developmental, and Social Perspectives*, New York: Academic Press, 2010, pp. 483-510.

Arslan, S. , and Dinç, L. , "Nursing Students' Perceptions of Faculty Members' Ethical / Unethical Attitudes," *Nursing Ethics* 24 (2017): 789-801.

Aydinli, A, et al. "When Does Self-reported Prosocial Motivation Predict Helping? The Moderating Role of Implicit Prosocial Motivation, " *Motivation and Emotion* 38 (2014): 645-658.

Aydogmus, C. et al. , "Perceptions of Transformational Leadership and Job Satisfaction: The Roles of Personality Traits and Psychological Empowerment," *Journal of Management and Organization* 24 (2018): 81-107.

Babalola, M. T. et al. , "The Mind is Willing, But the Situation Constrains: Why and When Leader Conscientiousness Relates to Ethical Leadership," *Journal of Business Ethics* 155 (2019): 75-89.

Bacon, A. M. , Corr, P. J. , & Satchell, L. P. , " A Reinforcement Sensitivity Theory Explanation of Antisocial Behaviour," *Personality and Individual Differences* 123 (2018): 87-93.

Baek, H, "Computer-specific Parental Management and Online Deviance Across Gender in South Korea: A Test of Self-control Theory," *International Journal of Cyber Criminology* 12 (2018): 68-83.

Baek, H. , Losavio, M. M. , & Higgins, G. E. , "The Impact of Low Self-Control on Online Harassment: Interaction with Opportunity," *Journal of Digital Forensic, Security, and Law* 11 (2016): 27-42.

Bandalos, D. L. , "Is Parceling Really Necessary? A Comparison of Results from Item Parceling and Categorical Variable Methodology," *Structural Equation Modeling* 15 (2008): 211-240.

Bandalos, D. L. & Finney, S. J, "Item Parceling Issues in Structural Equation Modeling," in Marcoulides, G. A. & Schumacker, R. E, eds. *New Developments and Techniques in Structural Equation Modeling*, Hillsdale N. J. : Lawrence Erlbaum Associates, 2001, pp. 269-296.

Barnes, C. M. , Schaubroeck, J. , Huth, M. , & Ghumman, S, "Lack of Sleep and Unethical Conduct," *Organizational Behavior and Human Decision Processes* 115（2011）: 169-180.

Barnhardt, T. M. , & Geraci, L. , "Are Awareness Questionnaires Valid? Investigating the Use of Posttest Questionnaires for Assessing Awareness in Implicit Memory Tests," *Memory and Cognition* 36（2008）: 53-64.

Baumeister, R. F. et al. , "Ego Depletion: Is the Active Self A Limited Resource?," *Journal of Personality and Social Psychology* 74（1998）: 1252-1265.

Beard, C. , & Amir, N. , "Interpretation in Social Anxiety: When Meaning Precedes Ambiguity," *Cognitive Therapy and Research* 33（2009）: 406-415.

Beck, A. T. , *Cognitive Therapy and the Emotional Disorders*, New York: International Universities Press, 1976, pp. 15-60.

Beck, A. T. , & Haigh, E. A, "Advances in Cognitive Theory and Therapy: The Generic Cognitive Model," *Annual Review of Clinical Psychology* 10（2014）: 1-24.

Blaut, A. et al. , "Are Attentional Bias and Memory Bias for Negative Words Causally Related?," *Journal of Behavior Therapy and Experimental Psychiatry* 44（2013）: 293-299.

Blickle, G. et al. , "Socioanalytic Theory and Work Behavior: Roles of Work Values and Political Skill in Job Performance and Promotability Assessment," *Journal of Vocational Behavior* 78（2011）: 136-148.

Boes, A. D. et al. , "Behavioral Effects of Congenital Ventromedial Prefrontal Cortex Malformation," *BMC neurology* 11（2011）: 1-11.

Borman, W. C. , & Motowidlo, S. J. , "Task Performance and Contextual

Performance: The Meaning for Personnel Selection Research," *Human Performance* 10 (1997): 99-109.

Bradley, B. P., Mogg, K., & Williams, R., "Implicit and Explicit Memory for Emotion Congruent Information in Clinical Depression and Anxiety," *Behaviour Research and Therapy* 33 (1995): 755-770.

Brent W. Roberts & Lauren B. Nickel, "Personality Development across the Life Course : A Neo-Socioanalytic Perspective," in John, O. P., Robins, R. W, eds., *Handbook of Personality: Theory and Research* (4rd), New York, NY: Guilford, 2021, pp. 259-283.

Briley, D. A., & Tucker-Drob, E. M, "Genetic and Environmental Continuity in Personality Development: A meta-analysis," *Psychological Bulletin* 140 (2014): 1303-1331.

Brown, T. A., & Moore, M. T., "Confirmatory Factor Analysis," . In Hoyle, R. H, eds. *Handbook of Structural Equation Modeling*, New York: The Guilford Press, 2012, pp. 361-379.

Bryk, A., & Schneider, B, "Trust in Schools: A Core Resource for Improvement," in *American Sociological Associations Rose Series in Sociology*, New York: Russell Sage Foundation, 2002, p. 217.

Buss, D. M., "Evolutionary Biology and Personality Psychology: Toward a Conception of Human Nature and Individual Differences," *American Psychologist* 39 (1984): 1135-1147.

Butler, G., & Mathews, A, "Cognitive Processes in Anxiety," *Advances in Behaviour Research and Therapy* 5 (1983): 51-62.

Calvo, M. G., & Avero, P., "Time Course of Attentional Bias to Emotional Scenes in Anxiety: Gaze Direction and Duration," *Cognition and Emotion* 19 (2005): 433-451.

Chen, F., & Cui, Y., "Investigating the Relation of Perceived Teacher Unfairness to Science Achievement by Hierarchical Linear Modeling in 52

Countries and Economies," *Educational Psychology* 40 (2020): 273-295.

Cioban, s., Lazar, A. R., Bacter, C., & Hatos, A., "Adolescent Deviance and Cyber-deviance. A Systematic Literature Review," *Frontiers in Psychology* 12 (2021): Article: 748006.

Clarke, N.. & Higgs, M., "Political Skill and Role Overload as Antecedents of Innovative Work Behavior in the Public Sector," *Public Personnel Management* 49 (2020): 444-469.

Cohen, J, "A Power Primer," in A. E. Kazdin eds., *Methodological Issues and Strategies in Clinical Research* (4th), Washington, DC: American Psychological Association, 2016, pp. 279-284.

Cohen, J, "A Power Primer," *Psychological Bulletin* 112 (1992): 155-159.

Craik, F. I., & Lockhart, R. S., "Levels of Processing: A Framework for Memory Research," *Journal of Verbal Learning and Verbal Behavior* 11 (1972): 671-684.

Crick, N. R., & Dodge, K. A., "A Review and Reformulation of Social Information Processing Mechanisms in Children's Social Adjustment," *Psychological Bulletin* 115 (1994): 74-101.

Dalal, D. K., & Zickar, M. J., "Some Common Myths about Centering Predictor Variables in Moderated Multiple Regression and Polynomial Regression," *Organizational Research Methods* 15 (2012): 339-362.

De Castro, B. O., et al., "Hostile Attribution of Intent and Aggressive Behavior: A Metanalysis," *Child Development* 73 (2002): 916-934.

Deci, E. L., & Ryan, R. M, "The 'What' and 'Why' of Goal Pursuits: Human Needs and the Self Determination of Behavior," *Psychological Inquiry* 11 (2000): 227-268.

Denegri-Knott, J., & Taylor, J., "The Labeling Game: A Conceptual Exploration of Deviance on the Internet," *Social Science Computer Review* 23 (2005): 93-107.

Dewall, C. N. et al. , "Depletion Makes the Heart Grow Less Helpful: Helping as a Fiunction of Self-regulatory Energy and Genetic Relatedness," *Personality and Social Psychology Bulletin* 34 (2008): 1653–1662.

Domes, G. , Mense, J. , Vohs, K. , & Habermeyer, E, "Offenders with Antisocial Personality Disorder Show Attentional Bias for Violence-related Stimuli," *Psychiatry Research* 209 (2013): 78–84.

Donner, C. M. , & Jennings, W. G. , "Low Self-control and Police Deviance: Applying Gottfredson and Hirschi's General Theory to Officer Misconduct," *Police Quarterly* 17 (2014): 203–225.

Dovidio, J. F. et al. , *The Social Psychology of Prosocial Behavior*, London: Psychology Press, 2012, pp. 65–105.

DziaUddin, D. N. D. U. , "Psychological Empowerment, Motivation and Job Performance Amongst 5-star Hotel Employees in Kuala Lumpur," *Journal of Hospitality and Networks* 1 (2017): 46–58.

Edwards, J. R. , "An Examination of Competing Versions of the Person-Environment Fit Approach to Stress," *Academy of Management Journal* 39 (1996): 292–339.

Edwards, J. R. , & Lambert, L. S. , "Methods for Integrating Moderation and Mediation: a Gneral Analytical Framework Using Moderated Path Analysis," *Psychological Methods* 12 (2007): 1–22.

Eisenberger R. , & Stinglhamber, F. , *Perceived Organizational Support: Fostering Enthusiastic and Productive Employes*, Washington, DC: Amencan Psycholoogical Association, 2011, p. 31.

Eisenberger, R. , Huntington, R. , Hutchison, S. , & Sowa, D. , "Perceived Organizational Support," *Journal of Applied Psychology* 71 (1986): 500–507.

Eisenberger, R. , Rhoades Shanock, L. , & Wen, X. , "Perceived Organizational Support: Why Caring about Employees Counts," *Annual Review of Organizational*

Psychology and Organizational Behavior 7 (2020): 101–124.

Emonds, G. et al., "Establishing Cooperation in a Mixed-motive Social Dilemma. An fMRI Study Investigating the Role of Social Value Orientation and Dispositional Trust," *Social Neuroscience* 9 (2014): 10–22.

Enikolopov, S. N., Medvedeva, T. I., & Vorontsova, O. U., "Moral Dilemmas and Personality Traits," *Psychology and Law* 9 (2019): 141–155.

Erdfelder, E., Faul, F., & Buchner, A, "GPOWER: A General Power Analysis Program," *Behavior Research Methods, Instruments, & Computers* 28 (1996): 1–11.

Everaert, J., Duyck, W., & Koster, E. H., "Attention, Interpretation, and Memory Biases in Subclinical Depression: A Proof-of-principle Test of the Combined Cognitive Biases Hypothesis," *Emotion* 14 (2014): 331–340.

Faul, F., Erdfelder, E., Buchner, A., & Lang, A. G, "Statistical Power Analyses Using G * Power 3. 1: Tests for Correlation and Regression Analyses," *Behavior Research Methods* 41 (2009): 1149–1160.

Fisher, G. G., Matthews, R. A., & Gibbons, A. M., "Developing and Investigating the Use of Single-item Measures in Organizational Research," *Journal of Occupational Health Psychology* 21 (2016): 3–23.

Floyd, F. J., & Widaman, K. F., "Factor Analysis in the Development and Refinement of Clinical Assessment Instruments," *Psychological Assessment* 7 (1995): 286–299.

Fox, E., Ridgewell, A., & Ashwin, C., "Looking on the Bright Side: Biased Attention and the Human Serotonin Transporter Gene," *Proceedings Biological Sciences* 276 (2009): 1747–1751.

Funder, D. C., & Colvin, C. R, "Explorations in Behavioral Consistency: Properties of Persons, Situations, and Behaviors," *Journal of Personality and Social Psychology* 52 (1991): 773–794.

Furnham, A., MacRae, I., & Tetchner, J., "Measuring Work

Motivation: The Facets of the Work Values Questionnaire and Work Success," *Scandinavian Journal of Psychology* 62 (2021): 401-408.

Gagnon, J. et al., "An ERP Study on Hostile Attribution Bias in Aggressive and Nonaggressive Individuals," *Aggressive Behavior* 43 (2017): 217-229.

Gardner, D. G., Van Dyne, L., & Pierce, J. L., "The Effects of Pay Level on Organization Based Self-esteem and Performance: A Field Study," *Journal of Occupational and Organizational Psychology* 77 (2004): 307-322.

Gawronski, B., & Hahn, A., "Implicit Measures: Procedures, Use, and Interpretation," in Blanton, H., LaCroix, J. M., & Webster, D. G., eds, *Measurement in Social Psychology*, New York: Taylor& Francis, 2019, pp. 29-55.

Gino, F, et al., "Understanding Ordinary Unethical Behavior: Why People Who Value Morality Act Immorally," *Current Opinion in Behavioral Sciences* 3 (2015): 107-111.

Gino, F., Schweitzer, M. E., Mead, N. L., & Ariely, D., (2011): "Unable to Resist Temptation: How Self-control Depletion Promotes Unethical Behavior," *Organizational Behavior and Human Decision Processes* 115 (2015): 191-203.

Glaser, B. G, *The Grounded Theory Perspective: Conceptualization Contrasted with Description*, Milly Valley: Sociology Press, 2001, p. 46.

Glomb, T. M. et al., "Ambient Sexual Harassment: An Integrated Model of Antecedents and Consequences," *Organizational Behavior and Human Decision Processes* 71 (1997): 309-328.

Goldberg, L. R, "The Structure of Phenotypic Personality Traits," *American Psychologist* 48 (1993): 26-34.

Goldberg, L. R., "Language and Individual Differences: The Search for Universals in Personality Lexicons," in L. Wheeler, eds., *Review of Personality and Social Psychology*, Beverly Hills, CA: Sage, 1981, pp. 141-165.

Gonzalez-Mendez, R., Yagual, S. N., & Marrero, H., "Attentional Bias towards Resilience-related Words is Related to Post-traumatic Growth and Personality Traits," *Personality and Individual Differences* 155 (2020) Article: 109715.

Gottfredson, M. R., & Hirschi, T., *A General Theory of Crime*, Stanford: Stanford University Press, 1990, pp. 76-85.

Gower, T. et al., "Cognitive Biases in Perceptions of Posttraumatic Growth: A Systematic Review and Meta-analysis," *Clinical Psychology Review* 94 (2022): 102-159.

Grant, A. M., & Ashford, S. J, "The Dynamics of Proactivity at Work," *Research in Organizational Behaviour* 28 (2008): 3-34.

Greenwald, A. G. et al., "A Unified Theory of Implicit Attitudes, Stereotypes, Self-esteem, and Self-concept," *Psychological Review* 109 (2002): 3-25.

Greenwald, A. G., McGhee, D. E., & Schwartz, J. L., "Measuring Individual Differences in Implicit Cognition: The Implicit Association Test," *Journal of Personality and Social Psychology* 74 (1998): 1464-1480.

Greenwald, A. G., Nosek, B. A., & Banaji, M. R., "Understanding and Using the Implicit Association Test: I. An Improved Scoring Algorithm," *Journal of Personality and Social Psychology* 85 (2003): 197-216.

Greguras, G. J., & Diefendorff, J. M., "Different Fits Satisfy Different Needs: Linking Person-environment Fit to employee Commitment and Performance Using Self Determination Theory," *Journal of Applied Psychology* 94 (2009): 465.

Gross, J. J., "Emotion Regulation in Adulthood: Timing is Everything," *Current Directions in Psychological Science* 10 (2001): 214-219.

Hahn, A., & Gawronski, B, "Implicit Social Cognition," In J. D. Wright, eds., *International Encyclopedia of the Social and Behavioral Sciences* (2nd ed.) (Amsterdam, Netherlands: Elsevier, 2015), p. 11.

Harenski, C. L., & Hamann, S., "Neural Correlates of Regulating Negative

Emotions Related to Moral Violations," *NeuroImage* 30 (2006): 313-324.

Hayes, A. F. , "A Simple Test of Moderated Mediation, Manuscript Submitted for Publication. Retrieved May7, 2013a, from http: www. afhayes. com/.

Hayes, A. F. , *Introduction to Mediation, Moderation, and Conditional Process Analysis*: *A Regression-based Approach*, New York: Guilford Publications, p. 1, 20.

Hennink, M. M. , Kaiser, B. N. , & Weber, M. B, "What Influences Saturation? Estimating Sample Sizes in Focus Group Research," *Qualitative Health Research* 29 (2019): 1483-1496.

Hertel, P. et al. , "Looking on the Dark Side: Rumination and Cognitive-bias Modification," *Clinical Psychological Science* 2 (2014): 714-726.

Hindash, A. H. , & Amir, N, "Negative Interpretation Bias in Individuals with Depressive Symptoms," *Cognitive Therapy and Research* 36 (2012): 502-511.

Hirsch, C. R. , Clark, D. M. , & Mathews, A, "Imagery and Interpretations in Social Phobia: Support for the Combined Cognitive Biases Hypothesis," *Behavior Therapy* 37 (2006): 223-236.

Hobfoll, S. E, "The Influence of Culture, Community, and the Nested-self in the Stress Process: Advancing Conservation of Resources Theory," *Applied Psychology*: *An International Review* 50 (2001): 337-421.

Hobfoll, S. E. , "Conservation of Resources: A New Attempt at Conceptualizing Stress," *American Psychologist* 44 (1989): 513-524.

Hobfoll, S. E. , et al. , "Conservation of Resources in the Organizational Context: The Reality of Resources and Their Consequences," *Annual Review of Organizational Psychology and Organizational Behavior* 5 (2018): 103-128.

Hogan, J. , & Roberts, B. W. , "Issues and Non-issues in the Fidelity-Bandwidth Trade-off," *Journal of Organizational Behavior* 7 (1996): 627-637.

Hoge, M. A. et al. , "Workforce Competencies in Behavioral Health: an Overview," *Administration and Policy in Mental Health and Mental Health Services Research* 32 (2005): 593-631.

Holland J. L. *Making Vocational Choices*: *A Theory of Vocational Personalities and Work Environments*, Odessa: Psychological Assessment Resources, 1997, pp. 15-18.

Holland, J. L., "A Theory of Vocational Choice," *Journal of Counseling Psychology* 6 (1959): 35-45.

Hu, L., & Bentler, P. M. "Cutoff Criteria for Fit Indexes in Covariance Structure Analysis: Conventional Criteria Versus New Alternatives," *Structural Equation Modeling*: *A Multidisciplinary Journal* 6 (1999): 1-55.

Hu, L., & Bentler, P. M, "Fit Indices in Covariance Structure Modeling: Sensitivity to Underparameterized Model Misspecification," *Psychological Methods* 3 (1998): 424-453.

Huston, A. C., & Bentley, A. C., "Human Development in Societal Context," *Annual Review of Psychology* 61 (2010): 411-437.

Iqbal, S., & Hashmi, M. S., "Impact of Perceived Organizational Support on Employee Retention with Mediating Role of Psychological Empowerment," *Pakistan Journal of Commerce and Social Sciences* 9 (2015): 18-34.

Israeli, A. L., & Stewart, S. H., "Memory Bias for Forbidden Food Cues in Restrained Eaters," *Cognitive Therapy and Research* 25 (2001): 37-48.

Jackson, M., Harrison, P., Swinburn, B., & Lawrence, M., "Using a Qualitative Vignette to Explore a Complex Public Health Issue," *Qualitative Health Research* 25 (2015): 1395-1409.

Jacoby, L. L., Toth, J. P., & Yonelinas, A. P., "Separating Conscious and Unconscious Influences of Memory: Measuring Recollection," *Journal of Experimental Psychology*: General 122 (1993): 139-154.

Jacoby, L. L., Lindsay, D. S., &Toth, J. P., "Unconscious Influences Revealed: Attention, Awareness, and Control," *American Psychologist* 47 (1992): 802-809.

James, L. A., & James, L. R., "Integrating Work Environment Perceptions: Explorations into the Measurement of Meaning," *Journal of Applied Psychology* 74

(1989): 739-751.

Jones, T. M., "Ethical Decision Making by Individuals in Organizations: An Issue Contingent Model," *Academy of Management Review* 16 (1991): 366-395.

Jost, J. T, "The IAT is Dead, Long Live the IAT: Context-sensitive Measures of Implicit Attitudes are Indispensable to Social and Political Psychology," *Current Directions in Psychological Science* 28 (2019): 10-19.

Kaiser, H. F, "An Index of Factorial Simplicity," *Psychometrika* 39 (1974): 31-36.

Klaczynski, P. A., "Analytic and Heuristic Processing Influences on Adolescent Reasoning and Decision-making," *Child Development* 72 (2001): 844-861.

Kline, R. B., *Principles and Practice of Structural Equation Modeling* (2nd) (New York: Guilford, 2005), p. 138-173.

Koriat, A., Goldsmith, M., & Pansky, A, "Toward a Psychology of Memory Accuracy," *Annual Review of Psychology* 51 (2000): 481-537.

Korman, A. K, (2012): "Self-enhancement and Self-protection: Toward a Theory of Work Motivation" in M. Erez., U. Kleinbeck, H. Thierry. eds., *Work Motivation in the Context of a Globalizing Economy*, New York: Psychology Press, 2012, pp. 127-136.

Korman, A. K, "Toward an Hypothesis of Work Behavior," *Journal of Applied Psychology* 54 (1970): 31-41.

Kristof-Brown, A. L., Zimmerman, R. D., & Johnson, E. C., "Consequences of Individuals' Fit at Work: A Meta-analysis of Person-job, Person-organization, Persongroup, and Person-supervisor Fit," *Personnel Psychology* 58 (2005): 281-342.

Lamers, M. J., & Roelofs, A., "Attentional Control Adjustments in Eriksen and Stroop Task Performance can be Independent of Response Conflict," The Quarterly *Journal of Experimental Psychology* 64 (2011): 1056-1081.

Lavy, S. , & Naama-Ghanayim, E. , "Why Care About Caring? Linking Teachers' Caring and Sense of Meaning at Work with Students' Self-esteem, Well-being, and School Engagement," *Teaching and Teacher Education* 91 (2020): 3-46.

Lewis, D. M. , & Buss, D. M. , "The evolution of Human Personality," in John, O. P. , Robins, R. W, eds. , *Handbook of Personality: Theory and Research* (4rd), New York: Guilford, 2021, pp. 3-34.

Lewis, J. L. et al. , "Con cariño: Teacher Caring, Math Self-efficacy, and Math Achievement Among Hispanic English Learners," *Teachers College Record* 114 (2012): 1-42.

Lincoln, Y. S. , & Guba, E. G. , *Naturalistic Inquiry*, New York: Sage, 1985, pp. 124-127.

Lobbestael, J. , Cima, M. , & Arntz, A. , "The Relationship Between Adult Reactive and Proactive Aggression, Hostile Interpretation Bias, and Antisocial Personality Disorder," *Journal of Personality Disorders* 27 (2013): 53.

Loewenstein, G, "Out of Control: Visceral Influences on Behavior," *Organizational Behavior and Human Decision Processes* 65 (1996): 272-292.

MacCoun, R. J. , "Biases in the Interpretation and Use of Research Results," *Annual Review of Psychology* 49 (1998): 259-287.

MacKinnon, D. P. , Lockwood, C. M. , & Williams, J, "Confidence Limits for the Indirect Effect: Distribution of the Product and Resampling Methods," *Multivariate Behavioral Research* 39 (2004): 99-128.

MacLeod, C. , Mathews, A. , & Tata, P. , "Attentional Bias in Emotional Disorders," *Journal of Abnormal Psychology* 95 (1986): 15-20.

Maheshwari, S. , Kurmi, R. , & Roy, S. , "Does Memory Bias Help in Maintaining Self-esteem? Exploring the Role of Self-verification Motive in Memory Bias," *Journal of Cognitive Psychology* 33 (2021): 549-556.

Markus, H. , "Self-schemata and Processing Information about the Self,"

Journal of Personality and Social Psychology 35 (1977): 63–78.

Marsh, H. W. , Balla, J. R. , & McDonald, R. P. , "Goodness-of-fit Indexes in Confirmatory Factor Analysis: The Effect of Sample Size," *Psychological Bulletin* 103 (1988): 391–410.

Mathews, A. , & MacLeod, C, "Cognitive Approaches to Emotion and Emotional Disorders," *Annual Review of Psychology* 45 (1994): 25–50.

Mathews, A. , et al. , "Implicit and Explicit Memory Bias in Anxiety," *Journal of Abnormal Psychology* 98 (1989): 236.

McClelland, D. C, "Testing for Competence rather than for Intelligence," *American Psychologist* 28 (1973): 1–14.

McCrae, R. R. , & Costa, P. T, "Toward a New Generation of Personality Theories: Theoretical contexts for the Five-Factor Model," in J. S. Wiggins eds. , *The Five-factor Model of Personality: Theoretical Perspectives*, New York: Guilford Press, 1996, pp. 51–87.

McFerran, B. , Aquino, K. , & Duffy, M, "How Personality and Moral Identity Relate to Individuals' Ethical Ideology," *Business Ethics Quarterly* 20 (2010): 35–56.

Mechera-Ostrovsky, T. , & Gluth, S, "Memory Beliefs Drive the Memory Bias on Value Based Decisions," *Scientific Reports* 8 (2018): 1–10.

Menon, S. , "Employee Empowerment: An Integrative Psychological Approach," *Applied Psychology* 50 (2001): 153–180.

Milliman, J. , Gatling, A. , & Bradley-Geist, J. C. , "The Implications of Workplace Spirituality for Person-environment Fit Theory," *Psychology of Religion and Spirituality* 9 (2017): 1.

Mischel, W. , & Shoda, Y, "Acognitive-affective System Theory of Personality: Reconceptualizing Situations, Dispositions, Dynamics, and Invariance in Personality Structure," *Psychological Review*, 102 (1995): 246–257.

Muraven, M. , & Baumeister, R. F. , "Self-regulation and Depletion of

Limited Resources: Does Self-control Resemble a Muscle?," *Psychological Bulletin*, 126 (2000): 247-259.

Muraven, M., Pogarsky, G., & Shmueli, D., "Self-control Depletion and the General Theory of Crime," *Journal of Quantitative Criminology*, 22 (2006): 263-277.

Murray, H. A., "Uses of the Thematic Apperception Test," *American Journal of Psychiatry* 107 (1951): 577-581.

Noddings, N., *Caring: A Feminine Approach to Ethics and Moral Education*, Berkeley: University of California Press, 1984, p. 3.

Norman, W. T, "Toward an Adequate Taxonfomy of Personality Attributes: Replicated Factor Structure in Peer Nomination Personality Ratings," *Journal of Abnormal and Social Psychology* 66 (1963): 574-583.

Ogolsky, B. G, "Deconstructing the Association between Relationship Maintenance and Commitment: Testing Two Competing Models," *Personal Relationships* 16 (2009): 99-115.

Palmieri, M., Shortland, N., & McGarry, P., "Personality and Online Deviance: The Role of Reinforcement Sensitivity Theory in Cybercrime," *Computers in Human Behavior* 120 (2021): 106745.

Parker, S. K., & Collins, C. G., "Taking Stock: Integrating and Differentiating Multiple Proactive Behaviors," *Journal of Management* 36 (2010): 633-662.

Penner, L. A. et al., "Prosocial Behavior: Multilevel Perspectives," *Annual Review of Psychology* 56 (2004): 365-392.

Perugini, M., & Leone, L, "Implicit Self-concept and Moral Action," *Journal of Research in Personality* 43 (2009): 747-754.

Perugini, M., Conner, M., & O'Gorman, R., "Automatic Activation of Individual Differences: A Test of the Gatekeeper Model in the Domain of Spontaneous Helping," *European Journal of Personality* 25 (2011): 465-476.

Peterson, R. A., "A Meta-analysis of Variance Accounted for and Factor

Loadings in Exploratory Factor Analysis," *Marketing Letters* 11 (2000): 261-275.

Pierce, J. L. et al., "Organization-based Self-esteem: Construct Definition, Measurement, and Validation," *Academy of Management Journal* 32 (1989): 622-648.

Podsakoff, P. M. et al., "Common Method Biases in Behavioral Research: a Critical Review of the Literature and Recommended Remedies," *Journal of Applied Psychology* 88 (2003): 879-903.

Pratt, T. C., & Cullen, F. T., "The Empirical Status of Gottfredson and Hirschi's General Theory of Crime: A Meta-analysis," *Criminology* 38 (2000): 931-964.

Qing, M., Asif, M., Hussain, A., & Jameel, A, "Exploring the Impact of Ethical Leadership on Job Satisfaction and Organizational Commitment in Public Sector Organizations: The Mediating Role of Psychological Empowerment," *Review of Managerial Science* 14 (2020): 1405-1432.

Rammstedt, B., & John, O. P., "Measuring Personality in One Minute or Less: A 10-item Short Version of the Big Five Inventory in English and German, "*Journal of Research in Personality* 41 (2007): 203-212.

Rauthmann, J. F., Sherman, R. A., Nave, C. S., & Funder, D. C, "Personality-driven Situation Experience, Contact, and Construal: How People's Personality Traits Predict Characteristics of Their Situations in Daily Life," *Journal of Research in Personality* 55 (2015): 98-111.

Reidy, J., & Richards, A., "Anxiety and Memory: A Recall Bias for Threatening Words in High Anxiety," *Behaviour Research and Therapy* 35 (1997): 531-542.

Reise, S. P., Waller, N. G., & Comrey, A. L., "Factor Analysis and Scale Revision," *Psychological Assessment* 12 (2000): 287-297.

Reynolds, S. J., "Moral Attentiveness: Who Pays Attention to the Moral Aspects of Life?," *Journal of Applied Psychology* 93 (2008): 1027-1041.

Reynolds, S. J., & Ceranic, T. L, "The Effects of Moral Judgment and Moral Identity on Moral Behavior: An Empirical Examination of the Moral Individual," *Journal of Applied Psychology* 92 (2007): 1610–1624.

Richetin, J., Richardson, D. S., & Mason, G., "Predictive Validity of IAT Aggressiveness in the Context of Provocation," *Social Psychology* 41 (2010): 27–34.

Roberts, B. W, "Back to the Future: Personality and Assessment and Personality Development," *Journal of Research in Personality* 43 (2009): 137–145.

Roberts, B. W., & DelVecchio, W. F., "The Rank-order Consistency of Personality Traits from Childhood to Old Age: A Quantitative Review of Longitudinal Studies," *Psychological Bulletin* 126 (2000): 3–25.

Roberts, B. W., & Nickel, L. B., "A Critical Evaluation of The Neo-socioanalytic Model of Personality," in J. Specht eds., *Personality Development across the Lifespan*, London, UK: Academic Press, 2017, pp. 157–178.

Roberts, B. W., & Wood, D, "Personality Development in the Context of the Neo Socioanalytic Model of Personality," in D. K. Mroczek, & T. D. Little eds., *Handbook of Personality Development*, Mahwah, NJ: Lawrence Erlbaum Associates Publishers, 2006, pp. 11–39.

Roberts, B. W., Wood, D., & Smith, J. L., "Evaluating Five Factor Theory and Social Investment Perspectives on Personality Trait Development," *Journal of Research in Personality* 39 (2005): 166–184.

Roberts, Brent W et al. "The Power of Personality: The Comparative Validity of Personality Traits, Socioeconomic Status, and Cognitive Ability for Predicting Important Life Outcomes," *Perspectives on Psychological Science : A Journal of the Association for Psychological Science* 2 (2007): 313–345.

Robitschek, C, "Personal Growth Initiative: The Construct and its Measure," *Measurement and Evaluation in Counseling and Development* 30 (1998): 183–198.

Rua, T. , Lawter, L. , & Andreassi, J. , "Desire to be Ethical or Ability to Self-control: Which is More Crucial for Ethical Behavior?," *Business Ethics: A European Review* 26 (2017): 288-299.

Rusbult C. E. , Martz J. M. , Agnew C. R. , "The Investment Model Scale: Measuring Commitment Level, Satisfaction Level, Quality of Alternatives, and Investment Size," *Personal Relationships* 5 (1998): 357-387.

Ryan, F, "Detected, Selected, and Sometimes Neglected: Cognitive Processing of Cues in Addiction," *Experimental and Clinical Psychopharmacology* 10 (2002): 67-76.

Schoth, D. E. , & Liossi, C. , "A Systematic Review of Experimental Paradigms for Exploring Biased Interpretation of Ambiguous Information with Emotional and Neutral Associations," *Frontiers in Psychology* 8 (2017): 171.

Schreiner, N. , Pick, D. , & Kenning, P. , "To Share or not to Share? Explaining Willingness to Share in the Context of Social Distance," *Journal of Consumer Behaviour* 17 (2018): 366-378.

Schwartz, B. L, *Memory: Foundations and Applications*, Newbury Park, CA: Sage Publications, 2020, p. 237.

Schwartz, S. , "A Theory of Cultural Values and Some Implications for Work," *Applied Psychology: An International Review* 48 (1999) : 23-47.

Seibert, S. E. , Wang, G. , & Courtright, S. H. , "Antecedents and Consequences of Psychological and Team Empowerment in Organizations: A Meta-Analytic Review," *Journal of Applied Psychology* 96 (2011): 981-1003.

Sheldon, O. J. , & Fishbach, A. , "Anticipating and Resisting the Temptation to Behave Unethically," *Personality and Social Psychology Bulletin* 41 (2015): 962-975.

Sherman, S. J. , Judd, C. M. , & Park, B, "Social Cognition," *Annual Review of Psychology* 40 (1989): 281-326.

Shorey, H. S. et al. , "Hope and Personal Growth Initiative: A Comparison of Positive, Future-oriented Constructs," *Personality and Individual Differences* 43 (2007): 1917-1926.

Simha, A., & Parboteeah, K. P, "The Big 5 Personality Traits and Willinqness to Justify Teachers' Misbehavior-A Cross-National Examination," *Journal of Business Ethics* 167 (2019): 451-471.

Smith, B. D. et al., "Sensation Seeking: Differential Effects of Relevant, Novel Stimulation on Electrodermal Activity," *Personality and Individual Differences* 7 (1986): 445-452.

Smith, N. K., et al., "Being Bad is not Always Good: Affective Context Moderates the Attention Bias toward Negative Information," *Journal of Personality and Social Psychology* 90 (2006): 210-220.

Spreitzer G. M., "Taking Stock: A Review of more than Twenty Years of Research on Empowerment at Work," in Barling J, Cooper C L. eds., *The Sage Handbook of Organizational Behavior*, Thousand Oaks, CA: Sage, 2008, pp. 54-72.

Spreitzer, G. M., "Psychological Empowerment in the Workplace: Dimensions, Measurement, and Validation," *Academy of Management Journal* 38 (1995): 1442-1465.

Spreitzer, G. M, When Organizations Dare: The Dynamics of Individual Empowerment in the Workplace, Ph. D. diss., University of Michigan, 1992.

Stoddard, J., et al., "An Open Pilot Study of Training Hostile Interpretation Bias to Treat Disruptive Mood Dysregulation Disorder," *Journal of Child and Adolescent Psychopharmacology* 26 (2016): 49-57.

Strauss A, & Corbin J., *Basics of Qualitative Research: Grounded Theory Procedures and Techniques*, Newbury Park, CA: Sage Publications, 1990, pp. 6-7, 47-72.

Stride, C. B. et al., "Mplus Code for the Mediation, Moderation, and Moderated Mediation Model Templates from Andrew Hayes'PROCESS Analysis

Examples, (2015) from: http://www. figureitout. org. uk.

Su, R., Murdock, C. D., & Rounds, J., "Person-environment Fit," in P. J. Hartung, M. L. Savickas, & W. B. Walsh eds., *APA Handbook of Career Intervention*, Washington, DC: American Psychological Association, 2015, pp. 81-98.

Swann, W. B., & Buhrmester, M. D., "Self as Functional Fiction," *Social Cognition* 30 (2012a): 415-430.

Swann, W. B., Jr., & Buhrmester, M. D., "Self-verification: The Search for Coherence," in M. R. Leary & J. P. Tangneyeds., *Handbook of Self and Identity*, New York: Guilford Press, 2012b, pp. 405-424.

Swann, W. B., Jr., & Read, S. J, "Self-verification Processes: How We Sustain Our Self-conceptions," *Journal of Experimental Social Psychology* 17 (1981): 351-372.

Symons, D, "If We're all Darwinians, What's the Fuss about," in C. Crawford, D. Krebs, & M. Smith eds., *Sociobiology and Psychology*, Hillsdale, NJ: Erlbaum, 1987, pp. 121-145.

Tangney, June P et al. "High Self-control Predicts Good Adjustment, Less Pathology, Better Grades, and Interpersonal Success," *Journal of personality* vol. 72, 2 (2004): 271-324.

Tett, R. P., & Fisher, D. M, "Personality Dynamics in the Workplace: An Overview of Emerging Literatures and Future Research Needs," In Rauthmann, J. F, eds., *The Handbook of Personality Dynamics and Processes*, New York: Academic Press, 2021, pp. 1061-1086.

Tett, R. P., et al., "Trait Activation Theory: Applications, Developments, and Implications for Person-workplace Fit," in N. D. Christiansen & R. P. Tett eds., *Handbook of Personality at Work*, New York: Routledge, 2013, pp. 71-100.

Tett, Robert P, and Dawn D Burnett. "A Personality Trait-based Interactionist Model of Job Performance," *The Journal of Applied Psychology* Vol. 88, 3 (2003): 500-517.

Tett, Robert P. , and H. A. Guterman, "Situation Trait Relevance, Trait Expression, and Cross-Situational Consistency: Testing a Principle of Trait Activation," *Journal of Research in Personality* 34 (2000): 397-423.

Thomas, K. W. , & Velthouse, B. A. , "Cognitive Elements of Empowerment: An "Interpretive" Model of Intrinsic Task Motivation," *Academy of Management Review* 15 (1990): 666-681.

Tversky, B. , & Marsh, E. J. , "Biased Retelling of Events Yield Biased Memories," *Cognitive Psychology* 40 (2000) : 1-38.

Van Dillen, L. F. et al. , "On the Role of Attention and Emotion in Morality: Attentional Control Modulates Unrelated Disgust in Moral Judgments," *Personality and Social Psychology Bulletin* 38 (2012): 1222-1231.

Vasquez, E. A. et al. , "Lashing out after Stewing over Public Insults: The Effects of Public Provocation, Provocation Intensity, and Rumination on Triggered Displaced Aggression," *Aggressive Behavior* 39 (2013): 13-29.

Villa, A. , & Calvete, E. , "Development of the Teacher Self-concept Evaluation Scale and its Relation to Burnout," *Studies in Educational Evaluation* 27 (2001): 239-255.

Von Hippe, W. , Hawkins; C. , &Narayan, S, "Personaity and Perceptual Experise. Individual Differences in Perceptual Identification," *Psychological Science* 5 (1994) : 401-406.

Wald. . Lubin, et al. , "Battefield-like Stress Following Simulated Combat and Suppression of Attenton Bias to Threat," *Psychological Medicine* 41 (2011) : 699-707.

Walker, L. J. & Frimer, J. A. , "Moral Personality of Brave and Caring Exemplars," *Journal of Personality and Social Psychology* 93 (2007): 845-860.

Wang, J. et al. , "The Interplay between Perceived Support and Proactive Personality: Effects on Self-verification Perceptions and Emotions," *The International Journal of Human Resource Management* (2022): 1-24.

Wang, J. et al. , "Development and Validation of an Unethical Professional Behavior Tendencies Scale for Student Teachers," *Frontiers in Psychology* 12 (2021): 770681.

Wiggins, J. S. , "A psychological Taxonomy of Trait-descriptive Terms: The Interpersonal Domain," *Journal of Personality and Social Psychology* 37 (1979): 395-412.

Wiggins, J. S. , & Trapnell, P. D, (1996): "A Dyadic Interactional Perspective on the Five-factor Model," In J. S. Wiggins ed, *The Five-factor Model of Personality: Theoretical Perspectives*, New York: Guilford Press.

Williams, J. M. G. , Mathews, A. , & MacLeod, C, "The Emotional Stroop Task and Psychopathology," *Psychological Bulletin* 120 (1996): 3-24.

Williamson, D. A. et al. , "Cognitive-behavioral Theories of Eating Disorders," *Behavior Modification* 28 (2004): 711-738.

Zajenkowski, M. et al. , "Narcissus Locked in The Past: Vulnerable Narcissism and the Negative Views of the Past," *Journal of Research in Personality* 93 (2021): 104123.

Zhang, Shan et al. "Social Class Priming Effect on Prosociality: Evidence from Explicit and Implicit Measures," *International Journal of Environmental Research and Public Health* 19 (2022): 3984.

附　录

附录一　测量工具

一　辅导员职业人格初始问卷（部分）

1=非常不符合,2=大部分不符合,3=有点不符合,4=有点符合,5=大部分符合,6=非常符合						
我善于发现学生的情绪变化	1	2	3	4	5	6
我善于从学生的言行中感知到他们的心理状态	1	2	3	4	5	6
要求学生的事,我一般都先做到	1	2	3	4	5	6
学生集体活动时,我总能调动他们的积极性	1	2	3	4	5	6
在学生眼中,我是他们的良师益友	1	2	3	4	5	6
我总是尽可能地帮助学生	1	2	3	4	5	6
我努力成为学生的知心朋友	1	2	3	4	5	6
我会尊重学生的想法	1	2	3	4	5	6
我关爱每一个学生	1	2	3	4	5	6
我总是鼓励学生向党组织靠拢	1	2	3	4	5	6
我善于从学生的言行中感知到他们的心理状态	1	2	3	4	5	6
在学生眼中,我是一位平易近人的辅导员	1	2	3	4	5	6
我善于唤起学生的进取心	1	2	3	4	5	6
我总能详细解答学生的疑惑	1	2	3	4	5	6
我常常对工作进行思考和总结	1	2	3	4	5	6

续表

1＝非常不符合，2＝大部分不符合，3＝有点不符合，4＝有点符合，5＝大部分符合，6＝非常符合					
作为辅导员，我平时总是严格要求自己	1	2	3	4	5	6
我善于挖掘学生的潜能	1	2	3	4	5	6
与学生相处我总是以诚相待	1	2	3	4	5	6
我总是与学生打成一片	1	2	3	4	5	6
我总是务实地开展思想政治教育工作	1	2	3	4	5	6
我总是把学生利益放在首位	1	2	3	4	5	6
我总是站在学生的角度去理解他们	1	2	3	4	5	6

二 辅导员职业人格正式问卷（部分）

1＝非常不符合，2＝大部分不符合，3＝有点不符合，4＝有点符合，5＝大部分符合，6＝非常符合					
我总能详细解答学生的疑惑	1	2	3	4	5	6
我常常对工作进行思考和总结	1	2	3	4	5	6
作为辅导员，我平时总是严格要求自己	1	2	3	4	5	6
学生集体活动时，我总能调动他们的积极性	1	2	3	4	5	6
在学生眼中，我是他们的良师益友	1	2	3	4	5	6
我总是尽可能地帮助学生	1	2	3	4	5	6
我善于发现学生的情绪变化	1	2	3	4	5	6
我会尊重学生的想法	1	2	3	4	5	6
我关爱每一个学生	1	2	3	4	5	6
我总是鼓励学生向党组织靠拢	1	2	3	4	5	6
我善于从学生的言行中感知到他们的心理状态	1	2	3	4	5	6
在学生眼中，我是一位平易近人的辅导员	1	2	3	4	5	6
我善于唤起学生的进取心	1	2	3	4	5	6

附录二 实验材料

一 网络关怀行为实验

情境一：

请您想象下列情境，并做出符合您真实情况的选择。

张三是您的学生，该生在校表现突出，上学期综合测评位列专业前10%。但因家人重病陷入贫困，近日这位学生通过水滴筹平台为家人募集治疗费用。

（1）您是否愿意给您的这位学生捐款？请对您的捐款意愿进行评分。"1"分表示"非常不愿意"，"7"分表示"非常愿意"。

非常不愿意						非常愿意
1	2	3	4	5	6	7

（2）如果愿意，那么您愿意捐款（　）元（直接输入金额）。

（3）您愿意帮这位学生在网络社交平台（如微信、QQ、微博等）转发扩散筹款信息，尽可能让更多的人帮助这位学生吗？请对您的转发意愿进行评分。"1"分表示"非常不愿意"，"7"分表示"非常愿意"。

非常不愿意						非常愿意
1	2	3	4	5	6	7

（4）如果愿意，那么您愿意转发（　）次（直接输入次数）。

情境二：

请您想象下列情境，并做出符合您真实情况的选择。

李四是您的学生，该生在校表现不佳，上学期综合测评位列专业倒数10%。但因家人重病陷入贫困，近日这位学生通过网络平台为家人募集治疗费用。

（1）您是否愿意给您的这位学生捐款？请对您的捐款意愿进行评分。"1"分表示"非常不愿意"，"7"分表示"非常愿意"。

（2）如果愿意，那么您愿意捐款（　　）元（直接输入金额）。

（3）您愿意帮这位学生在网络社交平台（如微信、QQ、微博等）转发扩散筹款信息，尽可能让更多的人帮助这位学生吗？请对您的转发意愿进行评分。"1"分表示"非常不愿意"，"7"分表示"非常愿意"。

（4）如果愿意，那么您愿意转发（　　）次（直接输入次数）。

二　网络失范行为实验

情境一：

王五是您的学生，在校表现突出，上学期综合测评位列专业前10%。今天因为在校内和其他学院的同学约会而错过了自己学院集体核酸检测时间，而且也没有事先请假，给学院的疫情防控工作带来了影响。

（1）您作为王五的辅导员，为了惩戒王五的行为，要在近300号人的年级微信群或QQ群里"@全体同学"，直接对王五未及时参加核酸检测的事进行点名道姓的批评（"1"代表"绝对不会"，"6"代表"绝对会"）。

（2）您会在年级微信或QQ群里揭露王五是因为约会而错过学院统一的核酸检测（"1"代表"绝对不会"，"6"代表"绝对会"）。

情境二：

赵六是您的学生，在校表现不佳，上学期综合测评位列专业倒数10%。今天因为在校内和其他学院的同学约会而错过了自己学院集体核酸检测时间，而且也没有事先请假，给学院的疫情防控工作带来了影响。

（1）您作为赵六的辅导员，为了惩戒赵六的行为，要在近300号人的年级微信群里"@全体同学"，直接对赵六未及时参加核酸检测的事进行点名道姓的批评（"1"代表"绝对不会"，"6"代表"绝对会"）。

（2）您会在年级微信群或QQ群里揭露赵六是因为约会而错过学院统一的核酸检测（"1"代表"绝对不会"，"6"代表"绝对会"）。

三 内隐联想实验材料

（一）内隐关怀倾向实验材料

自我词：	我的	我们	自己	自个	咱们
非自我词：	他人	她们	他们	外人	别人
积极关怀词：	爱护	照顾	关心	关爱	关切
消极关怀词：	冷漠	忽视	漠视	忽略	冷落

（二）内隐失范倾向实验材料

| 自我词： | 我的 | 我们 | 自己 | 自个 | 咱们 |
| 非自我词： | 他人 | 她们 | 他们 | 外人 | 别人 |

示范词：　　　爱国　　守法　　敬业　　诚信　　奉献

失范词：　　　敷衍　　偏私　　造假　　侮辱　　违纪

四　注意偏向实验材料

（一）关怀词

消极关怀：辱骂　淡漠　冷淡　刁难　刻薄　冷落　无视　冷漠　忽视　冷血

积极关怀：爱护　帮助　仁爱　包容　体贴　关爱　尊重　关心　鼓励　操心

中性词汇：范围　系统　地址　电话　窗户　物品　阳台　马路　名单　教室

（二）职业道德规范词

失范词汇：歧视　旷工　伤害　迟到　伪造　早退　失职　敷衍　索要　抄袭

示范词汇：敬业　奉献　公正　忠诚　正派　认真　担当　自律　勤勉　诚信

中性词汇：思考　查询　起立　制定　存储　记录　保存　浏览　提交　报到

五　记忆偏向实验材料

（一）关怀信息学习—再认实验材料

学习词汇（旧词）

积极词：爱护　帮助　仁爱　包容　体贴　耐心　亲切　关怀
　　　　欢迎　倾听　宽容　勉励　关切　友善　重视　体谅

消极词：无视　淡漠　刁难　歧视　刻薄　训斥　欺骗　骚扰
　　　　拒绝　漠视　斥责　挑衅　中伤　唾骂　作对　对立

中性词：范围　系统　地址　电话　窗户　程度　语言　楼梯
　　　　地图　跑道　表格　文件　性质　方位　材料　设备

再认阶段的（新词）

积极词：照顾　陪伴　支持　保护　接纳　友好　激励　谅解
　　　　照看　关爱　尊重　关心　鼓励　操心　理解　关注

消极词：为难　取笑　欺负　嘲笑　迫害　羞辱　阻挠　排挤
　　　　冷淡　冷落　冷漠　忽视　冷血　伤害　排斥　嘲讽

中性词：寝室　文章　教材　复印　窗帘　电脑　座位　钢笔

　　　　　马路　名单　教室　结构　邮编　仪器　物品　阳台

（二）职业规范信息学习—再认实验材料

学习词（旧词）

示范词	敬业	奉献	公正	忠诚	正派	尽责	求实	进取
	主动	扎实	尽职	诚挚	公道	正直	称职	公平
失范词	偏见	旷工	伤害	迟到	伪造	早退	失职	敷衍
	懈怠	纵容	搪塞	体罚	谋利	贪污	侵占	抄袭
中性词	思考	查询	起立	制定	存储	网页	保存	浏览
	院子	部门	处室	楼层	议程	提交	报到	目录

再认阶段的（新词）

示范词	廉洁	自律	守法	有为	担当	爱党	爱岗	文明
	团结	笃实	表率	认真	守信	榜样	勤勉	诚信
失范词	偏私	骗取	打骂	消极	索贿	伪造	违纪	包庇
	违规	瞒报	骚扰	投机	作假	失责	损害	懒散
中性词	工具	话筒	打印	报告	照片	材料	流程	程序
	屏幕	铅笔	领带	茶杯	条幅	原料	笔记	座位

六　解释偏向实验材料

（一）关怀词—模糊情境句子联想任务实验材料

序号	A 组启动词	B 组启动词	联想句
1	烦躁	操心	你在休息的时候接到学生电话
2	训斥	引导	你发现学生考试作弊
3	惩罚	教育	学生在宿舍里违规养宠物
4	贬低	帮助	你得知学生求职碰壁
5	嘲讽	安慰	你得知学生参加干部竞选失败
6	嫌弃	爱护	学生是残疾人
7	歧视	关爱	学生得了抑郁症
8	漠视	关注	贫困生在宿舍受到排挤

续表

序号	A组启动词	B组启动词	联想句
9	放弃	关切	学生沉迷网络屡教不改
10	斥责	重视	任课老师反映你的学生旷课
11	刁难	引导	学生不理解你
12	愤怒	包容	学生写错了你的名字
13	拒绝	帮助	学生住院,你垫付医疗费
14	包容	生气	校园相遇,学生不认得你
15	不情愿	应该的	学生在医院做手术,你陪同去医院
16	倾听	厌烦	学生找你述说烦恼
17	关怀	歧视	学生的父亲是杀人犯
18	理解	厌恶	学生是同性恋
19	热情	冷淡	学生和你打招呼
20	担心	愤怒	学生没接你的电话
21	随和	傲慢	和学生一起参加活动
22	尊重	愤怒	你给学生的建议未被采纳
23	关注	训斥	开班会学生迟到
24	真诚	敷衍	和学生谈心
25	重视	冷漠	学生申请退学
26	关心	刁难	学生找你请假
27	安慰	嘲笑	学生被电信诈骗
28	鼓励	打击	学生说他想创业
29	操心	烦躁	学生凌晨给你打电话
30	教育	斥责	学生考试带小抄被你发现

(二)示范(失范)词汇—模糊情境句子联想任务实验材料

序号	A组启动词	B组启动词	联想句
1	积极参加	借口请假	下午学校召开十九届六中全会精神宣讲会
2	尽职尽责	迟到早退	"五一"你值班
3	认真开展	敷衍了事	学校开展安全检查,你要去检查宿舍
4	耐心解答	烦躁不堪	学生向你咨询奖助学金申请事宜
5	认真撰写	抄袭应付	下周要交一篇工作论文
6	公平公正	偏袒包庇	学生干部在宿舍和同学打架
7	一视同仁	区别对待	富二代在宿舍养宠物

序号	A 组启动词	B 组启动词	联想句
8	持续关心	嘲笑讽刺	你的一个学生因失恋而暴饮暴食
9	用心准备	随便应付	召开主题班会
10	民主公正	任人唯亲	新学期的班委选举
11	从严从实	暗箱操作	发展预备党员
12	认真研读	视而不见	教育部新出台辅导员工作相关文件
13	及时回拨	置之不理	有个未接电话是学生打来的
14	耐心引导	强制执行	学生拒绝搬宿舍
15	客观真实	弄虚作假	年底写工作总结
16	夸大掩饰	实事求是	向领导汇报工作
17	视而不见	认真研究	工作群里转发了一份贫困生工作新规
18	草草了事	严谨认真	你在审核奖助学金材料
19	极力隐瞒	主动担当	你在工作中出现过失
20	避犹不及	带头表率	校园疫情防控需要志愿者
21	置之不理	及时回复	学生给你留言
22	消极应付	积极准备	辅导员职业技能大赛开始报名了
23	敷衍了事	用心准备	给学生开展就业指导
24	强制参加	积极动员	你所带班级参加运动会开场式的人数不够
25	规范透明	违规侵占	学生活动经费使用
26	借口请假	积极参加	学校组织观摩辅导员职业技能大赛
27	推脱回避	积极配合	周末有项学生活动需要你参加
28	形式主义	关心同学	疫情期间走访宿舍
29	烦躁不堪	耐心解答	学生向你询问入党事宜
30	抄袭应付	认真撰写	你要写一篇疫情防控的网文

图书在版编目（CIP）数据

思想政治教育者的职业人格研究：以高校辅导员为
例 / 余芝云著 . --北京：社会科学文献出版社，
2023.12（2024.7 重印）
ISBN 978-7-5228-2734-6

Ⅰ.①思…　Ⅱ.①余…　Ⅲ.①高等学校-辅导员-职
业道德-研究　Ⅳ.①G645.1

中国国家版本馆 CIP 数据核字（2023）第 206581 号

思想政治教育者的职业人格研究
——以高校辅导员为例

著　　者 / 余芝云

出 版 人 / 冀祥德
责任编辑 / 孙美子
文稿编辑 / 崔园卉　王伊科
责任印制 / 王京美

出　　版 / 社会科学文献出版社
　　　　　地址：北京市北三环中路甲 29 号院华龙大厦　邮编：100029
　　　　　网址：www.ssap.com.cn
发　　行 / 社会科学文献出版社（010）59367028
印　　装 / 唐山玺诚印务有限公司

规　　格 / 开　本：787mm×1092mm　1/16
　　　　　印　张：18.75　字　数：280 千字
版　　次 / 2023 年 12 月第 1 版　2024 年 7 月第 2 次印刷
书　　号 / ISBN 978-7-5228-2734-6
定　　价 / 98.00 元

读者服务电话：4008918866